DEFFRO I FORE GWAHANOL

Deffro i Fore Gwahanol

Hunangofiant

Glyn Tomos

Golygydd:
Osian Wyn Owen

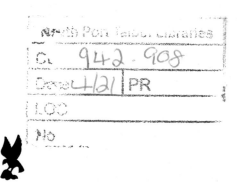

Hoffai'r awdur ddiolch i bawb a rannodd eu hatgofion a lluniau gydag ef, a diolch i Myrddin ap Dafydd a Gwasg Carreg Gwalch am gyhoeddi'r gyfrol.

Argraffiad cyntaf: 2020

ⓗ Glyn Tomos / Gwasg Carreg Gwalch

Cyhoeddir gan Wasg Carreg Gwalch,
12 Iard yr Orsaf, Llanrwst, Conwy, LL26 0EH.
Ffôn: 01492 642031 Ffacs: 01492 641502
e-bost: llyfrau@carreg-gwalch.cymru
lle ar y we: www.carreg-gwalch.cymru

Rhif rhyngwladol: 978–1-84527-784-0

Mae'r cyhoeddwr yn cydnabod cefnogaeth ariannol
Cyngor Llyfrau Cymru

Cynllun clawr: Eleri Owen

I Rhian ac Alis
ac er cof am fy rhieni
Hugh ac Alice Thomas.

Cynnwys

Rhagair

A ninnau yn byw mewn cyfnod cythryblus, ar sawl lefel, mae'n naturiol gofyn pa fath o fyd y byddwn yn ei adael i'n plant. Bydd plant, fel ym mhob cyfnod, yn siŵr o ofyn sut y digwyddodd hyn, neu'n fwy perthnasol, sut y bu inni adael i hyn ddigwydd.

Cwestiynau Alis, fy merch oedd sbardun y gyfrol hon. Cwestiynau digon diniwed fel:

'I ba ysgol fuoch chi, Dad?'
'Be' oedda' chi'n hoffi chwarae fel plant?'
'Be' ddaru chi neud ar ôl gadael yr ysgol?'

Y math o gwestiynau mae plant yn gofyn i'w rhieni. Dyma benderfynu mynd ati i gasglu'r atgofion, ac wrth wneud hynny cefais fy hun yn ail-fyw'r daith a ddechreuodd mewn pentref chwarelyddol yn Arfon, ac a arweiniodd at fywyd o ddigwyddiadau cofiadwy ac arwyddocaol, yn lleol, ac yn genedlaethol, dros yr hanner canrif diwethaf.

Bywyd mab i chwarelwr, wedi'i fagu ym mhumdegau a chwedegau'r ganrif ddiwethaf ym mhentref Dinorwig, yng nghysgod chwarel lechi fwyaf y byd ar y pryd, yw man cychwyn y gyfrol. Plentyndod hapus mewn pentref cyffredin, ond mae yma flas gonest o galedwch y bywyd hwnnw hefyd.

Mae'r gwaith o geisio croniclo'r cyfan wedi mynd â mi ar daith ddiddorol, arwyddocaol, ac annisgwyl iawn. Mae wedi rhoi'r cyfle imi ailymweld â chyfnodau a digwyddiadau nad oeddwn wedi llawn sylweddoli eu harwyddocâd ar y pryd, ac effaith hynny arnaf i yn bersonol, ac ar y gymuned yr oeddwn yn gymaint rhan ohoni.

Mae wedi bod yn hynod braf cael treulio amser gyda rhai sydd wedi cydgerdded â mi ar gyfnodau penodol o'r daith. Bu pawb mor barod eu hamser wrth gymharu profiadau ac atgofion.

Dwi'n mawr obeithio y cewch flas ar yr hanesion.

Glyn Tomos, Hydref 2020

Pennod 1

'Dolig

Deffro, a sylweddoli ei bod hi'n fore gwahanol i'r arfer.

Tynnu'r fraich chwith gynnes o dan y gobennydd, a'i chodi yn araf bach uwchben cefn y gwely. Teimlo siâp hosan. Edrych, a gweld dwy ohonynt. Un wlân yn llawn ffrwythau fel cnau mwnci, afal, ac oren, a hosan ar ffurf selecsiyn bocs yn llawn da-das a siocled fel *Mars*, *Bounty* a *Maltesers*. Er mai cyndyn fyddai rhywun fel arfer o godi o wely cynnes, roedd heddiw'n wahanol. Roedd rhaid gweld beth arall yr oedd Siôn Corn wedi ei adael wrth droed y gwely. Fel pob blwyddyn arall, ni chawsom ein siomi.

Croeso i fore Nadolig ar ddechrau'r pumdegau.

Roedd pump o blant i gyd. Idris a minnau yn rhannu gwely, Meirion, a gysgai mewn gwely bach yn yr un ystafell a Margaret a Gwyneth, fy chwiorydd, a gysgai yn yr ystafell wely lai. Dychmygwch y cyffro, a'r awydd i fynd i ddangos ein hanrhegion i ystafell wely ein rhieni, fel pe na baent erioed wedi eu gweld o'r blaen.

Ar noswyl Nadolig byddai gan fy nhad orchwylion pwysig eraill. Ef oedd yn gyfrifol am agor Eglwys Santes Fair, yr eglwys leol, er mwyn rhoi'r gwres ymlaen a sicrhau bod popeth yn ei le ar gyfer y gwasanaeth hanner nos. Roedd gan fy nhad gyfrifoldeb arall, sef agor a chau'r giât ar y ffordd fawr yn Tŷ'n Fawnog, ger ein cartref ym Mro Elidir, er mwyn galluogi i'r ffyddloniaid fynd yn ôl ac

Fi, Idris fy mrawd, a Margaret, fy chwaer

ymlaen i'r Eglwys i ddathlu'r Nadolig. Roedd presenoldeb y giât goch yn ein hatgoffa mai eiddo Stâd y Faenol oedd y ffordd heibio i'r Eglwys i gyfeiriad y chwarel yn Allt Ddu. Mae'n debyg bod ei chau unwaith y flwyddyn yn bodloni amodau'r ddeddfwriaeth am berchnogaeth ohoni. Er mai tafliad carreg yn unig i ffwrdd oedd yr Eglwys, roedd yn dipyn o gamp iddo ef a'm mam sicrhau ein bod ni yn ein gwlâu ac yn cysgu'n drwm cyn i'r dyn yn y siwt goch ddod.

Wedi dychwelyd o'r gwasanaeth, dyna lle y byddai fy nhad a'm mam yn didoli'r anrhegion i'r sachau cywir, a 'Nhad wedyn yn mynd â nhw ar flaenau ei draed i fyny'r grisiau a'u gosod wrth draed ein gwlâu. Mae'n siŵr y byddai wedi blino'n lân cyn mynd i gysgu, gan wybod na châi fawr o lonydd y diwrnod canlynol.

Wedi'r cyffro ben bore, roedd gofyn mynd i'r gwasanaeth Cymun am ddeg o'r gloch yn yr Eglwys. Roedd cael ein gwahanu oddi wrth yr holl anrhegion yn artaith. Y criw ffyddlon arferol a ddeuai i'r oedfa, gyda Miss Mair

Foulkes, o Garnedd Wen, Fachwen wrth yr organ. Cofiaf ganu'r garol fytholwyrdd 'Wele cawsom y Meseia'. Wedi'r oedfa, rhuthrem tuag adra er mwyn cael dychwelyd at ein hanrhegion.

Nid oedd ffasiwn beth â gwres canolog drwy'r tŷ bryd hynny. Dibynnem yn llwyr ar dân glo yn yr ystafell fyw, a Mam fyddai'n sicrhau bod tân da i'n c'nesu. Roedd Mam yn dipyn o giamstar am gychwyn tân bendigedig. Ar ddydd Nadolig a Gŵyl San Steffan, byddai'n paratoi tân glo yn y parlwr hefyd, ystafell na welai dân glo ar unrhyw adeg arall o'r flwyddyn. Ystafell fechan oedd hi, a braf oedd treulio'r Nadolig yno. Roedd fel petai 'stafell newydd sbon i chwarae â'n teganau, a hynny yn wyneb tanllwyth o dân braf.

Roedd y parlwr yn gartref i'r thrî pîs, y piano, cwpwrdd llyfrau, a lluniau ohonom ni'r plant a'r teulu ar y waliau. Yr unig ddefnydd rheolaidd a wnaed o'r ystafell oedd pan aethai fy mrawd a'm chwaer yno i ymarfer chwarae'r biano, neu pan fyddai fy nhad eisiau sgwrs breifat gyda rhywun a

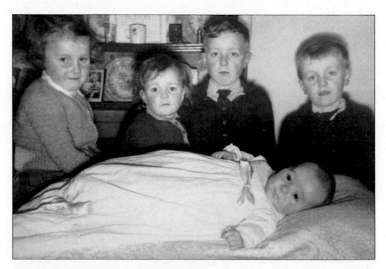

*Margaret, Gwyneth, Idris, minnau, a Meirion, fy mrawd,
yn ei wisg fedydd.*

alwai draw i'r tŷ. Mae'n anodd coelio cyn lleied o ddefnydd a wnaed ohoni yn ystod gweddill y flwyddyn, gan nad oedd gennym dŷ mor fawr â hynny.

Chwarae â'r teganau fyddai'r drefn weddill y diwrnod, a ninnau'n mwynhau pob eiliad. Fyddai fawr ddim awydd bwyd arnom, a byddai Mam a 'Nhad yn cael trafferth i'n llusgo at y bwrdd. Y twrci fyddai canolbwynt y wledd, a hwnnw fyddai asgwrn y gynnen wrth i bob un ohonom ymladd dros y ddwy goes! Ar ôl cinio aem ati i ffeirio'r ffrwythau oedd yn yr hosan. Gwneud yr un peth wedyn â chynnwys y sylecsion bocs. Cyfnewid *Maltesers* am *Mars* bar! Byddai sawl ffrae wrth i un ohonom gymryd siocled y llall heb ofyn.

Anrhegion arferol i ni'r hogia oedd yr annuals pêl-droed, *Beano, Dandy, Eagle,* set Meccano, ceir a lorïau bach, beic, *Scalextric,* llyfrau, creons a llyfr lliwio. Byddai'r genod wedyn yn cael doliau *Cindy* a *Tracy,* ac annuals fel *School Friend* a *Bunty,* teganau tŷ bach, set goginio, basged weu ac yn y blaen. Roedd *Llyfr Mawr y Plant* yn boblogaidd hefyd, yn ogystal â llyfrau hanes y Beibl.

Un 'Dolig, mi ges fodd i fyw. Roedd Siôn Corn wedi dod â garej, gyda phympiau petrol a cheir bach. Chwaraeais â hi drwy'r dydd. Fe'i rhoed i gadw yn atig y tŷ am flynyddoedd maith wedyn. Deallais mewn blynyddoedd mai Gwilym Davies, saer coed penigamp a arferai fyw ddeg drws i ffwrdd ohonom oedd wedi ei chreu. Anrheg arall cofiadwy oedd chwaraewr recordiau bach, a record fer feinyl yn cynnwys y gân 'Little Brown Jug'. Byddwn yn ei chwarae drwy'r dydd nes bod pawb wedi laru arni!

Aros ym mhrysurdeb y tŷ fyddai'r arfer gan amlaf yn ystod y dydd. Roedd yn dywydd oer a gaeafol, gydag eira trwchus yn aml y tu allan. Ar ddiwrnod Gŵyl San Steffan y byddem ni fel arfer yn cael y cyfle cyntaf i fynd allan i ddangos anrhegion ein gilydd i'n ffrindiau. Cofiaf y cyffro wrth weld rhai oedd wedi cael beics yn ei lordio hi ar hyd y lôn fach o flaen y tai, a'r genod yn dangos eu doliau a'u pramiau!

Ar ôl te ar ddiwrnod 'Dolig, roedd cyffro mawr wrth inni edrych ymlaen at gael gwylio'r teledu. Ond nid yn ein tŷ ni. Fel amryw o deuluoedd yr ardal, nid oedd teledu ar ein haelwyd. Yr hyn a wnaem oedd mynd dros ben wal, i dŷ drws nesa' at Mr a Mrs O.R. Williams ac Irfon, ein cymdogion, i wylio rhaglenni Billy Smart Circus a Dixon of Dock Green.

Roedd mynd drws nesa' yn achlysur a hanner. Eisteddem yn gyfforddus ar soffa glyd o flaen tanllwyth o dân o dan ofal mamol Mrs Williams. Byddem yn cael ein cyfareddu wrth wylio campau'r anifeiliaid a'r clowniau yn y syrcas, a champ y plisman o Lundain bell i ddatrys troseddau. Byddai rhaglen Dixon of Dock Green bob tro yn cychwyn gyda'r plisman yn sefyll yn ei iwnifform a'i helmed yn ein cyfarch ni'r gwylwyr trwy ddweud 'Evening All!' Ni ddeuai siw na miw gan unrhyw un ohonom, a'n llygaid yn sownd ar y sgrin.

Wedi gwylio'r ddwy raglen, aem yn ôl adra a pharhau i chwarae gyda'r anrhegion cyn mynd i'n gwlâu, wedi blino'n lân ar ôl diwrnod Nadolig cofiadwy arall.

Pennod 2

Allt Ddu

Yn Dinorwig Cottage y gwelais olau dydd am y tro cyntaf. Dyma gartref teulu fy nhad yng nghymuned Pen Draw, ger Allt Ddu, Dinorwig. Ganwyd Idris fy mrawd ddwy flynedd yn gynharach.

Fel yr oedd hi bryd hynny, cafodd y pump ohonom ein geni yn Ysbyty Dewi Sant, Bangor. Ganwyd Gwyneth, fy chwaer 'fengaf, ychydig ddyddiau cyn y Nadolig a olygai fod yn rhaid i Mam aros yn yr ysbyty dros yr Ŵyl. Wrth edrych yn ôl ar y profiad hwnnw, soniai Mam yn aml fel yr edrychai hi a phawb arall ar y ward ymlaen at gael cinio Nadolig, a chael eu siomi o ddeall gan y *sister* bod y twrci wedi ei losgi. Ni pharodd y siom yn rhy hir, oherwydd fe gafwyd cinio Nadolig amser te.

Siom arall i Mam oedd iddi beidio â chadw ratl a gafodd Gwyneth fel anrheg gan Siôn Corn yr ysbyty, gan mai hwnnw oedd ei hanrheg Nadolig cyntaf.

Tŷ teras o garreg oedd Dinorwig Cottage, yn eiddo i Stad y Faenol fel y rhan fwyaf o dai chwarelwyr yr ardal bryd hynny. Yn ôl pob sôn, enw gwreiddiol y tai hyn oedd Tai Newyddion, ac fe'u hadeiladwyd yn 1800 yn sgil yr angen am fwy o dai yn yr ardal wrth i'r chwarel ddatblygu. Pum ystafell oedd i'r tŷ, yn cynnwys cegin, ystafell fyw, a gardd ar ochr ac yng nghefn y tŷ. Hwn oedd y tŷ olaf ar y chwith cyn dod at y Llwybr Main, neu sig-sag fel y galwem

Idris a Dad, Margaret a Mam a minnau a Taid

ni'r llwybr sy'n igam-ogamu i lawr at bentref Llanberis. Mae wal gerrig fawr bob ochr iddo, ac mae'r llwybr mor gul, prin y gall dau basio ei gilydd arno. Mae'n llwybr serth iawn i'w gerdded o gyfeiriad Llanberis, ac mae'n anodd credu y byddai'r chwarelwyr yn ei gerdded bob dydd cyn dechrau diwrnod caled o waith.

Ar gychwyn y Llwybr Main mae'r barics, sef teras o hen dai chwarelwyr. Mae dwy res o dai wedi'u hadeiladu o lechen, un ar ddeg o dai'r naill ochr a'r llall, yn lojins i wyth deg wyth chwarelwr, a phedwar chwarelwr ym mhob tŷ. Arferai chwarelwyr o Ynys Môn deithio ben bore Llun i'w gwaith yn y chwarel a dychwelyd adref i Fôn ar brynhawn Sadwrn. Ym mhob un o dai'r barics roedd 'stafell wely a chegin, heb drydan na dŵr. Pan oeddem ni'n blant adfail oedd y lle, oherwydd caewyd y barics yn 1948 yn dilyn ymweliad gan oruchwyliwr iechyd a fynnai nad oedd yr anheddau yn 'addas at eu pwrpas'. O hynny ymlaen, teithio ar fws i'w gwaith yn ddyddiol oedd hanes y chwarelwyr.

Pan oedd y chwarel yn ei hanterth roedd sŵn prysurdeb

y gwaith i'w glywed a'i weld yn ddyddiol ym mhen draw
Dinorwig yn Allt Ddu. Yn y distawrwydd a'r llonyddwch
sydd yno heddiw, mae'n anodd coelio i gymaint o fwrlwm
fod yno ar un adeg. Yno roedd sied sinc fawr gyda sŵn eco
mawr yn dod ohoni, lle'r oedd peiriannau a lorïau chwarel
yn cael eu cynnal a'u cadw. Hefyd yn cael eu cadw yno
roedd dwy lori a arferai gludo chwarelwyr yn gynnar bob
bore o loches Bryn Sardis, ger Capel Sardis, uwchlaw
Dinorwig i fyny Lôn Garret i ran uchaf y chwarel. Lorïau
heb gefn iddynt oedd y rhain, gyda hen ddefnydd drostynt
fel lorïau'r fyddin. O flaen y sied byddai taith y trên bach o
Ffiar Injan, un o'r ponciau yn y chwarel, yn dod i ben ac yn
cael ei gadw dros nos yn y cwt injan. Dreifar y trên bach
oedd John Evans. Mae Idris fy mrawd yn cofio cael reid ar
y trên, ac yn gorfod dod lawr cyn cyrraedd Ffiar Injan gan
nad oedd plant yn cael mynd ar dir y chwarel. Golygfa
werth chweil oedd gweld y trên yn tanio, a'r mwg i'w weld
yn codi uwch ben Pen Draw Allt Ddu.

Roedd gan bawb bron a oedd yn byw yn Allt Ddu
gysylltiad â'r chwarel. Roedd hi'n gymdeithas glòs iawn,
gyda deunaw o dai yno i gyd. Yn ogystal â theuluoedd
cyffredin, roedd rhai o uchel swyddogion y chwarel yn byw
yno mewn tai mawr urddasol gyda gerddi hyfryd. Roedd
gan y tai mawreddog, fel Hafodty, chwe ystafell wely, ac
roedd gan Fron Elidir bum ystafell wely. Roeddynt yn
balasau o'u cymharu â thai cyffredin y chwarelwyr.

Does gen i ddim cof o'm tad yn sôn dim wrthym fel
plant am ei gartref, ond byddai Mam yn rhannu un atgof
arwyddocaol iawn. Soniai fel y symudodd i fyw at fy nhad,
a chael ei deffro un noson pan glywodd sŵn mawr. Roedd
yn meddwl bod to'r tŷ'n dod i lawr. Yr hyn a glywodd yn
nhawelwch y nos, wrth gwrs, oedd sŵn cerrig yn symud ar
y tomennydd. Daeth i arfer â hyn wedyn.

Nid oes gennyf gof o fyw yn Dinorwig Cottage, gan inni

symud i fyw i ganol pentref Dinorwig pan oeddwn yn dair oed. Er hynny, byddem fel plant yn mynd yn ôl yn aml i ardal Allt Ddu i chwarae yn ystod y gwyliau. Un o'r atyniadau oedd y dybldecars a fu'n cludo'r chwarelwyr i'w gwaith yn y bore, ac a oedd yn aros i'w casglu ar ddiwedd y dydd. Byddai oddeutu 13 o ddybldecars wedi eu parcio yno, yn eiddo i gwmnïau Crosville, Bws Las Rhosgadfan, Purple Motors, a Whiteways. Roedd yn ddigon hawdd mynd mewn iddyn nhw o'r cefn neu o'r ochr, a dyna lle y byddem yn eistedd fel llanciau ar y seddi llychlyd yn dychmygu ein hunain fel hogia chwarel. Roedd peth drygioni yn mynd ymlaen, hefyd, a byddai rhai yn tanio injan rhai o'r bysus. Ond y gast beryclaf oedd gollwng potel wag ar linyn i lawr i'r tanc petrol a rhoi papur yng ngheg y botel. Byddem yn tanio'r papur a thaflu'r botel o fflamau i lawr i dwll Allt Ddu, twll chwarel mawr cyfagos. Byddai'r botel hithau'n torri ar y cerrig, a'r fflamau'n fawr. Mae'n wyrth na chafwyd damwain ddifrifol.

Er bod y tomennydd llechi yn yr ardal rhwng Pant ac Allt Ddu yn segur erbyn ein cyfnod ni, roedd yn lle delfrydol ar gyfer chwarae. Roedd digon o gytiau, siediau, a sawl inclein yno, a'r cyfan yn bwydo ein dychymyg wrth inni chwarae yn eu plith am oriau. Diflannodd y rhain i gyd yn sgil cynllun adennill tir yn 1985, pan gliriwyd y tomennydd llechi a gweddill adfeilion y chwarel. Dymchwelwyd Tai Felin, sef y tai o dan yr Ysgoldy a oedd, i bob pwrpas, yn adfail. Osgoi'r chwalfa oedd hanes Ysgoldy.

Hefyd bu rhaid i Florence Davies, Felin Fach (a arferai fyw yno gyda'i chwaer, Mary Ellen Davies) adael ei chartref, gan fod y tŷ yn cael ei ddymchwel. Symudodd i fyw i un o dai Bro Elidir. Adeilad arall a gafodd ei ddymchwel, er ei fod yn adfail erbyn hynny, oedd Siop Catrin Williams wrth hen dwll chwarel fawr ar y ffordd i Allt Ddu. Er bod gen i gof plentyn o fynd yno i nôl paraffîn, ceisiwn osgoi mynd yno gan ei fod yn lle mor dywyll. Pan aeth yr adeilad â'i ben iddo, roedd yn lle da i fochel rhag y glaw, fel nifer o hen dai chwareli a siediau eraill a oedd yn frith ar y tomennydd. Drws nesa' i Siop Catrin roedd corlan ddefaid fawr yn eiddo i Thomas Rees Edwards, neu Twm Rees, a oedd yn ffarmio'n lleol. Cafodd y gorlan ei dymchwel yr un pryd â Siop Catrin. Ar adeg y cneifio, byddai'n llawn bwrlwm wrth i griw o ddynion chwysu peintiau yn cneifio cannoedd o ddefaid, a sŵn brefu tragywydd wrth i'r defaid gael eu rhyddhau yn ôl, heb gysur eu gwlân, i'r caeau.

Arfer arall yn yr ardal oedd mynd am dro neu bicnic i Benyraswy neu i'r 'raswy'. Ar y ffordd yno roedd yn rhaid mynd heibio i Fferm Blue Peris lle fyddai Arthur (Harry Lloyd) Roberts, ei wraig Gwen, a'u merch Meri Wyn yn byw. Byddai cenhedlaeth o blant yn mynd at Anti Gwen i ddysgu canu ac adrodd ar gyfer cystadlu mewn eisteddfodau lleol a chenedlaethol, a chael cryn lwyddiant arni hefyd. Yn ogystal â chadw fferm, gweithiai ei gŵr Arthur yn y chwarel.

Roedd yr 'raswy' yn ardal hyfryd, yn gyfle i ddianc o

'Cymru Rydd' ar adfail cwt trên bach yn Allt Ddu yn y 1970au.

ddüwch cysgodion tomennydd y chwarel. Yno yr ymlaciem yn yr haul gyda golygfeydd godidog o Ddyffryn Peris, yr Wyddfa, Glyn Rhonwy, a Llyn Padarn o'n blaenau, a'r chwarel yn teyrnasu yn y cefndir. Nefoedd o le. Roedd y llwybr oddi yno yn mynd i gyfeiriad Tŷ Powdwr.

Roedd Tŷ Powdwr, o angenrheidrwydd, mewn llecyn unig gryn bellter o'r chwarel, ac nid oedd yr un adeilad arall ar ei gyfyl. Yr oedd yn safle delfrydol wedi ei amgylchynu gan goed a thir pori. Fferm Blue Peris, tua hanner milltir i ffwrdd oedd yr annedd-dy agosaf iddo.

Yn ystod yr Ail Ryfel Byd roedd y Tŷ Powdwr dan wyliadwriaeth gyson ddydd a nos saith niwrnod yr wythnos. Dywedir mai stiwardiaid y chwarel fyddai'n gwneud y gwaith hwn, a phob un ohonynt yn cymryd eu tro. Cyn cyrraedd at Dŷ Powdwr roedd llwybr yn gwyro tuag at Goed Dinorwig, atyniad mawr arall.

Yno hefyd y byddem yn mynd fel llanciau ifanc, a chael ambell i awr hyfryd yng nghwmni merched yr ardal.

Pennod 3

Teulu Mam

Cefndir ardaloedd y chwarel oedd gan fy rhieni. Deuai fy mam o bentref Penygroes yn Nyffryn Nantlle, a'm tad, fel sydd wedi ei grybwyll eisoes, yn enedigol o bentref Dinorwig.

Enw fy mam oedd Alice Thomas (Jones, cyn priodi). Cafodd ei geni ar ôl y Rhyfel Mawr ar 16eg o Chwefror 1919, a byw nes ei bod yn 95 oed. Roedd Mam a Margaret fy chwaer yn cael eu pen-blwydd yr un diwrnod.

Y tai fel yr oeddynt yn Ffordd Clynnog, Penygroes

Cartref fy mam oedd 4 Ffordd Clynnog, Penygroes neu 'Clynnog Road' ar lafar bryd hynny. Symudodd ei rhieni yno o Ddinas, Llanwnda. Pan oeddem yn blant arferai Mam sôn dipyn am Station Road, West End a thros bont stesion. Roedd gorsaf drenau Penygroes â'i chefn at stryd ei chartref, ac wrth gerdded i Benygroes byddai gofyn iddi groesi dros bont stesion, heibio i stryd West End ac ar hyd Station Road. Pan ddeuai hiraeth drosti, cofio prysurdeb yr ardal fyddai mam, ac fe soniai'n aml mor braf fyddai wedi cael dychwelyd i fyw i Ddyffryn Nantlle. Fel y byddai Mam yn ei ddweud o hyd, 'hogan o'r Dyffryn ydw i'.

Gweithiai ei thad, Owen Jones yn Chwarel Dorothea, Penygroes, a'i mam Kate Jones yn wraig tŷ. Cawsant dri o blant; mab o'r enw William a dwy ferch, sef Alice, fy mam a Maggie Elin. William oedd yr hynaf o'r tri, a chafodd ei eni yn 1911.

Yn ddeng mlwydd oed bu farw Maggie Elin. Byddai stori fy mam am y drasiedi yn ein sobri bob tro. Un noson, roedd hi a'i chwaer yn rhannu'r un gwely, ac erbyn y bore roedd Maggie Elin wedi diflannu. Yr unig beth a

Mam, yn y drydedd rhes o'r blaen, yr ail o'r chwith, yn County School, Penygroes, 1926.

ddwedwyd wrthi oedd bod
'Maggie Elin wedi mynd at Iesu
Grist'. Does dim dwywaith fod y
farwolaeth annhymig hon wedi
effeithio yn fawr ar y teulu, ac yn
arbennig ar Mam. Deallwyd yn
hwyrach bod ei phendics wedi
byrstio yng nghanol y nos. Cofiaf
fy Mam yn anfodlon inni chwarae
sgip, oherwydd dyna oedd ei
chwaer yn ei wneud cyn iddi fynd
i'w gwely'r noson honno.

Fel nifer helaeth o'i chyfoedion,
cafodd Mam ei haddysg gynnar yn
Ysgol y Cyngor, Penygroes, ac yna
Ysgol 'Higher Grade', Penygroes,

Mam yn ferch ifanc

cyn gadael yn ifanc iawn a mynd i weini. Ar ddechrau
blynyddoedd yr Ail Ryfel Byd bu farw ei mam yn 65 oed.
Gwraig breifat iawn oedd hi, a hynny ddim yn syndod gan
fod colli ei merch mor ifanc wedi effeithio'n drwm arni. Fe'i
cafodd yn anodd ysgwyd y galar i ffwrdd.

Ar ôl y rhyfel, ym mis Tachwedd 1947, priododd fy
rhieni yn Eglwys St Rhedyw, Llanllyfni, a chynnal y wledd
briodas yng Ngwesty Mona, Caernarfon. Symudodd fy
mam i fyw at fy nhad i'w gartref yn Ninorwig. Erbyn
hynny roedd rhieni fy nhad wedi marw. Ym mlynyddoedd
olaf ei fywyd, symudodd Owen Jones, tad fy mam, atynt i
fyw.

I bawb a'i hadwaenai, roedd Owen Jones yn ddyn smart,
tal a thenau. Mae Glenys, merch Katie Jones, chwaer Owen
Jones, yn cofio ei weld wrth ei waith yn codi a
throsglwyddo llechi o wagenni bach i wagenni mawr yng
Ngorsaf Reilffordd Nantlle, Talysarn, ar gyfer eu cludo ar y
trên i Gaernarfon. Merch ysgol oedd Glenys ar y pryd, ac

mae'n cofio edrych drwy ffenestr cartref ei rhieni yn 10 Station Road, Talysarn, dafliad carreg o'r orsaf, yn gwylio ei dewyrth wrth ei waith.

Yn ôl pob sôn hoffai Owen Jones fynd am beint i dŷ tafarn yr Halfway, Talysarn. Mae'n debyg mai mynd yno at ei ffrindiau chwarel fyddai Owen. Mae'n debyg hefyd nad oedd gweld ei brawd yn mynd i'r Halfway wrth fodd ei chwaer Katie, a oedd yn gapelwraig a Bedyddwraig bybyr. Gadawodd William, brawd Mam, yr ysgol a mynd i weithio i'r becws lleol, Central Stores, 1 Ffordd Clynnog, Penygroes, dafliad carreg o'i gartref. Ymddengys mai gŵr o'r enw John Jones Pritchard, a weithiai cyn hynny i'w dad yn Becws Arvonia ar Stryd y Bedyddwyr oedd perchennog y becws o gwmpas yr amser y bu William yn gweithio yno. Pan fu farw John Jones Pritchard yn 1959, parhaodd Robin a'i wraig Glenys i gynnal y busnes am sbel cyn gwerthu a phrynu becws Gwalia ar Stryd Fawr Pwllheli.

Dywedai fy mam yn aml fod digon ym mhen ei brawd pe bai wedi aros yn yr ysgol, ond gadawodd yn ifanc a mynd yn syth i weithio. Nid oedd William yn fachgen cryf iawn, ac mae'n debyg na fu gweithio oriau hir ar ei draed yn y becws o les iddo. Pan ddaeth yr Ail Ryfel Byd ni chafodd ei alw i'r fyddin am resymau iechyd.

Yn lle hynny, cafodd ei anfon i ffatri ICI yn Ellesmere Port lle'r oedd nwy gwenwyn yn cael ei gynhyrchu. Wedyn, fe'i symudwyd i Ryd-y-mwyn, ger yr

Yncl Wili ac Anti Nell gyda Stuart, Olwen, a Dafydd.

Central Stores, Penygroes

Wyddgrug i wneud yr un math o waith. Oherwydd natur sensitif y cynnyrch, ystyriwyd y gwaith hwn yn gyfrinachol iawn.

Yn Rhyd-y-mwyn bu ffatri'r Weinyddiaeth Gyflenwi a elwid The Valley Works. Fe'i datblygwyd ym 1939 er mwyn cynhyrchu nwy mwstard adeg y rhyfel. Yn ogystal â hynny, gwnaed peth o'r ymchwil cynharaf i ddatblygu'r bom atomig yno. Roedd *The Valley Works* yn adnodd hynod o bwysig yn ystod y rhyfel. Rhoddodd waith i dros 2,000 o bobl, a gwnaeth gyfraniad sylweddol tuag at achos y rhyfel. Yn ystod yr Ail Ryfel Byd, cafodd miloedd o gregyn nwy mwstard eu storio yno mewn twneli tanddaearol. Credir bod y safle wedi ei ddefnyddio o gwmpas y flwyddyn 1700 ar gyfer amryw o ddiwydiannau a oedd wedi gadael ffwrnesi, olwynion dŵr, yn ogystal â glofeydd yno. Oddeutu'r flwyddyn 1800 adeiladwyd priffordd a rheilffordd, gan ei wneud yn safle delfrydol pan alwodd y Prif Weinidog Winston Churchill yno i ganfod lleoliad cyfrinachol ar gyfer cychwyn cynhyrchu arfau cemegol.

Yn ôl y sôn, awgrymwyd Rhyd-y-mwyn gan ICI

oherwydd ei fod 30 milltir i ffwrdd o'u canolfan gynhyrchu yn Runcorn, Sir Gaer, a bod yr adnoddau yno yn cynnwys ffynhonnell ddŵr naturiol a rhwydweithiau cludiant. Hefyd, roedd yn lle cymharol ddiogel rhag ymosodiadau o'r awyr, oherwydd bod y safle mewn cwm coediog iawn, ac o'r awyr ni edrychai ddim gwahanol i'r cymoedd cyfagos. Heddiw, mae'r safle'n hafan i fywyd gwyllt a chadwraeth natur.

Wrth weithio yn Rhyd-y-mwyn cyfarfu William â Mary Eleanor Lloyd, a weithiai yn yr un lle, ac fe ddaeth yn wraig iddo. Anti Nell oedd hi i ni blant, ac fel 'Nell' y byddai Mam yn ei chyfarch. Deuai Anti Nell yn wreiddiol o Lanrhaeadr-yng-Nghinmeirch, ger Dinbych. Roedd gen i feddwl y byd ohoni. Byddai o hyd yn gwneud ffŷs ohonof, ac yn un ddrwg am bryfocio. Roedd ganddi bersonoliaeth hyfryd, roedd yn gymeriad cryf, ac yn unigolyn caredig tu hwnt.

Yn 1944 ganwyd Stuart, eu mab cyntaf, ac ar ddiwedd y rhyfel priododd William a Nell a symud i fyw i Dalysarn yn Arfon. Pan anwyd Stuart cafodd ei daid, Owen Jones, ei bryfocio yn ddi-baid gan chwarelwyr yr ardal, gan fod yr enw Stuart yn eu hatgoffa o 'Stiward' y Chwarel! Symudodd y teulu i fyw i Clynnog Road, at rieni William, ac wedyn i Faes Dulyn, Penygroes. Yno, ganwyd ail fab iddynt o'r enw Dafydd ac yna yn ddiweddarach ganwyd Olwen y ferch. Symudodd y teulu eto wedyn i Dŷ'r Eglwys yn Nhrefdraeth, Ynys Môn.

William a fu'n gyfrifol am gynnal a chadw'r Eglwys, yn ogystal â chadw llyfrau'r achos. Buont yno am 3 blynedd cyn hel eu pac a symud i fyw ar Fferm Ystâd Coed Coch, ger Betws-yn-Rhos, lle cafodd William ei gyflogi fel saer maen yn ogystal ag ymgymryd â llu o dasgau eraill. Cartref y teulu erbyn hynny oedd Pen y Bryn, yn Nolwen.

Tra oedd yn byw yno, cafodd William ei daro'n wael, ac ar ôl cystudd hir o chwe mis yn ei wely, bu farw ar Ŵyl San

William Owen Lewis a Katie Lewis, Talysarn.

Steffan 1956, pum niwrnod ar ôl colli ei dad. Trasiedi ddwbl i fam a loes ddifrifol i Anti Nell o golli gŵr ac yntau'n 45 oed yn unig. Fe'i gadawyd â thri o blant bach, a hynny ar gyfnod anodd iawn. Claddwyd William ym mynwent Eglwys Mihangel Sant, Betws-yn-Rhos. Ar ei garreg fedd cyfeirir ato fel Bill Jones yn hytrach na William Jones gan mai wrth yr enw Bill yr arferai pawb ei alw. Mae gen i gof o fod yn yr angladd, er mai chwech oed oeddwn i ar y pryd.

Roedd marwolaeth William yn golygu na allai Anti Nell a'r plant barhau i fyw yn eu cartref ym Mhen y Bryn. Fodd bynnag, gyda charedigrwydd Margaret Broderick, perchennog yr Ystad fe gawsant aros ychydig yn hirach yno cyn cael symud i dŷ arall o'r enw Cefnen ar y stad. Amod symud i Gefnen oedd bod Anti Nell yn gweithio fel howscipar i Miss Broderick yn Nolwen.

Yn dilyn marwolaeth Miss Broderick, symudodd y teulu i Rhiw Road, Bae Colwyn, cyn symud wedyn i Ddinbych, ac yno bu Anti Nell yn byw weddill ei hoes. Cynorthwyydd nyrsio oedd hi wrth ei gwaith. Fel nifer o genedlaethau o blant Dinbych llwyddodd Stuart, Dafydd ac Olwen i gael swyddi yn ysbyty meddwl y dref. Roedd Ysbyty Dinbych yn gyflogwr pwysig iawn yn lleol. Bu farw Anti Nell yn 2002 a hithau'n 92 oed. Fe'i claddwyd gyda'i gŵr ym mynwent Eglwys Mihangel Sant, Betws-yn-Rhos, yng nghanol y pentref.

Er i Mam fyw am gyfnod hirach yn Ninorwig nag y

gwnaeth ym Mhenygroes, yn Nyffryn Nantlle oedd ei chalon. Byddai'n hiraethu am y bobl a'r gymuned fywiog. Dros y blynyddoedd, byddai'n manteisio ar bob cyfle i ymweld â'i bro i weld aelodau o'r teulu a ffrindiau bore oes. Roedd yn fwy na pharod i fynd yn ôl i Benygroes i fyw, er y gwyddai yn ei chalon nad oedd hynny'n bosibl, gyda'm tad yn gweithio yn y chwarel a ninnau fel teulu wedi hen ymsefydlu yn Ninorwig. Wrth inni dyfu fyny byddai Mam yn cyfeirio yn aml at Station Road a Chlynnog Road lle cafodd ei magu, ac am Gapel Soar, Capel y Bedyddwyr lle arferai'r teulu addoli. Hefyd, soniai fel y byddai'n codi'n blygeiniol ar fore Nadolig i fynychu gwasanaeth plygain yn Eglwys Sant Rhedyw, Llanllyfni.

Ar ei hymweliad â Phenygroes, byddai Mam yn galw i weld chwaer ei thad, sef Katie Lewis a'i gŵr William Owen Lewis yn 10 Station Road, Talysarn. Roedd Katie Lewis yn wraig grefyddol iawn, yn fedyddwraig o argyhoeddiad ac yn mynychu Capel Salem, Talysarn. Y genhadaeth oedd ei diddordeb pennaf ac mae ei merch, Glenys Jones yn cofio degau o focsys pren cenhadol ar gyfer casglu arian yn cael eu cadw ganddi ym mharlwr bach y cartref. Bu farw'n 74 oed yn 1973.

Ganwyd ei gŵr William Owen Lewis ar Ynys Môn yn Chwefror 1898. Ymunodd â'r fyddin heb ddweud dim wrth ei deulu. Roedd ef a'i ffrindiau yn ddwy ar bymtheg oed ar y pryd. Ymunodd â'r Ffiwsilwyr Brenhinol Cymreig a mynd i ymladd yn y Rhyfel Byd Cyntaf. Ag yntau'n ddeunaw oed, collodd ei fraich chwith wrth ymladd yn y ffosydd. Roedd yr ymladd mor ffyrnig fel na lwyddodd y Groes Goch i'w gyrraedd ynghanol y mwd a'r baw am dridiau. Canlyniad ei anaf oedd cyfnod o wella am ddwy flynedd mewn ysbyty yn Leeds. Bu'n uffern iddo. Wedi'r rhyfel, llwyddodd i gael gwaith ysgafn yn Chwarel Dorothea hyd nes iddo ymddeol, yn pwyso'r wagenni a chyfrif nifer y llechi oedd yn dod o dwll Dorothea. Anaml iawn fyddai rhywun yn sylwi mai un fraich oedd ganddo, gan y medrai ymdopi cystal â nifer o dasgau bob dydd.

Er ei fod yn awyddus i fyw bywyd mor naturiol â phosibl, heb dynnu sylw at ei anabledd, dylanwadodd effeithiau a chreithiau'r rhyfel yn drwm arno. Mae ei ferch Glenys yn cofio fel y byddai'n rhaid iddo adael y capel ar ganol oedfa gan ei fod yn chwys domen oherwydd y poen yn ei nerfau. Byddai hefyd yn dioddef o ôl-fflachiadau. Bu farw ar y 25ain o Ebrill 1988 yn 90 oed, ac fe'i claddwyd ym mynwent Macpela, Penygroes.

Pennod 4

Teulu 'Nhad

Plentyn y Rhyfel Byd Cyntaf oedd fy nhad, Hugh Thomas, a anwyd ym mis Ebrill 1915. Roedd yn fab i William H. Thomas a Margaret Thomas, Dinorwig Cottage. Roedd ganddo chwaer hŷn o'r enw Jane, neu Jennie fel y byddai pawb yn ei hadnabod. Ni chawsom fel plant gyfle i ddod i adnabod rhieni fy nhad, gan iddynt farw cyn ein geni.

Magwyd fy nhad yng nghysgod y Rhyfel Mawr. Daeth i fyd anghysurus iawn, gydag effeithiau'r rhyfel erchyll hwnnw yn drwm ar y gymuned chwarelyddol. Roedd yn gyfnod o hiraethu am y rhai a gollwyd, ac eraill yn byw gydag effeithiau'r brwydro am weddill eu hoes.

Mam fy nhad

Wrth iddo dyfu fyny roedd yn gyfnod o ddirwasgiad economaidd, a oedd yn bwysau ariannol ar gyflogau chwarelwyr a oedd eisoes yn ddigon isel. Cafodd ei addysg gynnar yn Ysgol Dinorwig cyn symud yn 12 oed i Ysgol y Sir, Brynrefail. Fe wasanaethai'r ysgol hon ddisgyblion pentrefi

Llanrug, Llanberis, Cwm-y-glo, Penisarwaun, Deiniolen, Nant Peris, Brynrefail a Dinorwig.

Arferai fy nhad gerdded bob cam yn ôl ac ymlaen o Ddinorwig i lawr Fachwen i'r ysgol bob dydd, a hynny ym mhob tywydd. Yn ddiddorol iawn, pan sefydlwyd yr ysgol ym mhentref Brynrefail, ni chafwyd trafodaeth ynglŷn â sut fyddai'r disgyblion yn ei chyrraedd. Mae'n debyg bod pawb yn cymryd yn ganiataol mai cerdded yno fyddai plant pentrefi'r ardal. Rhywbeth dyfodolaidd iawn oedd bws ysgol bryd hynny! Tra byddai plant

Margaret Thomas, modryb fy nhad, o flaen Tan y Bwlch, Dinorwig.

Dinorwig yn mynd i lawr Fachwen i'r ysgol, byddai plant Deiniolen yn mynd fel criw trwy 'Creigia' yno. Fe gerddent drwy bob tywydd, yn wlyb at eu crwyn, neu'n chwys domen ar adegau eraill.

Fel nifer o hogiau ei gyfnod, gadawodd fy nhad yr ysgol yn 14 oed, dilyn ôl troed ei dad yntau, a mynd gyda'i fag bwyd a'i drowsus melfaréd i Chwarel Dinorwig. Er bod mynd i'r chwarel yn ddeniadol i nifer o hogia'r ardal, mater o raid oedd hi i nifer o deuluoedd, er mwyn denu cyflog ychwanegol i gynnal y teulu. Mae'n debyg bod hynny'n rhannol wir am sefyllfa fy nhad. Gweithiai ei dad yntau, William H. Thomas, neu 'William H' fel y câi ei alw, yn Chwarel Dinorwig, a hynny ar gyflog isel. Roedd yn Gymro uniaith Gymraeg, wedi ei eni ym mis Awst 1872. Ar adeg ei briodas ar yr 28ain o Ragfyr 1906, roedd yn byw yn Nhan-y-bwlch, Dinorwig. Roedd yn byw yno gyda'i chwaer, Margaret Thomas, ac roedd ei rieni, Jane a Hugh Thomas wedi marw erbyn hynny. Bu farw ei chwaer ym mis Medi 1932 yn 65 oed. Ar ôl priodi, ymddengys iddo symud i Dinorwig Cottage yn fuan wedyn, gan mai yno y ganwyd fy nhad. Bu farw William H. ar yr 20fed o Fehefin 1938 yn 65 oed.

Mewn cyfnod arall mae'n debyg y byddai fy nhad, fel sawl un arall o'i gyfoedion, wedi parhau gyda'i addysg. Mae'n wir i rai a adawodd yr ysgol i fynd i'r chwarel ail gydio yn eu haddysg ar ôl ychydig flynyddoedd o weithio yn y chwarel a symud i swyddi eraill. 'Doedd o ddim i fod yn y chwaral' oedd yn cael ei ddweud am rai oedd yn gadael y chwarel am addysg bellach, neu am y rhai hynny oedd wedi aros i weithio yn y chwarel er bod y gallu ganddynt i ddilyn cwrs coleg. Perthyn i'r ail grŵp oedd fy nhad. Iddo ef, a rhai eraill a arhosodd yn y chwarel i weithio, roedd her i'w chael yn chwarel, yn ogystal â chymdeithas gyflawn a chrefft i'w mawrygu. Roedd tynfa'r chwarel yn gryf, ac mae'n debyg y byddai 'Nhad yn teimlo fel pe bai'n troi ei gefn ar grefft ei dad a'i deidiau yntau.

Priodas fy rhieni gyda Harry Davies yn was priodas a Mair Davies yn forwyn briodas.

Pan ddaeth yr Ail Ryfel Byd, ymunodd â'r fyddin. O fewn dwy flynedd i'r rhyfel ddod i ben, bu farw ei fam, Margaret Thomas yn 1947. Deuai hithau'n wreiddiol o New Street yn Saron, ger Caernarfon. Gwraig tŷ oedd hi. Priododd â'i gŵr William yn 1907, ac yn wahanol iddo ef gallai siarad Cymraeg a Saesneg. Fel ei gŵr, fe'i claddwyd ym mynwent Llandinorwig ar y 24ain o Fedi 1947, yn 71 oed.

Roedd Jane Thomas, chwaer Dad, neu Anti Jennie i ni, yn fodryb arbennig iawn. Fel yn hanes fy nhad derbyniodd hithau ei haddysg gynnar yn Ysgol y Cyngor, Dinorwig. Roedd gan Anti Jennie lawysgrifen gywrain iawn, ac fel fy nhad, byddai'n cadw dyddiadur.

Fel genod ar eu ffordd i'r ysgol, soniai Anti Jennie fel y byddai'r chwarelwyr yn dweud wrthynt am gofio priodi hogia chwarel wedi iddynt dyfu i fyny!

Yr ysgolfeistr ar y pryd oedd Mr Williams, ac yna Mr W.D. Jones, a thair athrawes, sef dwy chwaer o Fachwen, Miss Dora Ann Jones a Miss Hannah Lus Jones, a Miss Mary Jones, Gongl Mynydd. Mae Anti Jennie yn cofio'r gansen yn cael ei defnyddio, a rhai yn ei chael yn frwnt iawn.

I Eglwys Santes Fair, Dinorwig yr âi Anti Jennie. Mae'n cofio fel y câi ei mam drafferth dysgu iddi beidio â throi ac edrych nôl yn yr Eglwys, a threfnodd i aelod oedd yn eistedd y tu ôl iddi i edrych yn gas arni. Doedd Anti Jennie ddim yn ei hoffi o gwbl, ond ymhen amser, deallodd pam, ac am weddill ei hoes wnaeth hi ddim edrych yn ôl mewn oedfa.

Er mai i'r Eglwys yr âi Anti Jennie ar y Sul, i Gapel Dinorwig y byddai'n mynd ar nos Fawrth i Gyfarfod y Plant, i gael *penny reading* a chystadlu. Cynhaliwyd Eisteddfod yno bob blwyddyn, hefyd. Yn ystod y gwyliau, hoffai fynd â gweddill y plant i chwarae tŷ bach yn Pen Bonc, hen domen chwarel, gan gario llwyth o gelfi efo nhw. Pan fyddai damwain yn y chwarel, mae'n cofio gweld rhai yn cael eu cario ar stretjar a blanced goch drostynt. Yr hyn a ddywedwyd wrthi hi a'i ffrindiau oedd 'pan briodwch chi genod, cofiwch chi wneud y gwely a chodi lludw cyn mynd o'r tŷ. Wyddoch chi ddim beth all ddigwydd yn y chwarel'.

Doedd dim rhaid sefyll yr arholiad lefn plys bryd hynny, ac yn hytrach na mynd i Ysgol Uwchradd Brynrefail, arhosodd Anti Jennie yn Ysgol Dinorwig, cyn gadael yn bedair ar ddeg oed yn Nadolig 1925. Roedd ei bryd ar fynd i weini, a dyna ddigwyddodd. Ar ddiwrnod braf ym mis Chwefror 1926 gadawodd ei chartref, a chyda help ei mam, cerddodd yn chwys domen â chês trwm o ddillad i lawr Llwybr Main at Lanberis er mwyn dal y bws i Gaernarfon. Mae'n anodd credu heddiw am ferched mor ifanc â phedair ar ddeg oed yn gadael cartref i fynd i weini.

Yng nghanol yr Ail Ryfel Byd yn 1942, priododd Anti Jennie a symud o'r cartref yn Ninorwig i fyw at ei gŵr, Orwig Charles Roberts i Elidir View, Teras Rhythallt, Llanrug, a dyna lle bu'r ddau yn byw tan ddiwedd eu hoes. Bellach mae Teras Rhythallt wedi ei anfarwoli gan y gyfres *C'mon Midffîld*, oherwydd y tŷ drws nesaf i dŷ Anti Jennie oedd cartref Mr Picton. Hefyd, roedd Anti Jennie, fel nifer eraill o drigolion Llanrug yn bresennol ym mhriodas Sandra a George ar y rhaglen yng Nghapel y Rhos, sydd â'i gefn at Deras Rhythallt.

Bu farw Yncl Orwig ar y 27ain o Dachwedd 1984 yn 72 oed, ac Anti Jennie ar yr 28ain o Chwefror 1999 yn 87 oed. Does dim cofnod o 'Nhad yn bresennol ym mhriodas y ddau, ac mae'n debyg na lwyddodd i gael caniatâd i ddod adra o'r fyddin. Archentwr oedd Yncl Orwig. Cafodd ei eni yn Nhrelew, Rhanbarth Cenedlaethol Chubut, Patagonia ym Medi 1912. Ei gartref yn y Wladfa oedd Bron Afon, fferm ger Bont yr Hendre. Roedd ganddo feddwl y byd o'i wreiddiau ym Mhatagonia, ac fe gafodd wireddu ei freuddwyd o fynd yn ôl yno am y tro cyntaf gydag Anti Jennie yn 1981. Profodd y trip yn brofiad cyfoethog a chofiadwy i'r ddau ohonynt.

Cymro Cymraeg oedd ei dad, David Jones Roberts o

Gae Dicwm, Penisarwaun.
Amaethwr wrth ei waith, ac
yn fab i Thomas Roberts ac
Esther Jones. Aeth draw i
Batagonia yn 1907, a lletya
gyda'i ewythr Humphrey
Jones. Tra'r oedd o yno,
cyfarfu â Sarah Jones a'i
phriodi. Archentwraig oedd
hithau, yn ferch i Humphrey
Jones ac Annie Jones. Roedd
yn wraig 20 oed ar y pryd, ac
yn un o saith o blant, pump o
hogia, a dwy o genod.

Anti Jennie yn ferch ifanc

Pan oedd Yncl Orwig yn
flwydd oed, daeth ei rieni ag
ef draw i Gymru ac ymgartrefu yn y Ship, Pontrhythallt,
Llanrug. Yn ôl yng Nghymru ganwyd tri o blant iddynt,
ond gyda'r blynyddoedd, bu bywyd yn anodd iawn gan i'w
rieni ddioddef sawl profedigaeth lem.

Â hithau ond yn dair blwydd oed, collasant ferch, Annie
ym mis Hydref 1918. Credir mai ffliw Sbaen, a ledodd
drwy'r byd yn 1918, ac a laddodd 50 miliwn o bobl, oedd
achos ei marwolaeth. Yn ystod y pandemig rhwng 1918 a
1919, y sir a chanddi'r gyfradd farwolaeth uchaf yn Lloegr
a Chymru oedd Sir Gaernarfon, ac ardal Gwyrfai, a oedd
yn cynnwys Llanrug, a ddioddefodd fwyaf.

Yna, ag yntau'n 19 mlwydd oed, digwyddodd trychineb
arall pan fu farw 'Tom Ship', y mab, ar y 4ydd o Orffennaf
1933. Cyn y drasiedi roedd Tom a'i ffrindiau yn edrych
ymlaen at drip blynyddol Eglwys Santes Helen,
Penisarwaun. Ar ôl swper un noson, aeth Tom i nofio yn
afon Seiont ger 'Y Stablau' ar bwys ei gartref yn y Ship, a bu
iddo foddi yn agos iawn at ddrws ei gartref.

Gohiriwyd y trip a thaenodd cwmwl o dristwch dros yr ardal.

Bymtheg mlynedd yn ddiweddarach ym mis Chwefror 1949, ag yntau'n 28 oed, bu farw mab arall iddynt, sef David Morgan Roberts. Gwasanaethodd Morgan yn yr Awyrlu yn ystod yr Ail Ryfel Byd, ac yn ôl pob sôn hedfanodd 31 o weithiau dros yr Almaen. Priododd yntau â Bet Roberts ac fe anwyd mab o'r enw Leonard iddynt yn 1942. Ymhen 4 mis, bu farw'r plentyn ac fe'i claddwyd ym mynwent Eglwys Penisarwaun. Ar ôl y drychineb hon daeth y briodas i ben. Wedi hynny, aeth Morgan i weithio yn Birmingham a thra bu yno cafodd ddamwain angheuol yn ei waith, a chafodd ei wasgu yn erbyn wal gan lori. Bu farw bron yn syth.

O fewn mis i farwolaeth Morgan, bu farw ei dad yn 62 oed ym mis Mawrth, 1949. Bu ei dad yn ymhél â nifer o achosion ym mro ei febyd yn ardal Llanrug. Gwasanaethodd yn y Rhyfel Mawr, a phan fu farw roedd yn gadeirydd Cyngor Dosbarth Gwyrfai. Chwarelwr ydoedd yn Chwarel Dinorwig, a chafodd ei ddyrchafu yn archwiliwr creigiau. Roedd yn aelod ffyddlon o Eglwys Santes Helen, Penisarwaun, a dotiai at ganu gyda Chôr Meibion Chwarel Dinorwig. Yn ogystal â hynny, roedd ganddo bartïon canu ei hun ar un adeg. Bu'n eistedd ar Gyngor Plwyf Llanddeiniolen am flynyddoedd, ac etholwyd ef yn aelod o Gyngor Dosbarth Gwyrfai. Roedd ei benodiad yn gadeirydd ar y Cyngor yn ei wneud hefyd yn Ynad Heddwch. Roedd yn aelod o gangen Llanrug o'r Lleng Brydeinig a bu, am beth amser, ar Fwrdd Rheolwyr Ysgol Tanycoed, Penisarwaun a'r Ysgol Ganol, Llanrug. Bu farw ei wraig, Sarah J. Roberts yn 90 oed ar y 14eg o Fai 1981, ac fe'i claddwyd gyda gweddill y teulu ym mynwent Eglwys Sant Deiniol, Llanddeiniolen.

Roedd mynychu Eglwys Santes Helen yn rheolaidd yn

bwysig iawn i Anti Jennie ac Yncl Orwig. Bu Yncl Orwig yn
organydd yn yr Eglwys am flynyddoedd, ac Anti Jennie
hithau'n swyddog brwd yn Undeb y Mamau. Byddai'r ddau
yn 'hel pres trampin' Ysgol Sul yr Eglwys am flynyddoedd
maith. Clwb cynilo arian wythnosol oedd y trampin a
fyddai'n cael ei dalu'n ôl i'r teuluoedd cyn diwrnod mawr y
trip Ysgol Sul. Gwnaeth y ddau'r gwaith hwn o'u gwirfodd
am flynyddoedd, ac mae dyled llu o deuluoedd yr ardal
iddynt am sicrhau bod arian wrth gefn ar gyfer mynd â'r
plant ar y trip blynyddol. Pan arhoswn gyda nhw dros y
gwyliau, dyna lle fyddai'r ddau ar nosweithiau Sul yn cyfri'r
holl arian ar fwrdd yr ystafell fyw, gan sicrhau bod pob
ceiniog wedi cael ei chofnodi cyn i Anti Jennie fynd â'r
arian gyda hi yn y bore i'r swyddfa bost yn Llanrug.

Mae'n siŵr bod methu â chael plant ei hun wedi bod yn
loes calon i Anti Jennie, ond fe lanwodd y gwacter hwnnw
yn ei bywyd gyda'r gofal a'r cariad mawr a ddangosodd tuag
atom ni fel plant. Byddai'n galw yn aml yn Ninorwig i'n
gweld, a bu'n help mawr i fy rhieni yn eu gwaith o'n magu
a'n dilladu. Pob haf arferwn fynd am wyliau ati hi ac Yncl
Orwig i Lanrug.

Er mai pum milltir i ffwrdd oedd Llanrug, roedd gennyf
hiraeth am adra bob tro. Cofiaf fynd yn emosiynol o weld
bysus yn mynd tua Dinorwig. Serch hynny, roeddem wrth
ein boddau yng nghwmni Anti Jennie, a byddai hithau wrth
ei bodd yn ein cwmni ni, a byddai'n siŵr o drefnu digon i'w
wneud i lenwi'r diwrnodau. Byddem wrth ein boddau yn
cerdded at Gastell Bryn Bras yn Llanrug. Yr uchafbwynt
bob tro fyddai dringo ar ben cerfluniau'r ddau lew wrth
fynedfa'r castell. Dro arall, byddem yn cerdded i gartref
Mrs Roberts, mam Yncl Orwig. Ar ein ffordd yno, byddem
yn galw yn Siop Bont, Pontrhythallt am dda-das a hufen iâ,
yna'n cerdded dros y ddwy bont a chadw llygaid am drên
teithwyr oedd yn rhedeg o Lanberis i Gaernarfon ac yn

Priodas Anti Jennie ac Yncl Orwig

stopio ar y ffordd yn Stesion Llanrug. Gwelem deithwyr yn dod oddi ar y trên ac eraill yn mynd arni. Yna, wrth fynd dros yr ail bont byddem yn cadw llygaid am y trên chwarel, ac wrth i'r dreifar ganu'r corn, byddem yn chwifio ein dwylo ac yn rhedeg ar draws y ffordd i'w gweld yn dod allan o ochr arall y twnnel, cyn diflannu i'r pellter. Caewyd y lein chwarel yn 1962.

Wedyn fe fyddem yn setlo i chwarae Ludo a Snakes a Ladders, ac yn cael llond bol o ginio i ddilyn, cyn mynd i gyfeiriad Crawia am dro. Pethau syml a fyddai yn ein difyrru.

Er bod Mrs Roberts yn annwyl a chlên, nid oeddem ni blant yn teimlo'n gartrefol yno. Roedd y Ship yn hen dŷ tywyll, a fawr o gysur na chynhesrwydd i'w deimlo yno. Ar y pryd, nid oeddem ni blant yn ymwybodol o'r profedigaethau llym oedd wedi llethu Mrs Roberts. Yn ein diniweidrwydd, roeddem yn synhwyro awyrgylch hiraethus a galarus parhaol y cartref. Roedd y bwrlwm a'r prysurdeb a arferai fod yno wedi hen ddiflannu. Ni fu'r tŷ'r un lle wedyn.

Ar y Sul, arferwn fynd yng nghwmni Anti Jennie ac Yncl Orwig i Eglwys Santes Helen, Penisarwaun. Fel Eglwyswyr ffyddlon, roedd y Sul yn ddiwrnod pwysig a llawn iawn i'r ddau, ac ni fyddai ein hymweliad ni yn amharu dim ar eu patrwm. Cerddem yn ôl ac ymlaen gyda'r ddau i'r Eglwys ar gyfer gwasanaeth deg yn y bore, a byddem wrth ein boddau yn cyrraedd a gweld nifer o blant o'r un oed â ni yno. Ambell i Sul, byddai Yncl Orwig wrth yr organ, a thro arall byddai'n eistedd gyda ni yn y gynulleidfa. Cyn y bregeth, arferai ofyn i un ohonom godi o'n sedd a mynd â da-das i blant eraill. Teimlwn embaras o gael fy ngorfodi ganddo i wneud.

Pennod 5

Symud i Fro Elidir

Yn dair oed, daeth newid mawr i'r teulu pan symudom i fyw i Fro Elidir, stad o dai cyngor newydd sbon yng nghanol y pentref. Cyngor Dosbarth Gwyrfai oedd yn gyfrifol am eu hadeiladu. Ar wahân i Fro Elidir, Maes Eilian oedd yr unig stad arall o dai yn y pentref, ag ynddi 12 o dai wedi eu hadeiladu ychydig flynyddoedd ynghynt.

Mae Dinorwig yn adnabyddus am dywydd garw, wrth gwrs, felly doedd hi fawr o syndod na fu'r gwaith o adeiladu'r deg tŷ ar stad Bro Elidir yn broses heb ei thrafferthion. Amharodd y tywydd gryn dipyn ar y gwaith, a dylanwadodd hynny ar yr amserlen symud tŷ. Wrth eu hadeiladu roedd rhaid newid ychydig ar gynllun y tai er mwyn cysgodi'r cefnau, a oedd â'u hwyneb at y ddrycin. Er mai'r bwriad oedd symud y tenantiaid i'r tai erbyn canol mis Ionawr y flwyddyn honno, aeth yn fis Mai ar y tai yn cael eu gosod. Cyrhaeddodd cyfanswm cost adeiladu'r deg tŷ lai na £15,000, a'r adeiladwr oedd gŵr o'r enw Arthur Salisbury. Codwyd y tai yn 1953.

Mentraf ddweud mai hon yw'r stad tai cyngor â chanddi'r golygfeydd godidocaf yng Nghymru. Pa stad gyffelyb allai gystadlu â golygfa anhygoel o'r Wyddfa, Llyn Padarn a Dyffryn Peris? Roedd yr olygfa'n un mor gyfarwydd inni fel nad oeddem yn meddwl dwywaith

Stad Bro Elidir

amdani. Ymwelwyr i'r tŷ fyddai yn ein hatgoffa o ba mor ffodus oeddem ni.

Wrth gwrs, roedd pris i'w dalu am leoliad agored y tai. Bob gaeaf bron, byddai'r gwynt a'r glaw yn dreigio ar dalcen a ffenestri cefn y tai. Yn wir, roedd hi mor stormus ar adegau fel y byddai rhywun yn ofni gweld y ffenestri yn chwalu i mewn i'r tŷ. Byddai hynny, yn enwedig, yn ddychryn mawr inni blant. Ond beth arall oedd i'w ddisgwyl, a ninnau'n byw yn un o'r stadau tai cyngor uchaf ym Mhrydain?

Mae'n siŵr bod symud i dŷ newydd ag ynddo'r cyfleusterau mwyaf diweddar yn brofiad braf i'm rhieni, ac i Mam yn arbennig, ar ôl byw am flynyddoedd mewn hen dŷ oer a thywyll yng nghysgod y tomennydd llechi. Digwyddodd y symud ar yr adeg iawn, oherwydd erbyn hynny, roedd Margaret fy chwaer rai misoedd oed, ac roedd fy nhaid, tad fy mam, wedi gadael Penygroes er mwyn dod atom i fyw.

Tŷ ag ynddo dair ystafell wely oedd gennym, un gegin fach efo sinc a letric stôf, gofod dan y grisiau lle byddai'r teganau yn cael eu cadw, ystafell dywyll i gadw offer ll'nau, a thoiled bach wrth ymyl y drws cefn oedd yn arwain i'r entri. Yn yr entri y byddem yn cadw ein beics. Rhwng popeth, doedd fawr o le i symud yn y tŷ. Yn sownd wrth yr entri roedd sied lle'r oedd glo yn cael ei gadw, yn ogystal â holl offer garddio 'Nhad. Pan fyddai'r tywydd yn braf, doedd dim yn well nag eistedd wrth ddrws y sied ac edrych i lawr at gyfeiriad Llyn Padarn a'r mynyddoedd yn y cefndir.

Roedd y bwrdd bwyd yn yr ystafell fyw, wrth ymyl y ffenest gefn. Byddai hyn yn caniatáu inni fwyta ac edrych ar yr olygfa'r un pryd. Roedd soffa wedyn yng nghanol yr ystafell, ac un gadair ar ochr chwith i'r grât glo lle byddai fy nhad yn eistedd. Honno oedd ei gadair o. Yn ogystal â lle tân, roedd popty, a lle i ferwi tegell. Pan ddiffoddai'r trydan, (byddai hynny, wrth gwrs, yn digwydd yn aml) byddai fy mam, a hynny'n rhyfeddol o gofio maint y popty,

Dinorwig, cyn adeiladu Bro Elidir

yn defnyddio'r popty bach i baratoi cinio dydd Sul.

Wrth ochr y grât roedd cwpwrdd cadw sgidiau, a boilar c'nesu dŵr uwch ei ben. Byddem fel plant yn mynd i'r cwpwrdd i eistedd yng nghanol y sgidiau a chau'r drws, neu'n mynd yno i guddio wrth chwarae denig o gwmpas y tŷ.

Tân glo'r ystafell fyw oedd yr unig danwydd yn y tŷ, ac o'r herwydd, swatio o gwmpas y tân fyddai'r unig ffordd i gadw'n gynnes. 'Nhad fyddai agosaf at y tân bob amser. Wrth i ninnau fel plant ddod i mewn ac allan o'r tŷ bob munud, byddai 'Nhad yn ein hatgoffa'n gyson i gau'r drysau er mwyn cadw'r gwres i mewn. Pan fyddai'r tywydd yn cynhesu wedyn, byddai'n dweud plant mor rhyfedd oeddan ni, yn cau'r drysau yn yr haf a'u hagor yn y gaeaf!

Roedd pantri yn rhan o'r ystafell fyw, ac yno roedd Mam yn cadw bwyd yn ffres gan nad oedd ffasiwn beth â ffrij i'w gael bryd hynny. Cofiaf boteli llefrith yn cael eu cadw mewn bwced ddŵr rhag suro, a hefyd, fy mam yn mynd â phowleniad o jeli a phlât am ei ben allan i'r awyr iach i setlo ar gyfer te bach ar b'nawn Sul! Ac yn teyrnasu ar y cyfan, wrth gwrs, roedd y ddresel.

I Nymbyr Wan y symudodd ein teulu ni, y tŷ olaf ar y pen. Roedd hyn yn ddelfrydol, gan fod gennym ddigon o le i chwarae yn yr ardd ffrynt a'r ardd gefn, yn ogystal ag ar ochr y tŷ. Roedd digon o dir i 'Nhad gael garddio, hefyd. Roedd gan

Mam yn y gegin fach

gynghorau lleol y cyfnod hwnnw bolisi goleuedig o gynnwys digon o dir wrth bob tŷ. Fel sawl chwarelwr arall ar y stad, byddai 'Nhad yn gwneud defnydd llawn o'r tir oedd ganddo i blannu tatws, cabaij, pys a ffa. Yr arferiad fyddai cychwyn paratoi'r tir ar ddydd Gwener y Groglith, sef cychwyn gwyliau Pasg i hogia'r chwarel. Byddai'n rhaid troi'r pridd, gosod y rhesi, ac yna plannu. Yna, wedi ychydig fisoedd, rhaid oedd casglu'r cyfan ar gyfer bwydo'r teulu. Cofiaf fy nhad yn dweud wrthym un amser cinio dydd Sul fod popeth oedd ar ein platiau, ar wahân i'r cig a'r grefi, yn gynnyrch o'r ardd.

Gan gyn lleied oedd cyflog y chwarelwyr, nid oedd dwywaith fod cynnyrch o'r ardd nid yn unig yn faethlon, ond yn arbed arian i'm rhieni. Yn yr un cyfnod, byddai 'Nhad yn cadw ieir a cheiliogod. Prynai gywion bach gan Dafydd Jones, Cegin, Fachwen a byddem ninnau fel plant wrth ein boddau yn eu gwylio'n tyfu. Pleser arall oedd mynd i weld faint o wyau oedd wedi eu dodwy, a theimlo'r gwres wrth afael ynddynt. Yn aml, byddai'r ieir wedi dodwy wyau dros y lle, a dyna lle byddem yn mynd o gwmpas i geisio dod o hyd iddynt. Yn ogystal â chael wyau, byddai 'Nhad yn lladd yr ieir a'r ceiliogod ar gyfer eu gwerthu yn Sioe Nadolig Eglwys Llandinorwig, Deiniolen, yn hen adeilad Ysgol Eglwys Llandinorwig, neu 'ysgol top' fel y'i gelwid gan bobl Deiniolen. Daeth y cyfnod cadw ieir i ben pan benderfynodd fy nhad eu bod yn rhy gostus i'w bwydo, a bod gormod o waith edrych ar eu holau.

Roedd hen adeilad Ysgol Eglwys Llandinorwig yn adnodd defnyddiol iawn ar gyfer cynnal gweithgareddau cymdeithasol. Yn ogystal â ffair Nadolig, roedd Eisteddfod Eglwys yn cael ei chynnal yno yn flynyddol, a chofiaf gystadlu yn y cystadlaethau llwyfan. Cyn ei chau yn 1964, roedd tipyn o blant yr ardal yn parhau i'w mynychu. Roedd plant a fethai'r arholiad 11+ yn mynd i'r Central School yn

Neiniolen nes ei fod yn amser iddynt adael yn 14 oed. Wedi cau'r ysgol yn y chwedegau, ail agorodd yr ysgol fel Ysgol Pendalar, hyd nes i'r ysgol honno symud i Gaernarfon ychydig flynyddoedd yn ddiweddarach.

Fel mwyafrif llethol o ferched y cyfnod, gwraig tŷ oedd Mam. Bu iddi fagu'r pump ohonom, a'i blaenoriaeth oedd sicrhau ein bod ninnau'n cael ein bwydo a'n dilladu, a bod y tŷ yn cael ei gadw'n lân ac yn daclus. Gwaith llawn amser, a mwy na hynny yn aml. Yn y gegin fach, heb fawr o le i symud ynddi rydw i'n ei chofio hi fwyaf. Fe'i gwelaf rŵan hyn yn gwisgo brat wrth baratoi bwyd, golchi llestri a golchi dillad. Nid oedd peiriannau i'w helpu, bryd hynny, wrth gwrs. Gwnâi bopeth â'i dwylo, a does gennyf ddim cof ohoni'n cwyno. Hi fyddai'n nôl neges hefyd, a byddai 'Nhad yn rhoi ei gyflog yn llawn yn syth i law fy mam. Weithiau, byddai Mam yn colli'r bws yn ôl o Ddeiniolen, a doedd dim amdani ond cerdded a chario'r holl neges adra. Fel yr aeth y blynyddoedd yn eu blaen, cafodd Mam beiriant golchi dillad, ond ni wnaed fawr o ddefnydd ohono, gan iddi barhau i olchi dillad yn y sinc.

Â hithau yn ei phumdegau cynnar, cafodd fy mam gyfnod anodd pan ganfuwyd bod ganddi'r ddafad wyllt, canser y croen. Dioddefodd o'r un peth union ddeng mlynedd ynghynt. Cofiaf fynd â hi i Bencaerau, Rhiw, ym Mhen Llŷn, i weld Owen Griffiths neu 'ddyn y ddafad wyllt' fel y cawsai ei alw. Aeth Mam yno dair gwaith dros gyfnod o dri mis i'w weld, cyn i'r ddafad wyllt ddod i ffwrdd ohoni ei hun, a chawsom gadarnhad y byddai popeth yn iawn.

Yn hydref ei bywyd, effeithiodd yr holl gario a'r golchi di-ben-draw ar iechyd fy mam. Mae'n anodd dirnad y pwysau oedd ar wragedd y chwarelwyr, yn ceisio cadw dau ben llinyn ynghyd o dan amgylchiadau anodd. Ar un cyfnod, cofiaf fy mam yn sôn pa mor braf fyddai i'm chwiorydd gael gadael yr ysgol er mwyn mynd i weithio. O edrych yn ôl, tybed ai dyhead oedd hyn am ragor o bres i gynnal y teulu?

Roedd amser bwyd yn bwysig iawn, a swpar chwarel oedd y pryd pwysicaf. Deuai 'Nhad adra o'i waith yn y chwarel, a byddem ninnau, ar ôl diwrnod llawn yn yr ysgol, yn edrych ymlaen at ein swper. Byddai gan Mam lond bwrdd o ginio cynnes yn ein haros. Yn ogystal â hynny, byddai cinio swmpus bob dydd Sul, ac ail dwms gyda'r nos. Ar ddydd Mercher, byddai'n rhaid cael cinio bron mor fawr â chinio dydd Sul. Ar wahân i hynny, iau oedd i swper ar nos Iau. Roedd lobsgóws a thatws pum munud hefyd yn ffefrynnau gennym. Er mwyn dangos parch at Mam, a fyddai wedi paratoi'r wledd, doedd fiw inni wastraffu dim. Doedd fiw inni chwaith fwyta rhwng prydau.

Yr arfer, wrth gwrs, oedd bod pawb yn eistedd o gylch y bwrdd bwyd ac yn siarad â'i gilydd am bob peth o dan haul. Ni fyddem yn dechrau bwyta nes bod pawb wrth y bwrdd bwyd.

Roedd Mam yn un dda hefyd am wneud teisennau cartref hefyd fel cacen wy, teisen riwbob, teisen gyraints, a theisen fwyar duon a llus. Gyda chymaint o blant yn y tŷ, fe ddiflannai un deisen mewn chwinciad. Pan alwai ffrindiau neu aelodau'r teulu acw, byddai Mam yn gosod popeth ar y bwrdd, yn frechdanau, teisennau, a mwy! Dyma ei ffordd hi o roi croeso bonheddig i bawb.

Sôn am gacennau, un peth y byddem wrth ein boddau yn ei wneud oedd mynd o gwmpas tai ar Ddydd Mawrth Ynyd yn canu 'Os gwelwch yn dda ga'i grempog?' Caem groeso cynnes a chrempogau o bob lliw a llun gan bawb. Roedd crempog Mrs Evans, Dublin House, yn wahanol iawn i grempogau pawb arall, ag ynddynt bob math o bethau, (dywedir bod y tŷ wedi ei enwi ar ôl Gwyddel, Mr McCarthy, a fu'n gweithio yn Nhŷ Powdwr!)

Ar wahân i gysgu, ychydig iawn o amser a dreuliem ni

blant yn y tŷ, yn enwedig ar adeg gwyliau'r ysgol. Byddem yn aros allan o fore gwyn tan nos. Doedd diogelwch plant ddim yn croesi meddwl rhieni. "Da chi o dan draed yn y tŷ 'ma' fyddai'r gŵyn. Nid oedd angen crwydro yn bell i chwarae, gan fod y stad yn llawn o blant. Roedd yn gyfnod lle byddai'r teuluoedd yn fawr, a phob tŷ yn llawn plant. Prin iawn y deuem ar draws gweddill y plant oedd yn byw yn yr un pentref â ni. Roedd hen ddigonedd o blant yn byw ar y stad. Ni ddeuem, chwaith, ar draws plant dieithr yn ystod y gwyliau haf. Yn wahanol i Lanberis, ychydig iawn o ymwelwyr fyddai'n dod i Ddinorwig, gan mai ardal ddiwydiannol yn unig oedd hi i bob pwrpas. Roedd un eithriad, serch hynny. Bob gwyliau haf byddai dau o hogia o ardal Llwyngwril yn Sir Feirionnydd yn dod i aros at eu modryb Jane ac Yncl John yn Nymbar Thri. Byddai'r ddau yn ein gweld yn chwarae allan, ac yn ymuno. Mae'r ddau heddiw'n adnabyddus fel Gwyndaf a Dafydd Roberts, aelodau o'r grŵp Ar Log. Roedd Jane Mary yn fam fedydd i Gwyneth, fy chwaer. Roedd hithau a'i gŵr yn gwerthu sigaréts Woodbine o'u cartref, yn ogystal â chadw trampin Ysgol Sul Eglwys Santes Fair.

Roedd cyfanswm o 32 o blant rhwng y deg tŷ ar y stad, ac roedd gan un teulu naw o blant. Ychydig iawn o geir oedd ar y stad, a olygai bod modd chwarae'n ddi-rwystr heb unrhyw berygl. Chwarae ar ein beics, neu chwarae ffwtbol, marblis, tric, rowndyrs, cowbois ac Indians a wnâi'r hogia, tra bod y genod yn chwarae sgip a thennis yn y lôn fach. Roeddem yn chwarae ffwtbol ar sgwâr maint hances ar y lôn fach o flaen ein tŷ.

Gêm arall boblogaidd oedd 'Chwarae London', (neu *hopscotch*). Byddem yn defnyddio sialc i lunio sgwariau o un i ddeg ar wyneb y lôn, ac yn taflu carreg neu ddarn o lechen at y sgwariau. Y gamp oedd neidio heb ddisgyn ar y sgwariau hyd nes cyrraedd darn rhif deg.

Y cyffro mwyaf wrth chwarae tu allan oedd clywed miwsig y fan hufen iâ. Arferai dwy fan hufen iâ ddod i Ddinorwig. Un ohonynt oedd Parisella, ac yn ôl pob sôn, arferai fan Parisella ddod i werthu hufen iâ i hogia'r chwarel bob diwedd mis ar ddiwrnod y cyfrif mawr, wrth iddynt gerdded o'r chwarel i'r bysus dybldecars yn Allt Ddu. Yna, dechreuodd fan Midland Counties ddod o gwmpas, a'r eiliad y clywem y gerddoriaeth byddai pawb yn rhedeg fel cath i gythraul i'r tŷ i ofyn am bres i brynu hufen iâ. Arferent ddod i'r pentref bron bob nos, a chyda ein pennau yn ein plu, roedd yn rhaid derbyn nad oedd modd prynu hufen iâ bob tro.

Y swyddfa bost oedd unig siop y pentref, a Mr a Mrs Henry Parminter yn gyfrifol amdani. Bu'r ddau yno am 43 mlynedd. Cyn hynny, rhieni Mrs Parminter a redai'r busnes. Agorodd y swyddfa bost yn 1888, ac fe'i caewyd yn 1979. Yn ddiddorol iawn, Fachwen, ac nid Dinorwig oedd

Siop a Post Fachwen

yr enw ar y swyddfa yng nghofnodion y Swyddfa Bost tan
ddechrau 1977, dwy flynedd yn unig cyn iddi gau.

Pan fyddai gennym bres i'w wario, i'r post yr aem i
brynu da-das a diodydd ysgafn, cyn eistedd ar ben wal o
flaen y post yn eu bwyta. Y da-das mwyaf poblogaidd oedd
Anglo Bubbly Bubble Gum, Love Hearts, Black Jacks,
Wagon Wheel, Wrinkles, Dainty, Spangles, a Bazooka. A
Bako wedyn, wrth gwrs, a phapur gwyrdd a gwyn a llun
buwch arno. Creision plaen yn unig oedd ar gael, bryd
hynny, gyda phaced bach glas o halen.

Roedd poteli Corona yn boblogaidd, hefyd, ac roedd
modd cael tair ceiniog am bob potel wag oedd yn cael ei
dychwelyd i'r siop. Pe bai rhywun yn casglu poteli Corona,
roedd modd gwneud pres bach del i brynu rhagor o dda-
das! Byddai lorïau Corona yn mynd o gwmpas yn delifro
poteli i dai a siopau'r ardal. Yn ddigon difyr, cwmni a
ddechreuodd gyda ffatri fechan yn y Rhondda oedd
Corona, a llun coron oedd ei logo. Dau groser o'r enw
William Evans a William Thomas a agorodd y ffatri
wreiddiol yn yr 1890au o dan yr enw *Welsh Hills Mineral
Waters.*

Safai ciosg coch y tu allan i'r post, a byddem yn cael
cryn dipyn o hwyl yn chwarae ynddo. Weithiau byddem yn
clywed y ffôn yn canu, ac yn rhuthro i'w ateb. Hefyd, roedd
ffasiwn beth â 'party line' bryd hynny, a olygai fod modd
codi'r ffôn a gwrando ar sgwrs heb i bwy bynnag oedd yn
siarad sylweddoli ein bod yn gwrando.

Fel sawl teulu arall, mynd i'r ciosg i ffonio oedd y drefn
gan nad oedd ffôn gartref. O'r ciosg hwn y prynais fy nghar
cyntaf.

Pennod 6

'Ti isio dod allan i chwarae?'

Dyna fyddai'r cyfarchiad cyfarwydd wrth guro ar ddrws ffrind. Roedd hen ddigon i'w wneud, a llefydd diddorol i'w harchwilio. Roedd digonedd o goed a chaeau, llynnoedd a bryniau, ac adfeilion chwarel i'n difyrru. Mae'n rhyfedd na chafwyd damweiniau angheuol, o ystyried yr holl olion chwarelyddol a oedd o'n cwmpas, yn dyllau a thomennydd llechi ymhob man.

Wedi dweud hynny, cafwyd un anffawd ddifrifol. Sul y Palmwydd oedd hi, ar 11eg Ebrill, 1965. Roeddem ninnau'n llafnau ifanc wedi mynd am dro i Allt Ddu pan syrthiodd un o'r hogia, Euros Lewis o Fryn Sardis oddi ar ben wal 20 troedfedd, gyferbyn â'r twll Chwarel anferth oedd yno. Cawsom fraw garw. Y dybiaeth gyntaf oedd y byddai wedi marw, oherwydd wedi rhedeg i lawr ato, dyna lle y gorweddai yn anymwybodol, a sŵn rhyfedd yn dod o'i ffroenau. Doedd dim amdani ond rhedeg i'r tai cyfagos i geisio cymorth. Cafodd anafiadau difrifol, a thorrodd asgwrn ei ben, un fraich a'i belfis. Treuliodd fis yn Ysbyty Dewi Sant, Bangor, cyn cael ei symud i Ysbyty Minffordd ym Mangor. Yn yr ysbyty hwnnw y dathlodd ei ben-blwydd yn 9 oed. Wrth lwc, cafodd wellhad llwyr, a oedd yn rhyddhad mawr i'w deulu a'i ffrindiau.

Ffwtbol oedd yn mynd â'n bryd ni'r hogia. Caem drafferth, â ninnau'n byw mewn ardal mor fynyddig â Dinorwig, i ddod o hyd i gae gwastad i chwarae arno, a doedd dim llawer o'r rheini i'w cael. Byddai ffermwyr lleol yn gyndyn iawn o'n gadael i ddefnyddio eu caeau i gicio pêl, a byddem yn cael ein hel o'r caeau yn dragywydd. Doedd dim amdani ond

Fi, Noel Perkins, Gareth Davies, a Meirion. Dim ceir i'w gweld!

symud o un cae i'r llall, a rhedeg oddi yno ar unwaith pan ddeuai'r ffarmwr i'r golwg. Cae Gadlas, ger Ty'n y Gadlas, Fachwen, cae ger Bron y Foel ar ben Gallt y Foel ar y ffordd i Ddinorwig, a Phen Cae, cae uwchben Ysgol Dinorwig. Yn ôl y sôn arfcrai'r awdures Kate Roberts ymweld yn gyson â Thy'n y Gadlas ar un adeg, i ymweld â theulu oedd yn byw yno.

Yn naturiol, y gobaith oedd cael cae ffwtbol go iawn i chwarae arno. Wedi blynyddoedd o obeithio, cytunodd y Cyngor lleol i roi defnydd o'r cae y tu ôl i Fro Elidir inni. Roeddem wedi cyffroi yn lân. Wedi blynyddoedd o ddefnyddio dwy garreg neu ddwy gôt fel pyst, cawsom ddau bostyn go iawn ar gae. Er nad oedd yn gae mor wastad â hynny, cawsom oriau o bleser yn chwarae ffwtbol arno. Ar ôl diwrnod yn yr ysgol, dyna lle byddem yn cicio pêl am oriau, hyd yn oed wedi iddi nosi! Yn ddiweddarach, cawsom addewid gan Goronwy Roberts, Aelod Seneddol Arfon ar y pryd, mewn cyfarfod cyhoeddus yn y pentref, y byddai'n gwneud popeth o fewn ei allu i sicrhau bod y cae yn cael ei lefelu. Afraid dweud na ddigwyddodd hynny.

Mantais cael cae y tu ôl i'r tai oedd bod modd mynd

dros ffens yr ardd gefn i chwarae arno. Roedd yn bwysig mynd dros y ffens heb i 'Nhad sylweddoli fod y ffens wedi sigo. Cofiaf redeg i'r cae efo'r hogia ar ôl gwylio ffeinal Cwpan y Byd yn 1966; mae'n gywilydd gennyf ddweud mai cefnogi Lloegr oeddan ni bryd hynny!

Anfantais y cae oedd y byddai'r bêl yn mynd i'r gerddi, ac roedd rhaid mynd i'w nôl heb gael ein dal. Fel arfer, byddem yn disgwyl nes ei bod wedi t'wyllu.

Roeddem hefyd, credwch neu beidio, yn chwarae criced a ffwtbol ar domen chwarel segur Pen Bonc! Byddem yn cymryd arnom mai ni oedd tîm criced Morgannwg yn chwarae yng nghae Santes Helen, Abertawe. Roedd Richard Trefor o Ben Dyffryn yn dipyn o gricedwr. Yr her o hyd oedd dod â'i fatiad i ben, oherwydd gallai fatio am oriau!

Ar domen Pen Bonc, ac i lawr yn Pant wrth ymyl cartref Florence a Mary Ellen Davies, Felin Bach yr arferem gynnal nosweithiau Tân Gwyllt. Roedd wythnosau o waith yn casglu a llusgo coed, dodrefn, matresi, papurau, setîs a bocsys, a byddem yn eu gosod ar y goelcerth ar gyfer y noson fawr. Roedd yr wythnosau o baratoi a chasglu'n gymaint o hwyl â'r noson ei hun. Adeiladu'r goelcerth fwyaf un oedd y nod bob blwyddyn er mwyn cael y tân gorau ac er mwyn gwella ar ymdrech y flwyddyn flaenorol. Un flwyddyn, cofiaf osod llwyth o deiars ar y goelcerth a difaru f'enaid wrth weld y mwg mawr du a chlywed arogl y llosgi.

Pen Bonc

Y math mwyaf poblogaidd o dân gwyllt oedd y bangars, rocedi, Olwynion Catrin, Roman Candles, Sparklers, Jumping Jacks, a'r Cannons. Y bangars fyddai'n dychryn fwyaf, sef tiwbiau bach o bowdwr gwn, a oedd, wedi ei danio a'i daflu i'r llawr yn achosi clec uchel. Erbyn hyn maent wedi eu gwahardd, a dyna hefyd yw hanes y Jumping Jacks. Byddem yn hoelio Olwyn Gatrin ar ffens bren neu goeden, ac os na fyddent yn cael eu gosod yn gywir roedd perygl iddynt daflu eu hunain i'r awyr wrth droi.

Wrth ymyl tomen Pen Bonc roedd adfeilion hen fythynnod bychain, ac yno y byddem ni hogia yn ymuno â'r genod i chwarae tŷ bach a gwneud teisennau mwd wedi eu haddurno â blodau. Hefyd, byddai'n rhaid cynnau tân er mwyn berwi tatws. Byddai pawb yn eu tro yn dod â saim a thatws, sosban, a hen degell o'u tai heb i'r mamau wybod ar gyfer paratoi pryd blasus! I lawr yn y Pant roedd hen geir yn cael eu gadael, ac yno y byddem am oriau yn chwarae ynddynt.

Ar y ffordd i lawr i'r domen roedd grisiau llechi a elwid gennym yn 'ben steps'. Fel llawer un arall treuliais sawl prynhawn yn yr haf ar wal y grisiau yn gorweddian yn braf yn wyneb yr haul cynnes. Yr arferiad bryd hynny oedd sgriblo enwau cariadon ac ambell galon serch ar y llechi!

Arfer arall oedd dwyn eirin wrth ochr yr Ysgoldy yn agos at Dwll Allt Ddu. Tŷ Deifar oeddan ni fel plant yn ei alw gan mai dyna oedd gwaith y gŵr oedd yn byw yno. Roedd twnnel tanddaearol yn rhedeg o ochr ei dŷ i Dwll Allt Ddu, oedd â thros ei hanner yn llawn o ddŵr, ac un o'i ddyletswyddau oedd gwneud yn saff fod y pympiau yn gweithio er mwyn cadw llygaid ar lefel y dŵr rhag iddo orlifo a gwneud llanast mawr.

Mae perchennog presennol y tŷ yn ymwybodol o'r twnnel, ac er ei fod wedi ei gau ers blynyddoedd, mae hi'n cofio cerdded drwy'r twnnel. Roedd pysgod canibaliaid i'w cael yn Nhwll Allt Ddu. Brithyll oeddynt wedi eu hamddifadu o fwyd yn y twll, ac wedi troi o'r herwydd yn ganibaliaid. Roedd ganddynt bennau mawr a chorff teneuach na'r brithyll brown arferol. Afraid dweud nad oeddynt yn bysgod i'w bwyta!

Hefyd ar dir yr Ysgoldy roedd cnwd da iawn o eirin duon bob haf. Byddem yn sleifio yno'n ddistaw, yn byw mewn gobaith na fyddem yn cael ein dal. Roedd waliau cerrig da yno, yn help dan draed i gasglu'r eirin oddi ar ran uchaf y coed. Ar ôl cael cnwd da, aem ati'n syth i'w bwyta. Ni fyddem yn cael eirin adra gan eu bod mor ddrud i'w prynu yn y siopau.

Rhywbeth arall y byddem yn hoff o'i wneud oedd chwarae noc dôrs gyda'r hwyr. Curo ar ddrysau pobl a rhedeg i guddio, gan ddisgwyl i'r drysau agor er mwyn gweld ymateb y bobl. Agorai rhai eu drysau a myllio o weld nad oedd neb yno. Ar yr adegau hynny, byddai rhai yn rhedeg ar ein holau.

Ar ddechrau bob blwyddyn, yr arfer oedd tynnu giatiau. Byddem yn mynd allan yn y tywyllwch a'u tynnu, cyn eu cuddio. Byddem wastad yn dychwelyd y giatiau yn reit fuan wedi eu tynnu. Myrrath wirion yn fwy na dim oedd hyn.

Cytiau Chwarel lle'r oeddem yn chwarae

Atyniad arall oedd mynd i chwarae yng Nghoed Dinorwig. Roedd y lle bron â bod yn ail gartref inni. Chwaraeem yno am oriau nes ein bod wedi llwyr ymlâdd. Yno byddem yn mynd am bicnic, hel llus, dringo coed, casglu blodau, adeiladu den, gosod siglen o un goeden i'r llall, chwarae cuddio, chwarae cowbois ac Indians, yn ogystal â chwarae tŷ bach.

Cofiaf hefyd fynd draw i Goed Dinorwig gyda 'Nhad i wylio cystadleuaeth rwyfo ar Lyn Padarn, Llanberis. 1958 oedd hi, a Chaerdydd oedd cartref Gemau'r Gymanwlad, ond cafodd y cystadlaethau rhwyfo eu cynnal ar Lyn Padarn. Roedd modd gweld y cyffro i gyd o Goed Dinorwig.

Dafliad carreg o Goed Dinorwig roedd Llyn Penrallt. Nid oedd yn fawr o lyn, ac er mwyn cael digon o ddŵr i nofio ynddo byddem yn gosod tolpis ar un ochr er mwyn cronni'r dŵr. Heb yn wybod inni bryd hynny, arferai Llyn Penrallt fod yn llyn dwy acer, ac yn eiddo preifat i Stad y Faenol. Roedd pysgod da iawn i'w cael yn y llyn, ond ar noson stormus yn 1954 gorlifodd y llyn, ac o'r herwydd agorwyd drws yr argae gan adael i'r dŵr sgubo drwy'r coed ac i lawr at afon Bedwargoed islaw i gyfeiriad Llyn Padarn. Roedd pysgod marw yn frith dros y lle, a bu un o 'sgotwyr profiadol Dinorwig yn ddigon craff i fynd yno i'w casglu. Heb amheuaeth, hon oedd y ddalfa fwyaf diymdrech iddo ei chael erioed!

Mae un o Ddinorwig yn cofio gweld diflaniad y llyn y bore wedyn. Roedd wedi codi yn ôl ei arfer yn ei gartref yn Tan Ffordd ar Lôn Garret uwchben Dinorwig, ac wrth edrych drwy'r ffenestr i lawr at gyfeiriad Dinorwig a Fachwen oddi tano, sylweddolodd nad oedd rhywbeth cweit yr un fath â'r arfer. Wrth syllu'n fanylach, cafodd fraw o weld mai Llyn Penrallt oedd wedi diflannu!

Pan oedd y llyn yn un preifat, mentrodd un 'sgotwr profiadol o Fachwen yno un diwrnod yn y gobaith na fyddai neb yn ei weld. Llwyddodd i ddal clamp o bysgodyn, a dyma roi gorau iddi yn y fan a'r lle a'i g'luo hi am adra. Er gwaethaf amheuaeth ei dad, llwyddodd y mab i'w berswadio mai o geg afon Bedwargoed y daeth y pysgodyn. Y bore canlynol, ffrïodd ei fam y pysgodyn a'i roi yn ddau hanner yn nhun bwyd ei dad. Roedd yn dipyn o sgram i'r tad, a phan ddaeth yn amser cinio yn y caban roedd ei gyd-chwarelwyr yn lafoer i gyd wrth edrych ar y tad yn bwyta'r pysgodyn. Mentrodd un o'r chwarelwyr, a gofyn 'Oes 'na flas ar drowt Syr Michael?' Nid oedd angen dweud rhagor. Tad blin ddaeth adra'r noson honno, a mynd yn syth i'w wely oedd tynged y mab! Wrth gwrs, pe bai'r Faenol wedi dod i wybod, byddai'r tad wedi cael ei ddiswyddo yn y fan a'r lle.

Tynfa arall yn lleol oedd cerdded fel criw o hogia i lawr i waelod Fachwen at Graig yr Wylan i nofio yn ystod gwyliau'r haf. Pan aem yno fel plant, diflannai'r gwylanod mewn dim. Yn ôl Norman Closs Parry, a gafodd ei eni a'i fagu yn Fachwen ac sy'n bysgotwr o fri, yr enw gwreiddiol ar y graig yw Llech y Fulfran. Dywedodd Norman ei fod wedi clywed Saeson un haf yn ei galw'n 'Gull Island'! Tri enw ar un graig felly, a'r un gwreiddiol bellach yn angof.

Yno y byddem yn gorweddian yn braf ar y graig yn wyneb yr haul, gan nofio yn ôl ac ymlaen o Graig yr Wylan i graig fechan gyfagos. Ni fedrwn innau nofio ar y pryd, a'r hyn a wnaem oedd gafael mewn hen gontainers er mwyn cadw ein pennau uwch ben y dŵr. Ein harwr ni fel hogia oedd Dafydd Roberts, neu Dafydd Fachwen oedd yn byw yng Nghraig y Bela, Fachwen. Roedd yn nofiwr cryf, ac ni fyddai'n ddim iddo nofio o amgylch Llyn Padarn. Straffaglu i gerdded yn y gwres i fyny i Fachwen am adra oedd ein hanes ni wedyn.

Erbyn diwedd y pumdegau a dechrau'r chwedegau roedd 'pobl ddiarth' wedi hen ddechrau prynu eiddo fel tai haf yn Fachwen. Cyn hynny, Cymry oedd yn byw mewn 24 o 25 o'r tai. Yr unig Saesnes oedd Mrs Barton, Gallod.

Wrth i ni blant gerdded i fyny ac i lawr Fachwen yn yr

haf, byddem yn clywed plant yn y gerddi yn siarad Saesneg. Byddent hwythau'n edrych yn syn arnom ninnau'n siarad Cymraeg, a ninnau'n ymateb yr un fath wrth eu clywed hwythau yn siarad Saesneg.

Roedd Fachwen, fel y mae o hyd, yn lle braf i fyw. Bythynnod a thai ar yr ochr uchaf, a thyddynnod a ffermydd ar yr ochr isaf. Mae hen goel yn dweud bod y gwanwyn a'r haf yn dod yn gynt i Fachwen am ei fod mewn cesail, a hyn, mae'n debyg, sydd i gyfrif fod tatws newydd yn dod yn gynharach yno.

Hyd at y pumdegau roedd amgylchiadau byw yn Fachwen yn gallu bod yn anodd iawn. Doedd fawr o neb yn berchen car, ac nid oedd y ffordd drwy Fachwen yn addas ar gyfer trafnidiaeth gyhoeddus. Golygai hyn fod rhaid cario popeth ar droed ymhob tywydd. Pan ddechreuodd gwaith y chwarel fynd ar drai, symudodd nifer o drigolion Fachwen i lawr i bentrefi Brynrefail a Chwm-y-glo i fyw. Fesul dipyn, aeth y tai a fu'n eiddo i Stad y Faenol yn wag, a dyma pryd y gwelwyd mewnfudwyr o Loegr yn eu prynu. Roedd gan y gwenoliaid newydd fwy o bres. Roeddynt yn berchnogion ceir â chanddynt ddigon o arian i adnewyddu'r tai. Hefyd, ni fyddai'r bobl hyn yn byw yn y pentref yn ystod tymor y tywydd garw. Fel yr edwinai'r gymdeithas Gymraeg, caewyd Capel Fachwen, a agorwyd yn 1862, rai blynyddoedd wedi canmlwyddiant y Capel yn 1962. O fewn ychydig flynyddoedd wedyn, ar ôl bod ar agor ers 1935, caeodd y swyddfa bost.

Fel y soniwyd eisoes, nid oedd modd i fysus fynd i fyny nac i lawr lôn gul Fachwen. Pan fyddai angen mynd i nôl neges i Ddeiniolen, roedd yn rhaid cerdded i fyny'r allt serth i Ddinorwig er mwyn dal y bws. Ar y ffordd adra wedyn, roedd yn rhaid dal y bws i Ddinorwig a chario'r neges yr holl ffordd i lawr i Fachwen.

Byddai'n rhaid i blant Fachwen gerdded drwy bob math

o dywydd i gyrraedd yr ysgol yn y bore ac ar y ffordd adref o'r ysgol yn Ninorwig. Weithiau, â phlant yn wlyb ddiferol erbyn cyrraedd yr ysgol, byddai'n rhaid gofyn i gael sychu ein dillad a'u cadw'n gynnes o gwmpas y tân. Doedd cau'r ysgol oherwydd tywydd mawr ddim yn arfer bryd hynny. Wrth gerdded yn y bore drwy eira trwm i'r ysgol, byddai'r plant yn gweld ôl tyllau ffyn eu tadau yn yr eira wedi iddynt hwythau fynd o'u blaenau i'w gwaith yn y chwarel. Gwnâi hyn i'r plant deimlo'n saff. Weithiau, ar eu ffordd i'r ysgol yn y bore, byddai rhai o'r hogiau yn gwlychu eu traed yn y pistyll dros ffordd i Dan-y-fron, er mwyn cael cydymdeimlad a chwpanaid o lefrith poeth.

Bysus cwmnïau Purple Motors a Bysus Johni Huws oedd yn mynd â ni i Ddeiniolen a Bangor, a chwmni bysus Crosville yn mynd â ni i Gaernarfon. Ar fysus y byddai'r rhan fwyaf o bobl yn teithio. Byddai bysus Johni Huws yn dod â phapurau newydd bob bore i Ddinorwig. Byddai'r bws yn arafu o flaen tŷ'r hwn a'r llall, a'r condyctyr yn taflu bwndel o bapurau wedi eu lapio i'r ardd neu at y drws ffrynt. Daily Mirror fyddai papur newydd fy nhad, papur dyddiol, sosialaidd a oedd yn boblogaidd iawn ar y pryd ymhlith y dosbarth gweithiol.

Pleser arall oedd mynd i'r lôn fawr wrth ymyl tai Bro Elidir i ddal un o fysus Johni Huws. Roedd rhaid sefyll yno a dangos braich wrth i'r bws ddod yn agosach atom. Stopiai'r bws, a byddem ninnau fel parti cydadrodd yn gofyn i'r dreifar, 'plîs gawn ni bàs?' I mewn i'r bws â ni wedyn, a phawb yn heidio i'r sedd ôl. Byddai'r bws yn mynd â ni ar daith bum munud yn ôl ac ymlaen i Allt Ddu, yn aros am ychydig funudau, cyn troi'n ôl am gyfeiriad Deiniolen. Ar y bws byddem yn casglu tocynnau oedd wedi eu gadael ar seddi er mwyn eu defnyddio i chwarae bysus nes ymlaen.

Pennod 7

Teledu, Cowbois a Farrar Road

Plant a fagwyd yn sŵn y radio oeddem ni, ond erbyn diwedd y pumdegau roedd y teledu yn prysur wthio'r radio i'r naill ochr. Fe'n rhyfeddwyd gan gyfresi radio fel *Ar Lin Mam*, *Gari Tryfan*, a *Sêr y Siroedd*, felly cafodd dyfodiad y teledu gryn ddylanwad ar ein harferion gwrando a gwylio. Trwy gyfrwng y radio y cefais wybod am fuddugoliaeth ryfeddol ac annisgwyl bocsiwr ifanc o'r enw Cassius Clay yn erbyn Sonny Liston yn 1964, serch hynny. Roeddwn wedi gofyn i fy nhad fy neffro am 2.30 y bore er mwyn cael clywed y ffeit ar y radio. Taniwyd fy niddordeb mewn bocsio yng nghyfnod bocswyr pwysau trwm fel Ingemar Johansson, Floyd Patterson, a Sonny Liston. Ond pan ddaeth Cassius Clay yn bencampwr pwysau trwm y byd, fe'm cyfareddwyd gan ei ddawn, ei bresenoldeb a'i bersonoliaeth am flynyddoedd maith wedyn. Cefais y fraint o gael fy magu yn oes aur pencampwriaeth pwysau trwm y byd bocsio.

Yn ôl pob sôn, O. R. Williams, 2 Bro Elidir, ac Emlyn Griffiths o 8, Bro Elidir, cymeriad ffraeth os bu un erioed, oedd y cyntaf i gael teledu ar ein stad ni. Mae'n anodd cyfleu'r fath gyffro mewn geiriau pan ddaeth y set deledu cyntaf i'n tŷ ni. Set deledu ail law, du a gwyn oedd hi.

Yr arfer bryd hynny oedd gosod y teledu yng nghornel yr ystafell fyw, a gwylio'r rhaglenni fel un teulu mawr. Byddai'r set deledu yn ddodrefnyn deniadol, a byddai'r sgrin wedi ei hamgylchynu gan ffrâm bren hardd. Ar adegau, wrth inni wylio pêl-droed, byddai fy mam druan yn cael ei damio gennym am gerdded ar draws y sgrin wrth i gôl gael ei sgorio. Doedd ail-ddangos y goliau ddim yn arfer bryd hynny, wrth gwrs.

Pan fyddai signal sâl yn effeithio ar y llun, roedd gofyn mynd i'r ardd gefn i ffidlan â'r erial er mwyn cael gwell derbyniad. Digwyddai hyn yn aml wrth i'r tywydd gwyntog fwrw yn erbyn yr erial. Byddai un ohonom yn mynd allan i'w droi, dan gyfarwyddwyd y llall oedd wrth ffenestr y tŷ yn gwylio'r sgrin, ac yn taro ar y ffenest pan oedd llun wedi dychwelyd!

Mantais byw mewn pentref mor uchel o'r môr oedd bod modd cael derbyniad sianel Teilifís Éireann. 'Troi hi i'r Irish', fyddem ni'n ei ddweud. Yr unig beth a oedd yn rhaid inni ei wneud oedd troi'r erial i'r cyfeiriad cywir, ac ar brynhawniau Sadwrn roedd modd gwylio gemau pêl-droed Adran Gyntaf o Loegr yn fyw ar y sgrin. Teimlem yn freintiedig, a byddem yn brolio wrth ffrindiau mewn pentrefi eraill.

Pan fyddai rhywbeth o'i le gyda'r teledu, byddai'n uffern ar y ddaear. Deuai Islwyn Williams o Frynrefail i'n hachub bob tro. Yn amlach na pheidio, falf newydd fyddai ei angen ar y teledu, a byddai pawb mewn hwyliau da eto. Dim ond dwy sianel a fodolai bryd hynny, sef y BBC ac ITV. Bryd hynny, roedd yn rhaid codi at y teledu ar gyfer newid y sianel.

Rhaglenni plant oedd yn mynd â'n bryd ni, a'r ddau brif ffefryn oedd *Blue Peter* a *Crackerjack*. Cyfres arall boblogaidd oedd *Adventures of Robin Hood*. Byddem wrth ein boddau hefyd â'r holl gyfresi cowbois Americanaidd oedd ar y teledu. Y cyfresi mwyaf poblogaidd oedd *The Lone Ranger, Rawhide, Wagon Train, Laramie* a *Bonanza*. Rhedodd *The Lone Ranger* o 1949 tan 1957, ac fe ddilynai hynt a helynt cowboi yn gwisgo mwgwd du dros ei ddwy lygad fel na allai neb ei adnabod. Roedd yn marchogaeth ar gefn ceffyl gwyn o'r enw Silver. Wedi gwylio pennod byddem yn mynd tu allan i chwarae cowbois. Byddai gennym het, gwasgod, a gwn cowboi mewn holstyr o gwmpas ein canol, yn ogystal â mwgwd dros ein llygaid. Roedd Dinorwig yn lle delfrydol i chwarae cowbois ac Indians, gan fod yno ddigonedd o le i guddio y tu ôl i'r creigiau, mewn adfeilion cytiau chwarel, ac yn y coed.

Roedd dilyn pêl-droed yn ddiléit arall, a rhaglen *Match of the Day* ar y BBC oedd yr unig raglen bêl-droed bryd hynny. Y gohebwyr cynnar oedd Kenneth Wolstenholme a David Coleman, gyda Tony Gubba a Barry Davies yn dilyn wedyn. Fel rŵan, ar nos Sadwrn y darlledwyd Match of the Day. O ran chwaraeon yn gyffredinol, *Grandstand* ar brynhawn Sadwrn oedd y ffefryn.

Daeth monopoli'r BBC ar raglenni pêl-droed i ben yn 1968 pan gafodd ITV yr hawl i ddarlledu'r rhaglen *The Big Match*. Brian Moore oedd yn llywio'r rhaglen, a Jimmy Hill yn dadansoddi. Yn ddiweddarach wedyn, roedd modd gwylio gêm bob prynhawn Sul ar HTV. Yn wir, roedd yn rhaid rhuthro o'r Ysgol Sul i'w gweld.

Yr uchafbwynt bob blwyddyn oedd gwylio ffeinal Cwpan Cymdeithas Pêl Droed Lloegr, gan mai hon oedd yr unig gêm fyw oedd yn cael ei darlledu. Y peth cyntaf a wnawn cyn y diwrnod mawr oedd archebu copi o raglen y gêm trwy anfon archeb bost i'r Radio Times.

Nid gwylio'r gêm fawr yn unig a wnawn. Roedd y teledu ymlaen o ganol bore ymlaen, gan gychwyn gyda gwylio rhai o gefnogwyr y ddau dîm yn cystadlu ar gemau *It's a Knockout*. Yna, gwylio enwogion y byd reslo yn ymladd, gyda'r sylwebydd penigamp Ken Walton yn disgrifio'r cyfan mor fedrus. Y reslars poblogaidd ar y pryd oedd Mick McManus, Jackie 'TV' Pallo, Steve Logan gyda'i wallt yn mynd ar draws ei wyneb yn aml, Les Kellet, Big Daddy a Giant Haystacks. Roedd reslo yn wylio poblogaidd, a'r uchafbwynt bob tro oedd y gornestau rhwng Mick McManus a Jackie Pallo. Roedd y ddau yn casáu ei gilydd â chas perffaith.

Wedi holl gyffro'r reslo, gwyliem y ddau dîm pêl-droed yn cyrraedd Wembley yn eu bysys, ac yn cerdded ar y cae yn eu siwtiau newydd. Aem wedyn i'r cae chwarae y tu ôl i'n tŷ ni, gan gymryd arnom mai ni oedd yn chwarae am y gwpan yn Wembley.

Manchester United oedd y tîm i mi, a Best, Charlton a Law yn arbennig. Roedd eu chwarae mor gyffrous, ac fe gâi'r Clwb lwyddiant mawr. Roedd y tri yn arwyr mawr imi, yn arbennig George Best. Bûm yn dilyn ei yrfa a'i fywyd tan

Gyda Rhian yn stadiwm Old Trafford

y diwedd. Hefyd, roedd yn braf darllen amdanynt yn y cylchgronau pêl-droed ac yn yr annuals dros y Nadolig. Dilynai fy nhad dîm pêl-droed Caerdydd, ac roedd ganddo atgofion byw am y clwb yn cipio Cwpan yr F.A. yn 1927. Uchafbwynt personol i mi oedd ymweliad clwb Manchester United â Ffordd Farrar, Bangor, i chwarae gêm gyfeillgar yn erbyn tîm unarddeg Cymru ar y 26ain o Orffennaf 1969. Roedd gweld tîm cryf Man Utd gyda Best, Charlton a Law ar y rheng flaen yn wefr arbennig. Er mai gêm i ddathlu'r Arwisgiad yng Nghaernarfon oedd hi, nid oedd y digwyddiad hwnnw ar feddyliau'r deuddeng mil ohonom a heidiodd i Ffordd Farrar y diwrnod hwnnw. Man Utd oedd yn fuddugol, gyda 2 gôl i 0, wedi i Morgan a Kidd sgorio yn yr hanner cyntaf. Gêm gofiadwy, a hynny am sawl rheswm.

Er mwyn gweld gêm bêl-droed fyw, i Ffordd Farrar, cartref Clwb Dinas Bangor yr aem. Byddwn wrth fy modd yn mynd yno ar brynhawniau Sadwrn, a thros y blynyddoedd bûm yn dyst i sawl gêm gofiadwy a chyffrous. Roedd Bangor yn chwarae mewn dwy gynghrair, y Cheshire League, ac yn ddiweddarach yn y Northern Premier League. Roedd chwarae yn y cynghreiriau hyn yn golygu ein bod yn cael gweld timau elitaidd iawn o ogledd orllewin Lloegr yn chwarae.

Yr ail gynghrair oedd y Welsh League (North). Ail dîm Bangor oedd yn chwarae yn y gynghrair hon, a'r chwaraewyr i gyd yn amaturiaid. Bryd hynny, roedd timau o Gaergybi, Blaenau Ffestiniog, Bae Colwyn, Bethesda, Penmaenmawr, Llandudno ac yn y blaen yn chwarae yng Nghynghrair Cymru. Roedd y rhain i gyd yn glybiau mawr yng ngogledd Cymru ar y pryd. Roedd pob gêm, bron, yn ornestau lleol gyda'r gystadleuaeth yn frwd, ffyrnig a digyfaddawd.

I ni hogia Dinorwig, y pleser mwyaf oedd dilyn hynt a

Gyda Wyn Davies, un o'm harwyr o fyd pêl-droed.

helynt un o hogia'r pentref, Irfon Thomas Creigle, yn chwarae i Fangor yng Nghynghrair Cymru. Bu'n chwarae i dîm amatur Dinas Bangor rhwng 1966-71 gan ennill 4 cap rhyngwladol fel cefnwr gyda thîm amatur Cymru. Pan gychwynnodd ym Mangor, Tommy Jones, a fu'n chwarae i Glwb Pêl-droed Everton rhwng 1950 a 1961, oedd y rheolwr. Bu Irfon, fel ninnau, yn chwarae ffwtbol ar domen Pen Bonc yn Ninorwig ar un adeg.

Yr hyn oedd yn ddifyr am glybiau cynghreiriau gogledd orllewin Lloegr oedd bod chwaraewyr cyfarwydd o gynghreiriau uwch Lloegr ar ddiwedd eu gyrfa yn cael eu denu i chwarae iddynt. Y gemau mwyaf atyniadol inni oedd Bangor yn erbyn Macclesfield Town, Altrincham, a Wigan Athletic, clybiau sydd bellach yng Nghynghreiriau Lloegr. Ein harwyr oedd Jimmy Conde, George Morton, George McGowan, Tony Broadhead, Tony Coleman, Albert Jackson, a Len Davies, a hynny ddim ond i enwi rhai. Wrth gwrs, yr uchafbwynt mwyaf yn y cyfnod hwn oedd y gêm hanesyddol honno yn erbyn Napoli yng Nghwpan Enillwyr

Cwpanau Ewrop yn ystod tymor 1961-62. Trechodd Bangor Napoli o 2 gôl i 0, a hynny ar eu tomen eu hunain. Er gwaethaf poblogrwydd y teledu, dychwelodd y radio i fod yn boblogaidd pan oeddwn yn fy arddegau. Y rheswm dros hyn oedd dyfodiad y 'radio transistor', radio fechan a weithiai ar fatri. Mantais y radio oedd bod modd ei chario efo ni i bob man. Radio Caroline, Radio Luxembourg, gorsafoedd radio annibynnol, a Radio 1 ar y BBC oedd y sianeli poblogaidd. Y rhaglen fwyaf poblogaidd i ninnau oedd Pick of the Pops ar BBC Light Entertainment. Cofiaf fel yr aem ar ôl bod yn yr Ysgol Sul, a mynd am dro, dan gario'r radio efo ni, o gwmpas Dinorwig yn gwrando ar lais cyflym ac unigryw Alan Freeman yn datgelu â chyffro pwy oedd yr ugain uchaf yn siart bop Prydain.

Ein cadw yn y tŷ a wnâi'r teledu, ond roeddem yn mynd hefyd i weld ffilmiau ym Mangor a Chaernarfon. Roedd dau bictiwrs yng Nghaernarfon, sef y Majestic a'r Empire. Mynd i'r Majestic a wnaem fel plant, ac i'r Empire pan oeddem fymryn yn hŷn. Plaza oedd y pictiwrs poblogaidd ym Mangor, ond fe aem hefyd i wylio ffilmiau yn y County, Stryd y Deon, ac i 'City' ar Stryd Fawr Bangor.

Wedi i'r ddynes hufen iâ fod o gwmpas, ac wedi inni gael gafael ar choc ice neu dwb hufen iâ a llwy bren, byddem yn setlo i lawr ac yn gwylio ein harwyr ar y sgrin fawr. Wedi bod yn nhywyllwch y pictiwrs am y prynhawn, roedd rhaid dod allan i'r awyr agored a dal y bws yn ôl i Ddinorwig.

Pennod 8

Yr arch a'r sled a'r tywydd mawr

Roedd yn anodd dianc o grafangau'r tywydd garw yn Ninorwig, yn arbennig yn nannedd y gaeaf, ac yng nghwrs amser cafodd ei effaith gryn ddylanwad ar fywydau gwaith a bywydau personol pobl yr ardal. Nid oeddem, fel teulu, yn eithriad.

Erys Nadolig 1956 yn y cof, a hynny am erwindeb y tywydd. Bwriodd y gaeaf hwn ei gysgod drosom ni fel teulu, hefyd. Mae gennyf gof o'r amgylchiadau, er mai chwech oed yn unig oeddwn i ar y pryd. Y Nadolig hwnnw, collodd fy mam ei thad a'i brawd o fewn ychydig ddyddiau i'w gilydd. Roedd taid, Owen Jones yn byw efo ni ym Mro Elidir, a bu farw ychydig ddyddiau cyn y Nadolig yn 80 oed. Yna, ar Ŵyl San Steffan, bu farw brawd Mam, sef Bill Jones neu Yncl Wili yn 45 oed. Bu Yncl Wili yn wael ers tro, ac yn gaeth i'w wely ers misoedd yn ei gartref ym Metws-yn-Rhos.

Ar ddiwrnod Nadolig ei hun, cafwyd storm fawr o eira, yr eira mwyaf ers trigain mlynedd. Roedd rhannau o'r ffordd i fyny i Ddinorwig ag arni dros droedfedd o eira, a'r ffyrdd o Ddeiniolen i Fethesda ac o Eglwys Llandinorwig i Farchlyn o'r golwg dan haen drwchus o eira. Oddeutu pedwar o'r gloch ddydd Nadolig torrwyd cyflenwad trydan nifer fawr o'r tai, a gwelwyd gwreichion glas ar y gwifrau. Syrthiodd mastiau teledu, yn ogystal â nifer o goed a pholion teligraff. Gwnaed difrod i Gapel Dinorwg, hefyd.

Wynebai fy rhieni a'r trefnydd angladdau benbleth yng nghanol y tywydd mawr, sef meddwl sut oedd symud yr arch o'r tŷ ar gyfer claddu fy nhaid ym mynwent Llanllyfni. Bu'r arch yn gorwedd yn y tŷ dros y Nadolig, ac erbyn Gŵyl San Steffan roedd yn rhaid penderfynu beth i'w wneud. Gyda'r tywydd mor erchyll, gwelwyd golygfa anarferol iawn ar Allt y Foel, rhwng Dinorwig a Deiniolen, gydag oddeutu un ar bymtheg o ddynion, pob un yn tynnu rhaff yn llusgo sled ag arni arch fy nhaid. Er mai'r bwriad oedd mynd â'r arch yr holl ffordd i Lanllyfni ar gyfer ei gladdu'r diwrnod hwnnw, penderfynwyd nad oedd modd mynd mor bell o dan yr amgylchiadau. Yr hyn a wnaed yn y diwedd oedd mynd â'r corff i Eglwys Llandinorwig hyd nes y byddai'r tywydd yn gwella. Wedi hynny, aeth John Evans y trefnydd angladdau â'r arch wag ar y sled i Fron Fedw, Gallt y Foel, cartref Mr Thomas Hughes, a fu farw ar ddydd

Stad Bro Elidir dan eira

Nadolig yn 79 oed. Y diwrnod canlynol llwyddwyd i gludo'r arch i Bontrug, lle nad oedd yr eira cynddrwg, cyn mynd ymlaen i Lanllyfni ar gyfer yr angladd. Cyrhaeddodd hanes llusgo'r sled benawdau'r papurau lleol.

Er ein bod wedi arfer gyda thywydd o'r fath, gallai fod yn anarferol o oer ar brydiau, a byddai hynny'n achosi pob math o broblemau. Cofiaf fy nhad sawl gwaith yn mynd i'r atig i geisio gorchuddio'r peipiau, rhag eu bod yn rhewi. Weithiau byddai'r ymdrech yn ofer, a byddai'r peipiau yn rhewi'n gorn. Cofiaf mai'r peth cyntaf a wnawn wedi cyrraedd fy ngwely oedd cicio'n wyllt o dan y gobennydd er mwyn ceisio cynhesu fymryn cyn mynd i gysgu. Tro arall, awn â photel ddŵr poeth i'r gwely.

Pan fyddai'r tywydd ar ei waethaf, roedd yn anodd iawn i 'Nhad, fel gweddill y chwarelwyr, ennill digon o gyflog i'n cynnal fel teulu. Beth bynnag fo'r tywydd, roedd yn rhaid iddo fynd i weithio yn y chwarel, oherwydd fel arall ni ddeuai arian i'r aelwyd. Ar adegau fel hyn, disgwylid i'r chwarelwyr fynd ati i glirio'r eira trwchus er mwyn cadw'r chwarel yn agored. Pe bai'r tywydd yn gwaethygu, roedd y chwarel yn cael ei chau. Golygai hyn y byddai'n rhaid i 'Nhad, a gweddill ei gydweithwyr, fynd i lawr i Gaernarfon i seinio ar y dôl. Ar adegau fel hyn, byddai fy nhad yn cwestiynu beth oedd pwrpas parhau i weithio yn y chwarel o dan y fath amgylchiadau.

Doedd pethau ddim yn fêl i gyd yn ystod misoedd yr haf chwaith, a byddai'r haul yn taro'n boeth ar y llechi. Rhyddhad o'r mwyaf i'r chwarelwyr, beth bynnag fo'r tywydd ac amser o'r flwyddyn, oedd cael dianc i'r caban lle byddai'r chwarelwyr yn bwyta eu cinio. Byddai'n lloches gynnes yn y gaeaf, ac yn gysgod oddi wrth wres yr haul yn yr haf.

Ffon ddeublyg oedd hi, wrth gwrs, ac i ninnau blant golygai'r eira mawr ein bod yn cael sbario mynd i'r ysgol.

Pan oedd yr eira ar ei waethaf, a'r lluwchfeydd yn drwm, ni allai'r bws ysgol gyrraedd y pentref.

Roeddem wrth ein boddau. Os meiddiai unrhyw un herio'r tywydd a cherdded milltir i lawr y lôn i Ddeiniolen i ddal y bws i Ysgol Brynrefail, ni fyddai'r disgybl hwnnw yn boblogaidd ymhlith y gweddill ohonom.

Cofiaf ddrwglicio'r gair 'dadmar', am y byddai'n rhaid mynd yn ôl i'r ysgol.

Gaeafau oer a rhewllyd oedd gaeafau 1962 a 1963. Ar ddiwrnod Calan 1962 roedd y ffordd i Ddinorwig wedi ei chau'n gyfan gwbl. Roedd lluwchfeydd hyd at bump a saith troedfedd o uchdwr, a bu'n rhaid stopio'r gwasanaeth bysiau. O fewn yr wythnos, amharodd yr eira ar waith y chwareli hefyd, a bu'n rhaid cau Chwarel Dinorwig a Chwarel Penrhyn, gan adael 1,200 o ddynion yn ddi-waith.

Yna, flwyddyn yn ddiweddarach yn 1963, cafwyd gaeaf caled arall, y gaeaf oeraf yng Nghymru yn ôl y Swyddfa Dywydd. Am gyfnod o chwe wythnos roedd popeth wedi ei rewi'n gorn, gan gynnwys peipiau dŵr. Roedd Llyn Padarn, Llanberis, hefyd wedi ei rewi'n gorn, a byddai pobl yn mynd ar y llyn i sglefrio.

Gaeaf arall cofiadwy oedd gaeaf 1965. Roedd y tywydd mor arw fel y gorfodwyd rhai o ddisgyblion o ardaloedd Dinorwig, Deiniolen, a Llanberis i aros dros nos yn Ysgol Uwchradd Brynrefail, Llanrug. Roedd fy chwaer, Margaret, yn un ohonynt. Treuliodd oddeutu 110 o ddisgyblion y noson yno, yn ogystal â rhai o'r staff. Yn y bore, cawsant fynd adra mewn grwpiau, a hynny wedi brecwast poeth. Cafodd pawb bryd bwyd poeth gyda'r nos, a threulio gweddill y noson yn chwarae gemau a chanu. Yn ôl y prifathro ar y pryd, Mr L. L. James, mae'n debyg bod y disgyblion wedi gweld y cyfan fel antur fawr.

Y troeon hynny y bu Dinorwig dan warchae'r eira am ddyddiau, nid oedd dewis ond cerdded yr holl ffordd i lawr i Ddeiniolen i brynu nwyddau hanfodol fel llefrith a bara. Bryd hynny roedd sawl siop ar Stryd Fawr, Deiniolen, gan gynnwys siop gig, siop fara, siop groser, a'r Co-op, heb anghofio'r siop drygist. Os oedd cerdded lawr i Ddeiniolen yn dipyn o her, roedd cerdded yn ôl yn cario'r bwyd i fyny Gallt y Foel am adra yn anoddach fyth.

Ar droad pen Gallt y Foel, wrth ddod i olwg Dinorwig oedd yr eira mwyaf trwchus yn casglu. Yn aml, cyrhaeddai'r eira hyd at chwe throedfedd o uchdwr, a olygai fod ceir wedi eu gadael yno. Profiad rhyfedd oedd cerdded ar ben lluwchfeydd mawr gan wybod bod ceir o dan y cyfan. Un tro, cafodd un gyrrwr o'r pentref ei ddal yn gaeth i'w gar yng nghanol y lluwchfeydd am oriau, ond wrth lwc, llwyddwyd i ddod o hyd iddo a'i ryddhau'n ddiogel.

Ar adegau fel hyn y byddai'r gymuned yn dod at ei gilydd i roi help llaw i'r naill a'r llall. Byddem yn cadw llygaid ar ein gilydd a mynd i nôl neges i bwy bynnag oedd yn methu symud o'r tŷ.

Roedd chwarae yn yr eira yn nefoedd i ni blant. Byddem yn aros allan am oriau yn pledu peli eira a gwneud dynion eira. Wrth gwrs, roedd digonedd o lefydd serth inni fynd i

chwarae ar ein slejys. Y lôn i lawr i Gapel Dinorwig o Fro Elidir, a Phen Cae, dros ffordd i'r ysgol, er enghraifft. Darn o garbod oedd y slej gan amlaf.

Bws Crosville yng nghanol yr eira

Pennod 9

Nôl Negas

I Ddeiniolen yr aem i siopa bwyd, neu nôl negas. Byddai Mam yn mynd ar y bws i 'pentra' bob wythnos. Bryd hynny, ar bob ochr i Stryd Fawr Deiniolen roedd rhes o siopau annibynnol yn gwerthu popeth a fyddai eu hangen arnom. Credwch neu beidio, roedd dros ddeg ar hugain o siopau yn Neiniolen yn y chwedegau.

Yn eu plith roedd siop drygist Mr Thomas Griffith Hughes, neu Tomi Drygist Bach. Cymhwysodd fel fferyllydd yn 1912 ac agor y fferyllfa yn Neiniolen yn fuan wedyn. Roedd ei dad yn un o 13 o blant a fagwyd yn Caxton House, Deiniolen. Roedd yn ddyn bychan, trwsiadus, ac fe wisgai grys a thei a chot wen bob amser.

Byddai'n cyfarch pawb i'r siop, yn cymryd eu presgripsiwn, ac yn mynd i'r cefn i'w baratoi. Roedd rhaid eistedd wedyn ar gadair bren, dywyll, hen ffasiwn gan glywed sŵn poteli wrth i Mr Hughes baratoi'r ffisig yn y cefn. Byddai disgwyl amdano yn gyfle i ryfeddu at y cownter a'r silffoedd pren hardd, yn ogystal â'r cas gwydr ag ynddo bob math o feddyginiaethau mewn poteli gwydr.

Roedd ei fab, Dr Dan Rowland Hughes, neu 'Doctor Dan', yn un o feddygon adnabyddus yr ardal. Wedi iddo gymhwyso fel meddyg, dychwelodd i fro ei febyd fel meddyg teulu, ac ymunodd â phractis Dr Vyrnwy Jones. Bu'n feddyg yn Neiniolen am 34 mlynedd, nes ei ymddeoliad yn 1991. Yn yr un cyfnod, roedd dau feddyg teulu arall yn yr ardal, sef Dr Marren yng Nghlwt-y-bont a Dr Douglas Jones yn Llanberis.

Ni fyddai'n anarferol gweld oddeutu hanner cant o bobl yn disgwyl eu tro i weld doctor yn y syrjeri, ac ni fyddai'r meddyg druan yn gadael hyd nes bod pob un wedi cael eu gweld. Weithiau, byddai'n naw o'r gloch ar y claf olaf yn gadael! Ni fyddai gan wragedd a gwŷr y meddygon y syniad lleiaf pa bryd y byddent yn cyrraedd adra gyda'r nos. Lleolid y feddygfa rai drysau oddi wrth Dŷ Capel Ebeneser ar Stryd Fawr Deiniolen. Fe'i symudwyd wedyn i London House, eto ar y Stryd Fawr, ac yna i'r Clinig, lle mae hi heddiw.

Roedd hi gyn brysured i Doctor Dan a Dr Vyrnwy yn ystod y dydd. Ni fyddai'n ddim iddynt gael eu galw i weld cleifion yn eu cartrefi rhwng 20 a 40 o weithiau bob dydd, yn ogystal â gorfod ceisio ymateb i alwadau brys. Cysylltu'n uniongyrchol â chartrefi'r meddygon a wnâi cleifion bryd hynny, a thra byddai'r meddygon ar alwad, eu gwragedd fyddai'n derbyn y galwadau ac yn cadw neges ar eu rhan.

Byddai'r ddau hefyd yn cael eu galw'n aml i ddamweiniau yn y chwarel, a allai olygu cerdded yr holl ffordd i'r ponciau uchaf.

Roedd dewis da o siopau cig, dillad, ac esgidiau, yn ogystal â siop bapur newydd ar y stryd. Roedd Siop Cocrwm yn gwerthu da-das mewn jariau gwydr, Siop Helen yn gwerthu esgidiau, a Siop James, Jacob James, yn siop groser. Gwerthai Siop William Hugh gig, ac roedd siop groser arall o'r enw Siop Marc. Yn ogystal â'r rheini, roedd Siop Hughes (siop gig arall), Becws,

Thomas Griffith Hughes

72

Siop Ben Fish, Crydd, Siop Sherrington yn gwerthu papur newydd, Banc Lloyds yn rhentu rhan o'r siop, Siop Jips Gwyn Oliver, a siop groser arall dros ffordd i'r Co-op a werthai bysgod hefyd. Ar brynhawn Sadwrn, aethai Mam i Gaernarfon i nôl negas, a byddai hen ddisgwyl amdani i ddod adra. Ni chaem ein siomi fyth, gan y byddai wastad yn dod â rhywbeth bach inni. Un tro, digwyddodd anffawd tra oedd Mam yng Nghaernarfon. Agorodd Dad botel o ddiod sinsir cartref. Echdorrodd y botel, a chyrhaeddodd peth o'r ddiod y nenfwd. Cofiaf fy nhad yn ein siarsio i beidio ag achwyn wrth Mam pan ddeuai adra. Pan ddaeth Mam adra, wrth gwrs, dyna lle'r oeddan ni blant yn pwyntio at y nenfwd!

Yr unig eithriad i'r holl siopau annibynnol ar y stryd fawr oedd Siop E.B. Jones. Cadwyn o siopau groser oedd Siop E.B., ac roedd ganddynt siop yn Llanberis ac mewn sawl pentref arall. Dyma siop cyn bod sôn am fwyd parod neu fwyd wedi ei rewi. Nid oedd sôn, bryd hynny, am rewgell nac oergell. Câi popeth ei werthu mewn sachau, casgenni a thuniau. Byddai nwyddau fel te, siwgr, blawd, halen, bisgedi, menyn, a lard ac ati yn cael eu pwyso a'u lapio cyn eu prynu. Os am brynu blawdiau fel blawd ieir, roedd gofyn i'r staff adael y siop a mynd rownd y gornel i'r selar o dan y siop. Yno byddai'n rhaid eu nôl o'r sach neu o'r casgenni a'u pwyso, cyn eu rhoi mewn bagiau.

Byddai'r siop ar agor o naw tan chwech, chwe diwrnod yr wythnos, o ddydd Llun tan ddydd Sadwrn. Serch hynny, byddai'n cau awr yn hwyrach ar nos Wener, fel bod cyfle gan gwsmeriaid ar ôl derbyn eu cyflog ar ddiwedd wythnos i alw yn y siop i dalu am y bwyd a brynwyd ganddynt yn ystod yr wythnos. Byddai staff y siop yn cofnodi pob gwerthiant unigol ar lyfr bach, a byddai Clifford Williams, y rheolwr, yn trosglwyddo'r wybodaeth honno wedyn ar lejyr mawr gyda'r nos ac yn paratoi biliau ar gyfer eu talu ddiwedd yr wythnos.

Y Coparét, Deiniolen

I ni fel teulu, y Coparét oedd y siop bwysicaf. Roedd hi'n siop fawr wedi ei lleoli oddi ar y stryd fawr yng nghanol y pentref. Er bod y ddwy siop, y Coparét a Siop E.B. dafliad carreg oddi wrth ei gilydd, cyd-dynnai'r ddwy siop yn iawn â'i gilydd. Archfarchnad gydweithredol gymunedol oedd Coparét, neu'r Co-op, a werthai bob math o fwyd a dillad, yn ogystal â gwerthu glo. Roedd gan bob cwsmer rif aelodaeth, a rhif ein teulu ni oedd 729. Hefyd, byddai gan bob cwsmer lyfr yn cofnodi bob pryniant, a byddai hyn yn gymorth i deuluoedd mawr na allent dalu'n syth am y nwyddau. Roedd disgwyl fod pawb yn talu'n ôl yn rheolaidd.

Roedd dywediad yn lleol sef 'talu'r hen a dwyn y newydd'. Golygai 'talu'r hen' dalu am y nwyddau a brynwyd eisoes, ac ystyr 'dwyn y newydd' oedd derbyn nwyddau heb orfod talu amdanynt tan yr wythnos ganlynol.

Ar amser y cyfrif mawr ar ddiwedd pob mis yn y chwarel, byddai drws y coparét ar gau drwy'r dydd Gwener olaf er mwyn glanhau, ail-lenwi'r silffoedd, a gwneud ordors. Yna, byddai'n agor am bump o'r gloch y pnawn tan naw, neu hanner awr wedi naw. Byddai ciw mawr y tu allan i'r siop yn disgwyl iddi agor er mwyn talu a phrynu bwyd.

Ar drothwy'r Nadolig, byddai'r siop yn talu difidend i'r holl gwsmeriaid. Byddai'r difidend yn help llaw mawr tuag at gostau bwyd ac anrhegion Nadolig. Byddai ciw yn ymestyn o'r Co-op i fyny'r Stryd Fawr, a byddai pobl yn sefyll am oriau gyda'r nos i gasglu'r difidend. Dibynnai maint y difidend ar sawl punt yr oedd rhywun wedi ei gwario yn y siop yn ystod y flwyddyn, a byddai'n ddibynnol hefyd ar elw'r siop dros yr un cyfnod.

Dr Dan Rowland Hughes

Byddai'r staff yn adnabod eu cwsmeriaid i'r dim, ac yn gwybod yn union beth oedd ei angen ar bawb. Cofiaf fy mam yn sôn i un o'r staff ddweud wrthi unwaith eu bod yn disgwyl am gyflenwad o gotiau glaw, ac y byddai'r cotiau jest y peth i ni blant. Roedd y Co-op, wrth gwrs, yn fodlon eu cadw ar ein cyfer, yn ogystal â rhoi digon o amser i Mam dalu amdanynt.

Darparai'r Co-op wasanaeth delifro bwyd a glo o gwmpas yr ardal. Y drefn oedd mynd â llyfr ordors i mewn i'r offis ddechrau'r wythnos, a byddai'r delifro yn digwydd ddiwedd yr wythnos. Roedd gweld faniau llefrith, cig, a John South efo bara a pharaffîn yn crwydro o gwmpas yr ardal yn ddarlun cyffredin. Mae'r archfarchnadoedd mawr heddiw yn delifro bwyd, wrth gwrs, ond nid syniad newydd mohono!

Roeddem ni blant wrth ein boddau yn gweld fan fara gŵr o'r enw Tifor o Fecws Rhiwlas yn galw i'r ardal. Roedd llond y lle o dartenni bach, cacennau jam bendigedig, a chacennau pwdin sgwâr bara stêl, ac fe brynai Mam hanner dwsin o gacennau a bara. Mae Margaret, fy chwaer yn cofio Tifor yn gwerthu byns y Grog ar ddydd Gwener y Groglith, a hithau'n edrych ymlaen at eu cael ar ôl dod adra o wasanaeth 'Yr Awr Dawel' yn Eglwys Crist, Llandinorwig.

Gweithred hwyliog arall oedd mynd ar rownd lefrith o gwmpas Dinorwig a'r Fachwen ar adeg y gwyliau. Berwyn oedd dreifar y fan lefrith, ac ar ddiwedd y rownd byddai'n troi i smocio sigâr! Dyna lle y byddem ni yn hongian oddi ar gefn y fan, a Berwyn, wrth ddreifio, yn gofyn yn uchel sawl potel oedd ar bob tŷ ei angen. Aem wedyn fel coblyn gan ddal gafael ar y poteli, a rhedeg yn ôl i'r fan. Byddem yn swingio ar gefn y fan wrth i honno fynd ffwl pelt. Hyd heddiw, ni wn sut na chafodd neb ei frifo. Am ein llafur, caem ychydig sylltau a photel o ddiod oren.

I Ddeiniolen yr aem yn llafnau ifanc, a'r brif dynfa oedd siop jips Gwyn Oliver ar y stryd fawr. Yno roedd jiwc-bocs yn chwarae recordiau poblogaidd grwpiau fel y Beatles, Everly Brothers, Shadows, Dave Clark Five, Gerry & the Pacemakers, Elvis, The Kinks, Shadows, Roy Orbison, a llawer, llawer mwy. Wrth eu rhestru rŵan, mae'r caneuon yn canu yn y co'. Byddai criw ohonom yn ymgynnull ac yn gwrando ar y caneuon wrth yfed potel Vimto a bwyta bag o jips. Dros ffordd i'r siop jips roedd Y Bull, un o ddau dŷ tafarn yn y pentref. Y Wellington oedd y llall. Byddem yn gwylio yfwrs lleol yn mynd a dod i'r ddwy dafarn, cyn galw yn y siop jips am swpar cyn mynd adra. Roedd rhai, wrth gwrs, yn sobrach na'i gilydd.

Cymerodd Gwyn y busnes i'w ofal gan ei rieni, ag yntau yn ei ugeiniau, ond bu'n gweithio yno efo'i fam ers pan oedd o'n ddim o beth. Bu yno am 44 o flynyddoedd, hyd nes iddo gau'r siop yn 2008.

At Alwyn Williams neu 'Alwyn Barbar' ar y Stryd Fawr yr aem i dorri ein gwalltiau. Wrth fynd drwy ddrws y siop roedd ganddo le i dorri gwalltiau plant a dynion, ac yn y cefn roedd lle i dorri gwalltiau merched. Yn y fan honno y torrai walltiau merched ar ôl 3.30 yn y prynhawn, gan gau ochr dynion yr adeilad. Hefyd byddai'n eillio, a hynny yn y ffordd draddodiadol.

Byddai ciw mawr o flaen y siop yn aros amdano, yn ei wylio yn dod oddi ar y bws o Lanrug dan gario tyweli glân yn ei gês lledr brown. Pan ddeuai ein tro ni i dorri ein gwalltiau, byddai Alwyn yn ein codi i eistedd ar blanc o bren oedd wedi ei osod ar draws y gadair. Gan amlaf byddai Alwyn yn torri'r gwallt i'r byw, ac yn gorffen drwy roi Brylcreem ar yr ychydig wallt oedd yn weddill, cyn ei gribo. Wyddwn i ddim os mai 'Nhad oedd yn gofyn iddo dorri gymaint ar ein gwalltiau, ynteu ai honno oedd y ffordd y

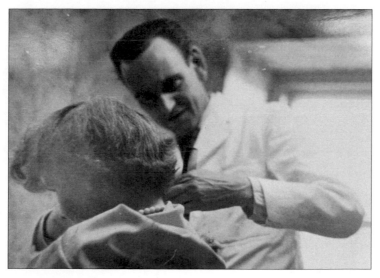

Alwyn Barbar yn trin gwallt ei chwaer, Myfanwy, yn 1962.

gwnâi Alwyn. Mae'n debyg y byddai 'Nhad yn awyddus i'r toriad bara'n hir.

Gŵr tawel a bonheddig oedd Alwyn, a chan ei fod yn drwm ei glyw ni ddywedai fawr ddim wrth neb, oni bai fod cwestiwn yn cael ei ofyn iddo. Dyna lle byddai pawb yn eistedd yn aros eu tro, ac Alwyn yn holi 'pwy 'di nesa?' Roedd ganddo gôt wen â phocedi ar gyfer cadw'r crib a'r siswrn.

Byddwn wrth fy modd yn ei wylio yn torri gwalltiau efo crib a siswrn, ac yn defnyddio clipar llaw i dwtio rhywfaint ar gefn y gwddf. Byddai'n trin y siswrn yn gelfydd, ac yn cymryd gofal mawr wrth dorri gwalltiau pawb. Tra oedd o wrthi, byddai sigarét yn gorffwys ar ochr y sinc ganddo.

Pennod 10

Tripiau Ysgol Sul a Gwyliau Haf

Uchafbwynt y flwyddyn, heb amheuaeth, oedd trip blynyddol yr Ysgol Sul i'r Rhyl. Dechreuai'r cyffro sawl wythnos cyn y daith. Hwn oedd y cyfnod y byddai gan blant fwy o bres na'r arfer, wrth i gyfeillion ac aelodau'r teulu roi arian inni fynd ar y daith. Cyngor Dad bob amser cyn mynd ar y trip oedd i gofio dod â pheth o'r pres adra, hyd yn oed pe bai'n ychydig geiniogau'n unig. Dyma ei ffordd o'n dysgu i gael ychydig o reolaeth ar ein gwario.

Cofiaf fy mam yn dweud iddi bron â cholli'r pres trampin i gyd un nos Wener cyn y trip. Yn annisgwyl, galwodd ffotograffydd am ei arian am dynnu lluniau ohonom ni blant wythnosau ynghynt. Doedd gan Mam ddim dewis ond talu gan ddefnyddio'r pres trampin, gan ei gadael heb fawr ddim yn weddill i'w wario ar y trip.

Ar fore'r daith, byddai'r plant i gyd ar ben y lôn yn llawn bywyd, ac yn eiddgar i gael cip cyntaf o'r bws a fyddai'n mynd â ni i'r Rhyl. Weithiau, aethai'r disgwyl yn drech na ni, a byddai rhai yn cychwyn cerdded i ben Gallt y Foel i gwrdd â'r bws er mwyn cael lle yn y sedd gefn. Wrth inni ddisgwyl ar ben y lôn, byddai Ifor Jones yn dod o'i dŷ yn Nhy'n Fawnog, ac yn rhoi pum ceiniog yr un i bob un ohonom.

Gwilym Lloyd Williams, un o ddreifars Purple Motors

I ffwrdd â ni wedyn, a phawb mewn hwyliau da. Bryd hynny, doedd safon y ffyrdd na chyflymder y bysus gystal â heddiw. Cymerai taith fws i'r Rhyl bron i ddwy awr. Nid oedd ffordd osgoi heibio i Aber, Llanfairfechan, Penmaenmawr, Conwy a Chyffordd Llandudno. Arferai'r traffig fod yn drwm wrth fynd trwy Gonwy.

Yr arwydd cyntaf fod y Rhyl ar y gorwel oedd gweld olwyn fawr y Marine Lake. Wrth gyrraedd, gwelem lwyth o fysus o wahanol ardaloedd ar hyd a lled y gogledd wedi parcio yno yn barod. Wrth adael y bws, câi pawb eu siarsio i beidio â chael eu temtio gan stondinwyr uchel eu cloch i wario eu harian yn syth bìn. Cerddem wedyn yn un haid ar hyd y promenâd i ganol holl gyffro tref y Rhyl. Un tro, daeth olwyn coets fach Meirion fy mrawd i ffwrdd wrth inni ei wthio ar hyd y promenâd, ac roedd ein dwylo yn olew i gyd wrth drio ei rhoi yn ei hôl!

Roedd hi bron yn amser cinio arnom yn cyrraedd y Rhyl, a chyn gwneud dim byd arall byddai Mam a Dad yn dod o hyd i gaffi fel ein bod yn cael llond bol o fwyd i'n cynnal weddill y dydd. Ar ôl bwyta, aem yn syth am y traeth ac aros yno tan ddiwedd y prynhawn yn codi cestyll tywod, chwarae yn y dŵr, mynd ar gefn y mulod, gwylio sioe Punch and Judy, a mynd ar feics tair olwyn.

Ar ddiwedd y dydd, byddem yn cerdded yn ôl ar hyd y promenâd i gyfeiriad Marine Lake ac yn chwilota am anrhegion i fynd adra efo ni. Cofiaf brynu het gowboi, gwn, holster a bathodynnau Sheriff a Marshall, a Margaret fy chwaer yn prynu raced denis am saith a chwech.

Rhaid oedd prynu injia-roc yn anrheg bob tro. Cyrhaeddem Marine Lake ac ymgolli yn llwyr yn yr awyrgylch byrlymus, cyn gwario gweddill ein pres ar y bympar cars, ar farchogaeth ceffylau neu daflu cneuen goco, yn ogystal â mynd ar y trên bach o gwmpas y llyn. Pe baem yn teimlo'n fwy mentrus, aem ar y trên sgrech. Doedd fawr ddim symud ar y ceffylau wrth eu marchogaeth, ac mae'n siŵr fod y creaduriaid wedi ymlâdd ar ôl diwrnod o waith.

Yr orchwyl wedyn fyddai cael pawb yn ôl ar y bws, a byddai rhywun yn siŵr o fod yn hwyr. Wedi cael pawb ar y bws, byddai'n drît cael stopio am jips yng Nghyffordd Llandudno! Ar ôl dod adra, caem ail wynt o rywle, a byddem yn chwarae am oriau yn taro pêl denis ar ochr Ty'n Fawnog. Cysgai pawb fel top ar ôl diwrnod yn llawn hwyl.

Am y pythefnos cyntaf ym mis Awst, byddai'r chwarel ar gau, a dyma gyfle nifer o deuluoedd yr ardal i fynd ar wyliau blynyddol. Yn ddigon ffodus trefnai Purple Motors, cwmni bysus Deiniolen a Bethesda deithiau dyddiol i'r Rhyl, Bae Colwyn, Llandudno, Southport, Benllech, a hyd yn oed mynd cyn belled â Blackpool neu Windermere! Roedd yn wasanaeth hynod werthfawr, a byddai'n gyfle inni fynd i ddianc a mwynhau ein hunain am ddiwrnod. Ychydig iawn, os o gwbl, o deuluoedd yr ardal oedd yn mynd am wyliau am wythnos neu ddwy, nac ychwaith am wyliau tramor. Yn yr un cyfnod, roedd Cwmni Bysus Milburn o Star, Gaerwen, yn trefnu tripiau dyddiol a byddai Goronwy Roberts o Fwlch Uchaf, Deiniolen yn dod o gwmpas i gasglu enwau i fynd ar y tripiau. Roedd yntau fel ei dad yn gweithio yn y chwarel ar y pryd.

Arferem wneud defnydd da o'r stesion drenau ym Mangor ar gyfer teithiau undydd. Cofiaf unwaith fynd am y diwrnod i Gaergybi, o bob man! Roedd mynd ar y trên yn stesion Bangor yn antur, eto'n ddychryn, wrth i'r trên nadreddu drwy dwnnel tywyll, a ninnau yn torri ein boliau i gael dod allan ar yr ochr arall er mwyn gweld golau dydd. Nid oedd fawr o help fod bylbiau golau'r trên yn cael eu dwyn!

Ym mhob cerbyd ar y trên byddai oddeutu 6 i 8 adran a seddi fainc gyda'u cefnau wedi eu padio, un yn wynebu'r injan a'r llall â'i chefn ato. Uwchben sedd y teithwyr roedd silff i gadw bagiau. Pan fyddai'r trên yn llawn, safai teithwyr yn y coridorau.

Caem ddiwrnodau da yn mynd ar y bws i Gaernarfon neu Fangor, hefyd. Y pier oedd yr atyniad ym Mangor, a byddem yn sgipio ar lawr pren y pier, yn mwynhau hufen iâ, ac yn chwarae ar y peiriannau hapchwarae. Roedd sawl pier ar draws y gogledd bryd hynny, a phob un yn boblogaidd iawn. Yng Nghaernarfon, aem am dro dros Bont 'Rabar, neu ddal bws bach gwyn Cwmni Whiteways o'r Maes i Ddinas Dinlle.

Roedd y carnifal yn achlysur poblogaidd mewn sawl pentref. Yn Neiniolen, ar lawnt ficerdy Eglwys Crist Llandinorwig y cynhelid y carnifal. Un mis Gorffennaf yn 1957, coronwyd Ann Roberts, merch Mr a Mrs John Roberts, 2 Blue Peris, Dinorwig fel Brenhines Lechen gan Lady Caroline Duff, yng ngŵydd cannoedd o bobl. Cynhaliwyd y carnifal y flwyddyn honno er budd Band Arian Deiniolen a'r Cylch. Cychwynnodd yr orymdaith o Victoria Terrace, Deiniolen, cyn mynd yn ei blaen i'r Ficerdy. Roedd Margaret, fy chwaer yn un o ferched y blodau. Yn ystod y seremoni, cafwyd anerchiad gan Syr Michael Duff, Llywydd y Band yn sôn am ba mor addas bod y Frenhines yn cael ei choroni ar safle yn agos i fynediad Chwarel Dinorwig. Bu Gwyneth, fy chwaer, hefyd yn un o ferched y blodau.

Pennod 11

Eglwys Santes Fair

Ers cyn cof, roedd Eglwys Santes Fair, neu 'Eglwys Fach' fel y'i gelwid gennym, yn rhan bwysig o'n bywydau hyd nes y'i caewyd hi ar yr 16eg o Hydref 1994. Fe'i hagorwyd ym mis Medi 1880 pan gynyddodd poblogaeth Dinorwig yn sgil datblygiad y chwarel, a phryd hynny honnwyd mai hon oedd yr eglwys uchaf yng Nghymru. Chwaer eglwys i Eglwys Crist, Llandinorwig, oedd hi.

Yn Eglwys Fach y cafodd pob un ohonom ein bedyddio, ac yno y priododd fy nwy chwaer, Margaret a Gwyneth. Gweinyddwyd y briodas gyntaf yno ym mis Awst 1965, pan fu i Ann Roberts, merch Mr a Mrs John Roberts, Elidir View, Dinorwig briodi Mr Robert Lewis Japheth o Fethel.

Roedd yr Eglwys yn ffinio â chrawiau a chaeau fferm Bron Eilian. Safai pob llechen fel carreg fedd mewn rhes. Yn y cae a ffiniai â'r Eglwys arferai defaid bori, ac yn ystod tymor wyna dyna lle'r edrychem drwy ffenestr yr Eglwys ar yr ŵyn bach yn prancio yn braf yn y cae. Ar adeg y cneifio, roedd gofyn i'r gynulleidfa gystadlu a sŵn brefu defaid yn y caeau.

Wrth agor y drws i borth yr Eglwys disgynnai rhaff y gloch o'r to. Â minnau'n llanc ifanc, byddwn yn galw'r ffyddloniaid i'r oedfa a'u cyfarch wrth iddynt ddod drwy'r drws. Difyr yw nodi nad y gloch y byddwn innau yn ei chanu oedd yr un wreiddiol. Cludwyd y gloch honno ar

*Hogia'r Ysgol Sul. O'r chwith i'r dde: Dafydd Wyn, Arwyn,
Steven, Iwan, ac Aron.*

ddiwedd y pumdegau ar long o Lerpwl i blwyf St
Livingstone yn Zambia. Ar y pryd roedd Eglwys Fach yn
cael ei hatgyweirio a'i harddu, ac ymysg y rhoddion a
dderbyniwyd oedd cloch gan Eglwys Sant Deiniol,
Llanddeiniolen. Ar yr un pryd, daeth Ficer Plwyf
Llandinorwig i glywed am apêl Eglwys St Livingstone am
gloch, ac awgrymodd fod cloch Eglwys Fach yn cael ei rhoi
iddynt.

Hyd nes y caewyd Chwarel Dinorwig yn 1969, bu teulu
Stad y Faenol yn barod iawn eu cymwynas i Eglwys Fach.
Byddai gweithiwr o'r chwarel yn ymgymryd â'r gwaith
trwsio ffenestri neu atgyweirio rhan o do'r eglwys oedd
wedi ei difrodi gan dywydd garw, a hynny'n rhad ac am
ddim.

Roedd dau addoldy arall yn y pentref, sef y Capel
Methodistiaid a Chapel Sardis, capel y Bedyddwyr. Fel yn
hanes yr Eglwys roedd gan y capeli hyn eu mynychwyr
selog. Roedd Capel y Methodistiaid yn glamp o adeilad, a
gorchuddiwyd ei waliau allanol gan lechi. Drws nesaf i'r

capel roedd y festri; adeilad llai, digon cyffredin, a llawer yn fwy clyd na'r Capel mawr. Nid oedd gwres yn y Capel, ac o'r herwydd byddai'r aelodau yn mynd i'r festri i addoli yn y gaeaf a dychwelyd i'r capel ar gyfer misoedd yr haf. Cysylltir y Capel â'r Parch. John Puleston Jones, y pregethwr dall a'r heddychwr a fu'n weinidog yno rhwng 1895 a 1907.

Y Gweinidog a gofiaf i, gweinidog uchel iawn ei barch, oedd y Parch. John Price Wynne, tad i un o'n hawduron mwyaf gwreiddiol a'r cenedlaetholwr, Eirug Wyn. Roedd yn weinidog ar Gapel Dinorwig, Fachwen a Chefn y Waun. Symudodd ef a'r teulu i Ddeiniolen yn 1958, gan ymgartrefu yng Nglanffrwd, dafliad carreg o Gapel Cefn y Waun. Byddai gan fy nhad air da amdano bob amser, ac eisteddai'r ddau ohonynt ar Gyngor Plwyf Llanddeiniolen. Roedd yn ŵr tawel a gwylaidd, ond yn gadarn ei ffydd ac yn genedlaetholwr o argyhoeddiad.

Edrychai Capel Sardis, capel y Bedyddwyr i lawr ar y ddau addoldy arall, ac ystyriwyd y capel hwnnw ar un cyfnod fel capel uchaf Cymru. Roedd yr Ŵyl Bregethu ar y Sulgwyn yn achlysur mawr yn y capel hwn. Deuai pregethwyr mawr o bob rhan o Gymru yno, ac aethai gwahoddiad i gapeli ac eglwysi eraill yr ardal i ymuno.

Roedd mynd i'r Eglwys dair gwaith ar y Sul yn rhan naturiol o'n magwraeth ni a nifer o deuluoedd eraill y pentref. Honno fyddai'r drefn. Mae sawl atgof cynnes am fynd i'r Ysgol Sul a dysgu straeon o'r Beibl. Un o'r athrawon oedd Mrs Catherine Hughes, Caer Foel, neu Anti Mem. Roedd yn gymeriad hoffus, a dysgodd genedlaethau o blant. Roedd yn ddiwrnod trist iawn i'r teulu, i'r pentref, ac i'r Eglwys, pan laddwyd Mrs Hughes mewn damwain car ger twnnel Penmaenmawr ym mis Ebrill 1966.

O edrych yn ôl, rwyf yn meddwl mor hurt oedd cael ein gwahanu oddi wrth ein ffrindiau ar y Sul. Dyna lle y byddem, yn eistedd ar ben wal ger Bro Elidir yn sgwrsio am hyn a'r llall, a phan ddeuai'n ddau o'r gloch, caem ein gwahanu i fynd i'r capel a'r eglwys. Ein gwahanu i ddau addoldy, a ninnau yn arddel yr un Duw.

Wrth gwrs, nid ar y Sul yn unig yr oedd yr Eglwys yn rhan o'n bywyd cymdeithasol. Roedd gweithgareddau eraill yn ystod yr wythnos fel Band of Hope, ac achlysuron blynyddol fel y Trip Ysgol Sul, Gŵyl Gorawl Eryri, Eisteddfodau, a gwasanaethau Nadolig, Pasg a Diolchgarwch.

Cynhelid Gŵyl Gorawl Eryri yn flynyddol, a hynny ym mis Mai. Ar gyfer yr achlysur, byddai ein mamau yn manteisio ar y cyfle i'n gwisgo am y tro cyntaf â dillad newydd yr haf. Trowsusau byrion i'r hogia, a ffrogiau haf i'r genod.

Byddai'r Ŵyl yn cael ei chynnal mewn plwyfi gwahanol ar draws deoniaeth Arfon, a'r apêl i ni fel plant oedd cael mynd ar fws i blwyfi fel Llanrug, Llanberis, Penisarwaun, Llanfairisgaer, Bangor a Chaernarfon, a chael cyfarfod plant o'r plwyfi hyn. Cychwynnai'r Ŵyl gyda gwasanaeth i'r plant yn y prynhawn, a gwasanaeth i bobl ifanc ac oedolion gyda'r nos. Yn y gwasanaeth prynhawn byddai'r Eglwys yn llawn o blant, eu rhieni, ac athrawon Ysgolion Sul, a byddai pawb yn edrych ymlaen yn arw at glywed canlyniadau'r arholiadau llafar a fyddai'n cael eu cynnal wythnos neu ddwy ynghynt. Byddai pawb a gystadlai yn derbyn tystysgrif hardd iawn ag arni seren aur, arian neu efydd. Hefyd, roedd gwobr i'r Ysgol Sul a gawsai'r mwyaf o lwyddiant. Roedd pobl ifanc yn derbyn canlyniadau arholiadau ysgrifenedig yn y gwasanaeth hwyrol.

Ar ddiwedd y gwasanaeth prynhawn, roedd yn drît cael mynd i neuaddau'r gwahanol eglwysi am fwyd, cyn mynd allan i chwarae. Byddai gwledd yn ein haros gan aelodau Undeb y Mamau. Dychmygwch yr olygfa, gyda thri chant o bobl yn bwyta yn Hen Ysgol Llandinorwig pan gynhaliwyd yr Ŵyl yn Eglwys Crist Llandinorwig yn 1956.

Roedd yr Ŵyl Ddiolchgarwch yn uchafbwynt blynyddol arall, wrth gwrs. Byddai'r Eglwys wedi ei haddurno'n hardd gyda llysiau, ffrwythau a blodau o bob math. Arferai fy nhad osod llechen ar yr allor yng nghanol yr afalau a'r orenau, a hynny er mwyn cydnabod a diolch i Dduw am roi cynhaliaeth bob dydd i'r chwarelwyr. Byddai'r Eglwys yn gwahodd offeiriad o bob cwr o Gymru i bregethu yn yr oedfaon gyda'r prynhawn a'r nos. Yn fy arddegau, roedd yn brofiad cyffrous cael gwrando arnynt, gyda phregethwyr grymus iawn yn eu plith. Byddai cynulleidfa lawer mwy nag arferol yn dod i'r Ŵyl. Fy uchafbwynt personol i bob blwyddyn oedd clywed yr emyn 'Nyni sy'n troi y meysydd' (tôn: Wir Pflügen) yn cael ei morio, a'r gytgan yn cael ei chanu am yr ail waith ar y diwedd. Dim llai na gwefr.

Roedd y Gwasanaeth Nadolig yn goron ar y flwyddyn. Byddem wedi ein gwisgo mewn llieiniau a gŵn nos ar gyfer perfformio rhannau Mair a Joseff, a byddai'r bugeiliaid a'r doethion yn canu ffefrynnau fel 'Tri ŷm ni o'r Dwyrain Draw' a 'Dawel Nos'. Roedd cryn baratoi ar gyfer y Nadolig. Yr arfer oedd tanio'r pedair cannwyll yn ystod Suliau'r Adfent, a thanio'r gannwyll goch yn y canol ar fore dydd Nadolig.

Achlysur arbennig arall oedd ymweliad Esgob Bangor â'r Eglwys. Fel plant, roedd gweld yr Esgob gyda'i fodrwy, y ffon fugeiliol, y côb, a'r meitryn yn rhyfeddod. Roedd fel petai'r Pab ei hun yn Ninorwig. Y Parch G.O.Williams, brodor o Benisarwaun oedd Esgob Bangor ar y pryd. Gŵr ag urddas mawr yn perthyn iddo mewn seremonïau o'r fath. Ychydig iawn a wyddwn ar y pryd yr awn ato ymhen blynyddoedd i ofyn am ei fendith fel ymgeisydd i'r offeiriadaeth.

Criw bach ffyddlon fyddai yn addoli ar y Sul yn Eglwys

Fach. Gwyddem cyn croesi rhiniog yr Eglwys pwy fyddai'n bresennol, ac ymhle fyddai pawb yn eistedd. Rhyw bum rhes o'r cefn fyddai ein sedd ni. Yn eistedd yn y rhes gefn bob nos Sul, wedi ei wisgo'n drwsiadus a'i sgidiau du'n sgleinio fyddai John Ernest Williams, Parc, neu 'Ernest Parc'. Gŵr annwyl a distaw. Y tu ôl i ni, eisteddai Annie a Salome Jones, dwy chwaer ddi-briod oedd yn byw bryd hynny ar stad Bro Elidir. O'n blaen wedyn byddai teulu Creigle Mr a Mrs R.H. Thomas. Rhwng llais soprano hyfryd Salome Jones a llais cadarn R.H. Thomas o boptu inni, roedd awyrgylch arbennig.

Cymeriad hoffus arall oedd Miss Lizzie Thomas o Lidiart y Clo yn Allt Ddu, Dinorwig. Arferai gerdded milltir yn ôl ac ymlaen i'r Eglwys ddiwedd prynhawn Sul ymhob tywydd. Byddai'n cyrraedd ymhell cyn i'r gwasanaeth ddechrau, ac âi'n syth i'w sedd, ac eistedd yno'n ddistaw yn barod ar gyfer yr oedfa.

Yn ogystal â'r gwyliau mawr a'r oedfaon, byddwn wrth fy modd yn dosbarthu Cylchgrawn Deoniaeth Arfon o gwmpas tai aelodau'r Eglwys, a chael ceiniog neu ddwy, neu dun o ffrwythau gan rai am wneud hynny. Dyma gylchgrawn yn cynnwys adroddiadau am hynt a helynt gwahanol Eglwysi plwyfi'r ddeoniaeth, ac roedd cryn ddarllen arno.

Pennod 12

Ysgol y Cyngor a'r 11+

Roedd mynd i'r Ysgol Gynradd yn bump oed yn dipyn o sioc inni blant, wrth inni gael ein gwahanu oddi wrth ein mamau a'n cartref am y tro cyntaf. Dim ond tafliad carreg oddi wrth ein tŷ ni oedd yr ysgol. 'Ysgol fach' a fyddai hi'n cael ei galw yn lleol, Ysgol y Cyngor, Dinorwig, yn swyddogol.

Saif adeilad yr ysgol ar ben allt Fachwen, gyda Thŷ'r Ysgol ganllath o'r ysgol ei hun. Disgyblion o Ddinorwig a Fachwen fyddai'n mynd i'r ysgol, ac roedd oddeutu 37 o blant ar lyfrau'r ysgol pan ddechreuais i yno. Cymraeg oedd iaith pob aelwyd, ar wahân i ddau ddisgybl di-Gymraeg. Cymraeg oedd iaith yr ysgol a Saesneg yn cael ei dysgu fel ail iaith.

Roedd yr ysgol yn hen adeilad, dros gant oed. Roedd tair ystafell ddysgu o wahanol feintiau, ystafell i'r staff, ac ystafell feddygol. Roedd dwy ystafell i gadw cotiau, cegin, ac

Ysgol Dinorwig

ystafell fwyta, ac roedd gwres canolog drwy'r ysgol. O dan yr adeilad roedd selar mawr ag ynddo dân golosg agored. Byddem wrth ein boddau yn sefyll y tu allan i'r selar amser chwarae, a chynhesu wrth y gwres.

Roedd y gegin a'r ystafell fwyta o dan yr adeilad, a olygai fod rhaid mynd allan o'r ysgol a cherdded i lawr y grisiau serth bob amser cinio. Pan fyddai'r tywydd yn arw roedd yn rhaid inni fynd i nôl ein cotiau a brwydro yn erbyn y gwynt a'r glaw i gyrraedd yr ystafell fwyta. Yn aml, byddai'n rhaid sychu ein cotiau ar ôl cinio. Roedd yn wirioneddol beryg ceisio cerdded ar y grisiau pan oedd eira neu rew dan draed.

Braidd yn ddigysur ac ychydig yn dywyll oedd yr ystafell ginio, a gwresogydd trydan ar y wal. Miss Annie Jones oedd y gogyddes a Miss Lizzie Thomas a Mrs Elizabeth Lewis, Bryn Sardis yn ei chynorthwyo. Yn ogystal â gweithio yn y gegin, byddai Mrs Lewis yn gofalu am y plant ar yr iard dros amser cinio cyn iddynt fynd yn ôl i'w gwersi yn y prynhawn.

Mwynhawn fy mwyd bob tro, a byddwn wrth fy modd yn cael ail lond plât o fwyd. Cinio llond bol, go iawn. Roedd y pwdinau siocled yn ffefryn, a'r pei â phêstri am ei ben yn anfarwol. Roedd dwy jwg haearn, un â'i lond o grefi, a'r llall o gwstard. Afraid dweud fod y cinio Nadolig yn ffefryn arall, oni bai am yr ofn o lyncu'r pisyn chwe cheiniog.

Mr Williams, y pennaeth, yn dysgu dosbarth

Nid oedd tai bach

yn rhan o adeilad yr ysgol ei hun. Roedd y rheini ar yr iard, ac yn agored i'r tywydd garw. Roedd tri thŷ bach ar gyfer yr hogia, a phedwar tŷ bach ar gyfer y merched a'r plant bach. Roedd tŷ bach ar wahân ar gyfer y staff, wrth gwrs.

Gwnaed difrod cyson i adeilad yr ysgol, a hynny am ei fod yn wynebu'r tywydd garw. Syrthiai llechi oddi ar y to, a byddai'r cyflenwad trydan a nwy yn diffodd. Rhewai'r peipiau dŵr oherwydd yr eira a'r rhew, a byddai'n rhaid rhyddhau plant a staff yn fuan o'r ysgol pe bai'r rhagolygon yn ddrwg. Cyn gynted ag y byddai'r eira yn disgyn yn drwm, a bysus yn stopio rhedeg i Ddinorwig yn y prynhawn, byddai'r pennaeth yn caniatáu i'r athrawon adael yr ysgol yn gynnar er mwyn eu galluogi i gerdded i lawr i Ddeiniolen i ddal y bws adra.

Byddem yn cael potel lefrith fach bob bore, er na fyddai hynny wrth fodd pob plentyn. Byddai nyrs yr ysgol yn ymweld â ni'n rheolaidd ac yn cribo ein gwalltiau yn ofalus er mwyn gweld os oedd llau. Caem archwiliadau clyw a golwg yn rheolaidd hefyd, yn ogystal ag ymweliadau gan ddeintydd yr ysgol. Gweinyddwyd brechiad polio hefyd, ond nid oedd brechiadau ar gyfer y frech goch, brech yr Almaen, na Chlwy'r Pennau, ac o'r herwydd roedd rhan fwyaf o'r plant yn dioddef ohonynt. Cofiaf hefyd orfod llyncu un dabled *Cod Liver Oil* bob bore.

Y prifathro, a dwy athrawes gymwysedig oedd ar staff yr ysgol, gyda'r prifathro yn dysgu'r dosbarth uchaf. Roedd tri dosbarth i gyd, sef y babanod, Standard 1 a 2 a Standard 3, 4 a 5. Mrs Elizabeth Griffiths o Lanberis oedd yr athrawes.

Pan ddechreuais yn yr ysgol Mr J. Elias Williams oedd y Prifathro, ond wedi cystudd hir bu farw yn ei swydd yn 1957. Bu'n brifathro ar yr ysgol am dros chwarter canrif. Does gen i ddim cof ohono, serch hynny rwy'n cofio diwrnod ei angladd. Roeddem ninnau blant bach yn un rhes yn canu mewn gwasanaeth byr o flaen Tŷ'r Ysgol.

Y pennaeth a'i dilynodd oedd Owen Williams, brodor o Fethel, ac wedi dysgu cyn hynny yn Dunechurch, wrth ymyl Rugby, Ysgol Llanfairisgaer, ac Ysgol Bryncroes. Roedd yn ddyn tal ac awdurdodol iawn, ac fe wisgai het bob tro, hyd yn oed yn ystod y gwersi. Fel y rhelyw o brifathrawon ei gyfnod, gallai fod yn llym iawn ei ddisgyblaeth. Pan gychwynnodd yn ei swydd, roedd yn hallt iawn ei feirniadaeth o safon addysg yr ysgol a'r llyfrau dysgu oedd yno. Teimlai fod y plant yn flêr wrth eu gwaith, yn methu â gwneud gwaith oedd yn addas i'w hoedran, ac yn cerdded o gwmpas fel y mynnent. Teimlai fod yn rhaid iddo ddechrau o'r dechrau â nifer o ddisgyblion. Mae'n debyg na fu cyfnod hir o salwch ac absenoldeb y cyn brifathro yn fawr o les yn hynny o beth.

Ar y cyfan, cyfnod digon hapus oedd fy nghyfnod yn yr ysgol. Mwynhawn wneud pethau dydd i ddydd fel darllen, ysgrifennu, lliwio a gwneud lluniau, yn ogystal â dysgu mwy am hanes, daearyddiaeth a gwneud sỳms. Byddai'r merched wedyn yn dysgu gweu a chross-stitch. Roedd cyfle i wrando ar stori cyn mynd am adra yn y prynhawn, a stori o'r llyfr *Christmas Carol* bob Nadolig. Cofiaf ddysgu sut i wneud basgedi caen, a mynd i'r ystafell gotiau fach i'w socian yn y dŵr er mwyn eu gwneud yn hyblyg ac yn haws eu trin.

Does gen i ddim cof o fynd allan o'r ysgol am dro gyda'r athrawon, sy'n drueni, â ninnau yn byw mewn ardal mor hardd â byd natur yn ein

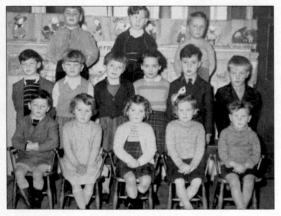

Dosbarth hŷn yr ysgol

hamgylchynu. Ni chawsom chwaith daith ysgol i weld y chwarel fwyaf yn y byd.

Un a oedd yn cydoesi â mi yn yr ysgol oedd 'Jonsi', neu Eifion Pennant Jones. Daeth i fyw i Ddinorwig yn bump oed. Dangosodd ei allu fel pêl-droediwr yn ifanc iawn, ac roedd yn chwaraewr ar lun George Best. Roedd yn chwim iawn, ac anodd oedd cael y bêl oddi arno. Awn i chwarae yn ei dŷ ym Mryn Myfyr (lle bu'r Parch. Puleston Jones yn byw) wrth ymyl Capel Dinorwig. Roedd Bryn Myfyr yn glamp o dŷ mawr ag ynddo ddigon o le i chwarae.

Disgybl arall o'r ysgol a wnaeth enw iddo ef ei hun ymhen blynyddoedd fel deintydd ac arbenigwr yn y maes deintyddiaeth yng Nghymru oedd Robert John Jones. Bu'n ddeintydd ym Mangor am flynyddoedd maith, ac roedd yn gyfrannwr cyson ar Radio Cymru. Roedd flwyddyn yn hŷn na mi, ac roedd ef a Gwenfron ei chwaer yn byw gyda'u rhieni yng Nghae Canol, Fachwen. Roedd Robat yn ddisgybl disglair, ac nid oedd yn syndod iddo ddilyn llwybr gyrfa mor llwyddiannus.

Prin iawn oedd yr ymwelwyr a ddeuai i'r ysgol, ond yn fy mlwyddyn olaf, cawsom flas ar ymweliad brenhinol wrth i Dywysoges Margaret a'i gŵr Tony Amstrong Jones fynd heibio i'r ysgol. Prif bwrpas ymweliad y ddau oedd agor ffatri Ferodo yng Nghaernarfon ym mis Mai 1962. Ar y ffordd, ymwelodd y ddau â'r chwarel. Roedd yn ddiwrnod mawr i'r pentref, a chafodd y gwragedd lleol, gan gynnwys fy mam, gyflc i fynd i'r chwarel er mwyn cael cip ohonynt. Roedd y car brenhinol yn mynd heibio i'r ysgol tuag amser cinio ar eu ffordd yn ôl i Stad y Faenol. Dyna lle roeddem ninnau i gyd y tu allan yn chwifio ein dwylo wrth iddynt fynd heibio.

Yn fy mlwyddyn olaf yn yr ysgol roedd gofyn sefyll Arholiad 11+ neu'r 'sgolarship'. Roedd arwyddocâd pwysig a phellgyrhaeddol i'r arholiad hwn. Roedd pawb oedd yn pasio'r 11+ yn cael mynd yn syth i ddosbarth 'A' yn Ysgol Uwchradd Brynrefail, Llanrug, tra bod y rhai aflwyddiannus yn cael eu categoreiddio yn ôl eu cyraeddiadau i weddill y dosbarthiadau ym mis Medi.

Pan ddaeth yn amser imi sefyll fy arholiad 11+ ym mis Ebrill 1962, roedd rhaid mynd i'r ysgol uwchradd am y diwrnod, er mwyn cael profion ysgrifenedig Cymraeg, Saesneg a Rhifyddeg. Roedd yn ddiwrnod hunllefus. Ni fûm erioed yn Ysgol Uwchradd Brynrefail o'r blaen, a phan gyrhaeddais roeddwn ar goll yn llwyr. Roedd yr ysgol mor fawr, ac roedd cymaint o blant yno fel na chefais gyfle i setlo lawr ar gyfer gwneud y profion. I goroni'r cyfan, tra'r oeddwn wrthi yn gweithio ar un o'r profion, digwyddais dywallt potel o inc dros fy ngwaith i gyd. Cofiaf gyrraedd adra yn ddigalon ar ôl diwrnod i'w anghofio. Ar ddechrau mis Mehefin wedyn, cefais ar ddeall fy mod wedi methu'r sgolarship.

Fel mae'n digwydd, pe bawn flwyddyn yn iau, ni fyddwn wedi gorfod sefyll yr arholiad 11+, oherwydd ym mis Ionawr 1962 penderfynodd Pwyllgor Addysg Sir Gaernarfon i gael gwared â'r arholiad yn gyfan gwbl. Yn ei le, mabwysiadwyd dull newydd o ddewis plant ar gyfer ysgolion uwchradd. Mae'n rhaid ei fod yn benderfyniad poblogaidd bryd hynny, oherwydd dywedodd un cynghorydd oedd ar y Pwyllgor Addysg y byddai 'gorfoledd mewn cannoedd o gartrefi yn y Sir o ddeall am ddileu'r arholiad 11+'. Hefyd adroddwyd bod athrawon y sir yn unfrydol o blaid dod â threfn y 11+ i ben. Yn ddigon difyr, roedd Martin McGuinness o Ogledd Iwerddon, a anwyd yn yr un flwyddyn â mi, wedi methu'r arholiad 11+, a phan gafodd ei benodi yn Weinidog Addysg yn Stormont, cafodd wared â'r arholiad ym mis Rhagfyr 1999.

Gostyngodd niferoedd plant yr ysgol fesul blwyddyn, a chododd gwestiynau ynglŷn â'i dyfodol. Ym mis Medi

1961, 29 o ddisgyblion oedd ar lyfrau'r ysgol ac erbyn mis Hydref y flwyddyn honno cafodd y Prifathro a'r Llywodraethwyr wybod fod Pwyllgor Addysg y Cyngor yn bwriadu cau'r ysgol yn barhaol. Bryd hynny, dim ond tua dwsin o blant yn yr ardal i gyd oedd o dan 5 mlwydd oed. Cynhaliwyd cyfarfod o'r Corff Llywodraethol i drafod y mater, a phenderfynwyd yn erbyn cau'r ysgol. Pan agorodd yr ysgol ym mis Ionawr 1962 roedd y niferoedd wedi syrthio i 27, ac o fewn chwe mis, i lawr i 24. Erbyn hynny roeddwn wedi symud i Ysgol Uwchradd Brynrefail, Llanrug.

Pennod 13

Ysgol Uwchradd Brynrefail

Pan ddaeth y diwrnod mawr imi fynd i Ysgol Uwchradd Brynrefail ym mis Medi 1962, dim ond dau ohonom, Olwen Mai a minnau, oedd yn mynd o Ysgol Dinorwig. Nid oeddwn chwaith yn adnabod plant o bentrefi eraill oedd yn mynd am y tro cyntaf.

Ar y bore cyntaf, cofiaf wisgo gwisg ysgol newydd, a chario bag ysgol lledr gyda set fathemateg yn cynnwys pren mesur, onglydd, potel inc a ffownten pen. Byddai'n rhaid dal y dybldecar Crosfil o Dy'n Fawnog, Dinorwig, gan ddangos ein pàs i'r condyctyr. Aem yn ein blaenau wedyn i godi plant pentrefi Deiniolen, Clwt-y-bont a Phenisarwaun. Erbyn cyrraedd Llanrug, byddai'r bws yn llawn.

Mantais byw yn Ninorwig oedd mai ni oedd y cyntaf ar y bws, ac felly'r cyntaf i gael dewis ein sedd. Byddem yn anelu at sedd flaen rhan uchaf y bws.

Hogiau a âi i ran uchaf y bws, a'r genod i'r gwaelod. Stopiai'r bws ger adeilad yr Institiwt yn Llanrug, ac roedd rhaid cerdded ar hyd Lôn Groes i gyfeiriad yr ysgol. Yr un oedd y drefn ar y ffordd adra, sgarmes fawr i gael lle i eistedd ar y bws. Byddai pawb yn gweiddi ar y dreifar i godi sbîd wrth fynd dros Bont Rhythallt, a byddai

Staff Ysgol Brynrefail, Llanrug, yn 1957.

cynnwrf mawr wrth inni gael ein taflu yn uchel yn ein seddi.

Y peth cyntaf a wnaem ar ôl cyrraedd yr ysgol oedd newid ein sgidiau a gwisgo pýmps, ac roedd gan bob disgybl fag dal pýmps. Byddai'r esgidiau yn cael eu cuddio a'u dwyn yn aml, a byddai ofn mawr wrth geisio dod o hyd iddynt cyn i'r athrawon ein gweld. Roedd gorfodaeth arnom i wisgo pýmps er mwyn cadw'r lloriau yn lân!

Cyn cychwyn gwersi am y dydd, byddai pawb yn mynd i'r gwasanaeth neu'r 'asembli' yn y Neuadd. Y merched a fyddai'n eistedd ar y chwith, a'r hogia ar yr ochr dde. Eisteddai disgyblion y flwyddyn gyntaf ar y blaen, a disgyblion y chweched dosbarth yn y cefn. Doedd fiw i neb symud nac yngan yr un gair. Os digwyddai i rywun wneud hynny, byddai'r disgybl yn cael ei anfon i sefyll ar flaen y Neuadd i wynebu pawb. Pan gerddai gosgordd y staff ar y llwyfan ar gyfer cychwyn y gwasanaeth, byddai'r aelod o staff a oedd yn ein goruchwylio yn ein gorchymyn trwy weiddi 'Stand!'

Wedi'r gwasanaeth ar y bore cyntaf hwnnw roedd pawb a fu'n aflwyddiannus yn yr Arholiad 11+ yn aros ar ôl yn y Neuadd er mwyn cael gwybod i ba ddosbarth yr oedd yn rhaid iddynt fynd. Aethai pawb a fu'n llwyddiannus ar eu pennau i ffrwd A, ond roedd yn fater o fynd naill ai i ddosbarth B, C, neu D i'r gweddill ohonom. Dyna lle'r oeddem i gyd ar bigau drain yn disgwyl ein tynged. Cyhoeddwyd fy enw, ac i ddosbarth 1B â mi.

Ychydig iawn, os o gwbl o symud a welais i fyny ac i lawr rhwng dosbarthiadau. Er i mi ddod ar frig fy nosbarth yn aml yn ystod y blynyddoedd cyntaf, aros yn ffrwd 'B' oedd fy hanes. Nid oes amheuaeth fod gan rai yn fy nosbarth y gallu i fod yn ffrwd A. Mae'n debyg fod hyn yn adrodd cyfrolau am annhegwch yr 11+, yn categoreiddio disgyblion yn rhy gynnar cyn rhoi cyfle go iawn iddynt.

Ni fyddwn yn dweud imi fwynhau na chasáu fy nghyfnod yn yr ysgol. Yn ôl fy adroddiadau roeddwn yn gwneud yn eithaf da yn y pynciau i gyd, ond nid da lle gellir gwell, wrth gwrs. Cymraeg oedd fy hoff bwnc, a hynny'n ddiolch i Miss Rhiannon Ellis. Hithau a daniodd fy niddordeb yn y pwnc, yn wraig siriol a rhadlon iawn. Er nad oedd cadw trefn ar y dosbarth yn un o'i chryfderau, roedd ganddi angerdd a diddordeb gwirioneddol ynghylch ei phwnc, a bu hynny'n ddylanwad mawr arnaf.

Roeddwn yn mwynhau'r mwyafrif o'r pynciau, ond ni chefais fawr o hwyl ar y gwersi gwaith metel a gwaith coed. Cofiaf straffaglu wrth drïo gwneud procer tân, bwrdd coffi a stôl fechan. O edrych yn ôl, mae'n debyg y byddai'n rheitiach imi fod wedi cael gwersi coginio!

Saesneg oedd cyfrwng y dysgu. Yn Saesneg yr oedd 'sgwennu nodiadau yn ein llyfrau gwersi, a Saesneg oedd iaith y bwrdd du. Serch hynny, y Gymraeg fyddai'r iaith rhwng yr athrawon a'r disgyblion yn ystod y gwersi, gan mai'r Gymraeg oedd fwyaf naturiol inni. Cofiaf fy athrawes Saesneg yn ceisio'n ofer i'n cael i siarad Saesneg yn y gwersi. Roedd troi i'r Saesneg yn mynd yn groes i'r graen â ni, wrth gwrs. Eto, wedi dweud hynny, i 'lessons' yn hytrach na 'gwersi' yr aem bob tro!

Dull 'Talk and Chalk' a ddefnyddiwyd i'n dysgu, yr athro yn 'sgwennu ar y bwrdd du, a ninnau yn ei gopïo gair am air yn ein llyfrau. Gan yr athro fyddai rheolaeth lwyr o'r dysgu, heb fawr ddim mewnbwn gan y disgyblion.

Roedd gennym lysenw ar gyfer bron pob athro ac athrawes. Ffugenwau fel Anti Te, Evie Art, Fflori, Rhew, Wilias Mêt, Wasi, Twff, Dic P.T, Anti Bitch, Hympti, Treipan, Anti Ffics, Frenchie, Pip, Tylluan, Jac Lew, a mwy. Ni wn os gwyddai'r athrawon am yr enwau hyn. Âi rhai ohonynt o gwmpas yr ysgol yn gwisgo gowns du drwy'r dydd, ac fe wisgai un athro got wen wrth ddysgu mathemateg. Roedd gwisgo'r got wen yn gwarchod ei ddillad rhag llwch sialc y bwrdd du, a phoced y got yn lle cyfleus i gadw'r dystar. Yn ddigon difyr, Saesneg oedd cyfrwng iaith ceryddu plant gan yr athrawon. Cofiaf sawl athro, gan gynnwys Gwyndaf Evans, un o'n parchus gyn-Archdderwyddon yn eu plith yn gweiddi 'keep to one line', 'come here boy', a 'behave boy' wrth gerdded ar hyd y coridorau yn ei glogyn fawr ddu.

Bob amser cinio roedd rhaid mynd i'r ffreutur. Byddai'r disgybl a eisteddai ar ben y bwrdd yn mynd i nôl y bwyd ac yn ei rannu i bawb. Mae'n rhaid dweud na fyddai'r bwyd yn cael ei rannu'n deg bob amser. Byddai rhai disgyblion yn bygwth eraill o gwmpas y bwrdd, ac yn mynnu cael mwy na'u siâr. Wedi'r bwyd, byddem yn mynd allan i chwarae, yn cicio pêl ac ati, tra sleifiai rhai y tu ôl i'r toiled ar waelod y cae i gael smôc.

Weithiau, clywem rywun yn gweiddi 'ffeit!', ac mewn dim byddai cylch wedi ei ffurfio o gwmpas y ddau oedd yn dyrnu ei gilydd. Osgoi gwylio a wnawn innau, roedd gas gen i weld ymladd o'r fath.

Er bod siop Wilson wrth fynedfa'r ysgol, doedd fiw inni fynd yno yn ystod amser ysgol, er bod rhai yn sleifio yno'n ddistaw. Er hynny, byddai'r siop yn brysur ar ôl i gloch yr ysgol ganu, wrth i blant heidio yno ar eu ffordd i ddal y bws neu wrth gerdded am adra.

Roedd ceisio disgyblu plant yn fater cynhennus mewn rhai dosbarthiadau. Ni fyddai'n olygfa anarferol mewn ambell wers i weld dystar bwrdd du yn cael ei daflu ar draws yr ystafell ddosbarth at bwy bynnag oedd yn camymddwyn. Byddai eraill yn cael celpan cledr y llaw yn ddirybudd. Weithiau, byddai'r sawl oedd yn ddiniwed yn ei chael hi am ddim rheswm. Pe bai rhywun yn cambihafio yn y dosbarth, y gosb oedd mynd i sefyll y tu allan i'r drws yn y coridor. Os digwydd i'r Prifathro gerdded heibio, byddai'r unigolyn anffodus yn cael ei anfon i gael cansen. Roedd cosbi gyda chansen yn digwydd yn aml, a'r arferiad oedd cadw drws y Prifathro ar agor er mwyn i bawb oedd yn pasio wybod beth fyddai'r gosb o gambihafio. Ieuan James oedd y Prifathro, deheuwr dros ei chwe throedfedd â dwylo fel rhawiau. Gwelai rhai o'r disgyblion eu hunain yn dipyn o arwyr wrth gael y gansen, ac yn brolio nad oedd y gosb wedi brifo. Y grefft, yn ôl rhai, oedd gollwng y fraich rywfaint cyn i'r gansen daro, er mwyn lleihau effaith y boen. I nifer, roedd effaith y gansen yn frwnt ar eu dwylo. Cansen fach fambŵ oedd hi.

Cosb arall am gambihafio oedd cael ein hanfon i'r swyddfa i nôl llyfr y ddalfa, a'i gario i'r dosbarth er mwyn i'r athro roi ein henw yn y llyfr. Brynhawn Iau ar ôl ysgol oedd noson y ddalfa. Golygai hyn eistedd yn llonydd heb ddweud dim am awr yn y Neuadd. Yr ofn mwyaf ar ôl yr awr oedd colli'r bws adra, gan nad oedd gwasanaeth bws rheolaidd i Ddinorwig.

Roedd rhai disgyblion anystywallt iawn yn yr ysgol. Cofiaf weld disgybl yn taro athro, a dechreuodd sgarmes yn y dosbarth. Byddai eraill yn gwneud sylwadau brwnt, ac yn gwawdio athrawon yn ystod gwersi.

Doedd gen i fawr o syniad o'r hyn yr oeddwn am ei wneud ar ôl gadael yr ysgol. Galwodd swyddog o'r Gwasanaeth Gyrfaoedd draw i'r ysgol, ac un o'r opsiynau gwaith a gynigwyd imi oedd gyrfa yn y Fyddin. Y dewisiadau amlwg eraill i rai oedd yn gadael yn y bumed flwyddyn oedd mynd ymlaen i Goleg Addysg Bellach, neu'r 'Tec', prentisiaeth gyda chwmni adeiladu lleol, neu waith ym Manweb, GPO, y Banc, y Cyngor Sir, neu siopau a ffatrïoedd lleol.

Er imi lwyddo yn fy arholiad CSE (*Certificate of Secondary Education*), a chael canlyniadau eithaf da, nid oeddwn yn sicr o gael lle yn y chweched dosbarth. Doedd dim amdani ond chwilio am waith neu ddilyn cwrs addysg bellach. Roedd cyrsiau galwedigaethol dirifedi ar gael, ond y penderfyniad a wnes oedd dilyn cwrs Diploma mewn Astudiaeth Busnes yng Ngholeg Technegol Bangor, sef Coleg Menai bellach. Roedd yn gwrs dwy flynedd, a pharheais i fyw adra. Roedd y profiad o fod yn fyfyriwr, yn ogystal â'r ffordd o ddysgu yn fy siwtio i'r dim. Ymgollais yn llwyr yn fy ngwaith coleg, ac roeddwn wrth fy modd yn astudio maes a oedd yn ddieithr i mi.

Ar ôl llwyddo yn fy arholiadau terfynol, dyna fynd am gyfweliad i Brifysgol Salford, Manceinion, i ddilyn cwrs Diploma Uwch Cenedlaethol mewn Busnes. Cofiaf fynd gyda'm tad ar y trên. Aeth popeth fel y dylai, hyd nes inni deithio adra ar y trên. Wedi cyrraedd Cyffordd Llandudno, cawsom ar ddeall nad oedd y trên yn mynd yn ei flaen i Fangor, ac roedd hi'n hwyr yn y nos erbyn hyn. Doedd dim i'w wneud ond mynd i'r ffordd fawr a cheisio bodio am lifft. Ond chawsom ni ddim lwc. Roedd rhaid mynd yn ôl i'r stesion a ffonio Swyddfa Bost Dinorwig, ac wrth lwc trefnodd Mrs Parminter, y post feistres, bod ei gŵr am ddod i'n nôl yn ei gar.

Ychydig ddyddiau yn ddiweddarach, dyma ddeall bod lle imi ar y cwrs yn Salford, ond nad oedd grant ar gael. Dyna ddiwedd hynny, felly. Doedd dim dewis ond chwilio am waith. Rwyf yn pendroni yn aml i ba gyfeiriad y byddai fy mywyd wedi mynd pe bawn i wedi mynd i Salford.

Mewn dim o amser llwyddais i gael swydd clerc mewn swyddfa yn Ffatri Ferodo, ar gyrion Caernarfon. Roedd y ffatri ar ei hanterth bryd hynny, gydag oddeutu 1,100 yn cael eu cyflogi yno. Roedd cyswllt agos rhwng y ffatri a'r gymuned leol, ac un canlyniad i'r cyswllt hwnnw oedd ffurfio Côr Meibion Ferodo. Roedd Yncl Orwig yn un o aelodau gwreiddiol y côr. Er bod staff y swyddfa yn gyfeillgar iawn, ac yn hynod gefnogol, ni lwyddais i setlo yno, ac mewn llai na blwyddyn roeddwn wedi gadael.

Fel y gŵyr pawb, aroglai dillad gweithwyr Ferodo o rwber, gan mai padiau brêcs oedd yn cael eu cynhyrchu yno. Cysylltir y ffatri erbyn hyn â'r anghydfod diwydiannol mwyaf mewn hanes, ar ôl i Americanwr o'r enw Craig Smith brynu'r ffatri yn 1997 a'i hail-enwi yn Friction Dynamics. Ar y pryd roedd tua 200 o weithwyr yn cael eu cyflogi yno. Cychwynnodd yr anghydfod yn Ebrill 2001, a bu aelodau o Undeb Gweithwyr Trafnidiaeth a Gweithwyr Cyffredinol ar streic am ddwy flynedd a hanner, yn mynnu amodau a thelerau gwaith gwell.

Yn 1970, es i weithio fel Cynorthwywr Gweinyddol yn Adran y Trysorydd, Cyngor Dinas Bangor, yn Neuadd y Ddinas. Arhosais yno am ddwy flynedd tan 1972. Fy ngwaith oedd darparu cymorth gweinyddol yn adran rent a threthi'r Cyngor. Golygai hyn weithio yn y dderbynfa yn derbyn taliadau rhent tai cyngor, yn ogystal â'r dreth, ac ar adegau eraill roedd gofyn imi fynd o gwmpas tai cyngor

ardal Bangor i gasglu rhent. Yn y cyfnod hwn, ces gyfle i
ddod i adnabod ardal Bangor a'i phobl yn dda iawn, gan
fwynhau'r profiad yn aruthrol. Ychydig a wyddwn ar y pryd
y byddwn, ymhen rhai blynyddoedd, yn dychwelyd eto i
Fangor fel myfyriwr.

Pennod 14

Chwarel Dinorwig – pris drud i'w dalu

Yn hwyr neu'n hwyrach, roedd pris drud i'w dalu am weithio yn y chwarel. Roedd fy nhad, fel nifer eraill o'i gydweithwyr yn gweithio dan amgylchiadau gwaith caled, ac roedd effaith hynny yn ei amlygu ei hun fwyaf yng nghyflwr iechyd y chwarelwyr. Collodd cannoedd o chwarelwyr eu hiechyd a'u bywydau, a hynny oherwydd iddynt anadlu llwch y garreg i'w hysgyfaint a dioddef o'r clefyd silicosis.

Roedd cyflwr iechyd y chwarelwyr yn fregus ar y gorau. Darlun digon cyffredin oedd gweld hogiau'r chwarel yn fyr eu gwynt ac yn cael trafferth i gerdded yn bell iawn.

Bu'n rhaid i'r dioddefwyr a'u teuluoedd ddisgwyl am flynyddoedd maith hyd nes llwyddwyd i gael iawndal iddynt. Un a fu'n ymladd yn galed, ac a lwyddodd i roi pwysau ar y Llywodraeth Lafur i basio deddfwriaeth er mwyn sicrhau iawndal i'r chwarelwyr, y cyn-chwarelwyr, a'r gweddwon oedd Dafydd Wigley, Aelod Seneddol Caernarfon ar y pryd. Daeth y Mesur Llwch yn Ddeddf gwlad ym mis Ebrill 1979. Gyda'r ychydig o iawndal a gafodd 'Nhad, cadwodd yr arian yn ofalus ar gyfer talu costau ei angladd yntau a Mam.

Deuai'r llwch o'r graig yn glir ac yn gyflym fel nad oedd

modd ei weld. Heb yn wybod iddynt, roedd y chwarelwyr yn anadlu'r llwch, a deuai'r effaith yn amlwg ymhen blynyddoedd.

Tra oedd y chwarelwyr yn crafu am eu bywoliaeth, roedd y perchennog, Syr Michael Duff a'i deulu ar ben eu digon, yn byw'n gyfforddus, gan wybod fod ponciau'r chwarel ar yr Elidir, oedd i'w gweld o'i gartref moethus yn y Faenol, yn creu cyfoeth sylweddol iddo. Ag yntau yn ei ddigonedd, mae ar ddeall mai sylw cyson a wnaed ganddo oedd 'I wouldn't trust the Welsh as far as I could spit'. Ar ymweliad â Llanberis, dyma oedd argraff mab Syr Michael Duff, Charles Duff, o'r ardal.

'It was plain, too, as we drove through Llanberis, that the men and their families were poor, and that their lives, compared to ours, lacked comfort and colour.'

Arwydd cynnar o'r caledwch hwn i ni fel plant oedd teimlo ôl y gwaith ar ddwylo fy nhad, dwylo caled a chreithiau dwfn arnynt. Roeddem wrth ein boddau yn rhedeg i'w gyfarfod o'r chwarel, a dyna pryd y gafaelem yn ei law a theimlo'r creithiau.

Mae gennyf gof plentyn o glywed fy nhad yn gadael y tŷ ben bora i'w waith yn y chwarel, a minnau'n edrych arno drwy ffenestr ystafell fy ngwely yn cerdded o Dy'n Fawnog i fyny heibio i Gapel Sardis i gyfeiriad y lloches gerrig wrth ymyl Bryn Sardis. Yno, byddai'n ymuno â chwarelwyr eraill oedd yn disgwyl i gael eu cludo ar lori i fyny Lôn Garret tuag at ran uchaf y chwarel ar gyfer cychwyn diwrnod o waith. Byddwn yn gwylio wedyn wrth i'r lori fynd â nhw i fyny Lôn Garret, cyn diflannu o'm golwg oherwydd y waliau uchel ar ochr y ffordd.

Lôn gul oedd Lôn Garret, felly dwy lori yn hytrach na bysus oedd yn cludo'r chwarelwyr. Roedd y rheini'n lorïau gyda chefnau agored, a hen ddefnydd dros y cefn fel un o lorïau'r fyddin.

Tan y Garret

Pan oeddem yn blant, adfeilion oedd y tai o Groeslon Uchaf ymlaen at ochr chwith Lôn Garret. Pan oedd y chwarel ar ei hanterth, chwarelwyr a'u teuluoedd oedd yn byw yno. Mae gan y tai enwau hyfryd; Groeslon, Groeslon Uchaf, Tan y Braich, Braich, a Braich Poeth. Mae hen stori bod gwrach wedi byw ym Mraich Poeth. Roedd tri thŷ ymhellach i fyny wedyn, a phob un yn dwyn yr enw Terfyn. Roedd cronfa ddŵr wrth ymyl y tai hyn ar un adeg a fyddai wedi diwallu anghenion Dinorwig a Fachwen. Y tŷ nesaf oedd Carreg Lydan, ac yna, Tan y Garret, y tŷ uchaf yng Nghymru, yn ôl pob sôn.

Cymerir bod yr enw Tan y Garret ar y tŷ am ei fod wrth ymyl rhan uchaf chwarel Garret, ond yr ystyr a roddir i'r gair 'garret' yw ystafell fechan, anghysurus yn rhan uchaf y tŷ (h.y. yr atig). Joseph a Katie Lewis oedd y tenantiaid olaf i fyw yn Nhan y Garret, a magwyd saith o blant ganddynt. Chwech o'r plant fu'n byw yn Nhan y Garret, sef William, Eluned, Harry, Olwen, Ralph a Goronwy. Ganwyd Alun, yr ieuengaf, oddi yno. Chwith yw meddwl mai William, Alun a Goronwy yn unig sydd ar ôl erbyn hyn.

Ar ôl Tan y Garret, mae rhywun yn cyrraedd terfyn y ffordd, cyn y mynediad i ran uchaf y chwarel. Gelwid y terfyn yn Gamfa Fawr, oherwydd roedd camfa haearn fawr yno ar un adeg, a giât wrth ei hochr i dywys defaid o Elidir. Roedd y giât yn ddigon llydan i geffyl fynd drwyddi. Soniai fy nhad am ŵr o Bentref Castell, Llanberis oedd yn berchen ar ddau geffyl, a byddai'n dod â nhw i fyny yno ar ddydd Llun, ac yn mynd â nhw yn eu hôl ddydd Sadwrn. Arferai gerdded y ceffylau o Bentref Castell, dros Bont y Bala, heibio i Ysbyty'r Chwarel, i fyny i Dy'n Fawnog, cyn cyrraedd y Gamfa Fawr ac yna i bonc o'r enw Aberdaron yn y chwarel.

Ar ran uchaf y chwarel, heibio i'r tomennydd, mae ponc o'r enw Swallow, ac o'r bonc ceir golygfa hardd o Ynys Môn, Bae Caernarfon, a'r Fenai. Ar y ffordd i lawr i'r Mills, neu Ffeiar Injan, yng nghanol y chwarel, mae'r ffordd yn mynd heibio i bonciau Toffat, Abesinia, Twll Dwndwr, Penrhydd Bach, Penrhydd Rowlar, Sinc Pen Rhydd, a Sinc Twll Clawdd.

Tywydd garw oedd gelyn mwyaf y chwarelwyr. Byddai fy nhad yn dweud yn aml iddi fod yn 'ddiwrnod budr – anodd cael cerrig'. Pan fyddai'r tywydd yn ffafriol wedyn, byddai'n dweud 'diwrnod braf – gweithio yn galed a'r cyflog yn fychan'. Pan fyddai'r tywydd ar ei waethaf a'r chwarel i bob pwrpas yn dod i stop, roedd pwyslais ar glirio cymaint o eira â phosibl er mwyn ail agor y chwarel. Roedd hon yn dasg lafurus i'r chwarelwyr, gan nad oedd peiriannau bryd hynny a wnâi'r gwaith.

Yn ystod eira mawr 1962 cafodd y chwarelwyr, a 'Nhad yn eu plith, dri diwrnod o rybudd i ddod â gwaith y chwarel i ben. Y gwaith am y diwrnodau dilynol oedd clirio'r eira, a derbyn stem diwrnod o £1.14.10 am wneud hynny. Erbyn y trydydd diwrnod roedd y chwarel wedi ei chau, a'r unig ddewis oedd mynd ar y dôl.

Cofiaf fy nhad yn sôn am ymweliad â'r swyddfa dôl yng Nghaernarfon. Soniai am olwg mor dlodaidd oedd ar yr hogia. Sylwodd hefyd fel yr oedd yr hogia wedi heneiddio, er mai gwŷr canol oed oeddynt.

Digwyddai damweiniau'n gyson yn y chwarel, ac fe gâi rhai anafiadau difrifol. Cofiaf un ddamwain angheuol yn y chwarel. Deuthum adra o'r ysgol, a deall fod Eric Ronald Lyall o Lanberis wedi marw mewn damwain ar yr 8fed o Fedi 1966 yn 45 mlwydd oed. Ef oedd y chwarelwr olaf i'w ladd yno yn dilyn damwain. Roedd yn ddiwrnod tywyll iawn i'w deulu, ac i'r gymdogaeth yn gyffredinol.

Ar drothwy ei hanner cant, gorfodwyd fy nhad i roi'r gorau i'w waith yn y chwarel. Digwyddodd hyn yn 1964, bum mlynedd cyn i'r chwarel gau yn 1969. Byddai chwarelwyr yn cael eu galw i Fangor am brofion meddygol a olygai gael archwiliad Pelydr-X yng nghlinig y frest yn Abbey Road, Bangor. Cyndyn iawn oedd y chwarelwyr i fynd am y 'medical', gan y byddent yn gwybod fod llwch arnynt, ac y gallai hynny olygu colli eu gwaith. Ar y llaw arall, roedd y canran y llwch oedd arnynt yn pennu maint yr iawndal ariannol. Roedd yn destun sgwrs agored ymhlith pawb.

Ymweld â'm tad yn Ysbyty Llangwyfan. O'r chwith i'r dde: Wmffra Parry, y Parch. E. Trevor Jones, fi, Yncl Orwig, Mrs Owen, Mam, Meirion, a'm tad.

Pan alwodd Doctor Dan gyda chanlyniadau profion fy

nhad, fy mam yn unig oedd adra. Roedd fy nhad yn y chwarel. Byrdwn ymweliad y meddyg oedd bod angen triniaeth ysbyty ar fy nhad, ac y byddai'n rhaid iddo roi'r gorau i'w waith ar unwaith. Pe na bai'n gwneud hynny, ni fyddai'n byw'n hir. Roedd yn anodd iawn i'm mam rannu'r newydd yma gydag ef pan ddaeth adra o'i waith. Diwrnod hunllefus, gyda gwraig a phump o blant i ofalu amdanynt. Drannoeth, aeth fy nhad i'w waith yn y chwarel am y tro olaf.

Wedi dau gyfnod byr yn Ysbyty Llangwyfan yn y misoedd a ddilynodd, cafodd wybod o fewn y flwyddyn bod yn rhaid iddo ddychwelyd eto am lawdriniaeth i godi rhan o'i ysgyfaint ym mis Awst 1965. Ystyrid Ysbyty Llangwyfan, ger pentref Llandyrnog, Sir Ddinbych fel Sanatoriwm Gogledd Cymru, gyda phobl o bob cwr o'r gogledd yn mynd yno am driniaeth. Chwarelwyr oedd mwyafrif y cleifion, serch hynny. Ysbyty diciâu oedd o'n wreiddiol, cyn mynd yn ysbyty cyffredinol ar gyfer anhwylderau'r frest. Fe'i caewyd yn 1981.

Pan ddaeth diwrnod y llawdriniaeth ar y 23ain o Fedi, nid oeddem yn barod ar gyfer yr hyn a fyddai'n digwydd. Aethai bywyd yn ei flaen fel yr arfer, a Mam adra a ninnau yn yr ysgol. Pan ddaethom adra o'r ysgol y prynhawn hwnnw roedd bwyd ar hanner ei goginio ar y stôf, heb olwg o'm mam yn unlle. Roedd yn amlwg iddi

Mam, Goronwy a Bessie Williams

adael y tŷ ar frys. Daeth cnoc ar y drws, ac yno'r oedd Bessie Williams, ein cymdoges.

Dywedodd fod Mam wedi derbyn neges o'r Swyddfa Bost yn gofyn iddi ffonio Ysbyty Llangwyfan ar frys. Nid oedd ffôn yn y tŷ, ac aeth fy mam i ffonio o'r ciosg y tu allan i'r swyddfa bost, chwarter milltir i ffwrdd. Deallodd bod angen ail lawdriniaeth fawr ar fy nhad y noson honno, a bod perygl na fyddai'n dod drwyddi. Nid oedd dewis gan fy mam ac Idris, ond i fynd ar frys i Ysbyty Llangwyfan.

Daeth Bessie Williams, ac Antie Jennie o Lanrug, i'n gofal, ac fe gawsom swper cyn mynd i'n gwlâu'r noson honno. Bu'n noson hir inni gyd, a chyn mynd i gysgu cofiaf fynd ar fy ngliniau wrth fy ngwely a gweddïo ar Dduw i ofyn iddo warchod fy nhad. Wrth ddeffro'r bore wedyn, cawsom wybod i'r llawdriniaeth fod yn llwyddiant, er bod fy nhad yn ddifrifol wael.

Cawsom ar ddeall fod y llawdriniaeth gyntaf wedi dangos bod y llwch wedi lledaenu i'r ysgyfaint cyfan a bod angen yr ail lawdriniaeth i'w thynnu allan. Mewn gwrandawiad gan grwner ym Mangor i farwolaeth fy nhad yn 1990, ag yntau'n 75 oed, dywedodd bod y llawdriniaeth a gafodd ar y pryd yn Ysbyty Llangwyfan yn un arloesol, a ymestynnodd ei oes.

Pan oedd cyfle i fynd i'w weld yn yr Ysbyty, dipyn o drît oedd cael teithio mor bell â hynny. Uchafbwynt pob ymweliad oedd cael gweld fy nhad, ond roedd cael mynd i siop yr ysbyty i brynu da-das yn ail agos. Pan fyddai fy mam yn ymweld â 'Nhad ar y Sul, roedd gennyf esgus da i aros adra yn hytrach na mynychu gwasanaeth yr Hwyrol Weddi yn Eglwys Fach, gan y byddai angen imi baratoi bwyd i fy mam erbyn iddi ddod adra.

Daeth y gymdogaeth gyfan i'r adwy i gynnig cludiant i fy mam a ninnau allu mynd i'w weld yn Llangwyfan. Parhaodd y gymwynas drwy gydol y flwyddyn y bu fy nhad yn yr Ysbyty, ar bob penwythnos, ac yn ystod oriau ymweld ar ddydd Mercher. Roedd rhai yn cludo Mam yno fwy nag unwaith, a hynny'n rhad ac am ddim.

Bu 'Nhad yn glaf yn Ysbyty Llangwyfan am flwyddyn gron, ac roedd hiraeth mawr amdano. Roedd y Nadolig cyntaf hebddo yn arbennig o anodd. Aeth misoedd heibio heb inni allu mynd i'w weld. Byddem yn 'sgwennu ato, ond nid oedd hyn yn cymharu â gallu ei weld. Ni chaniatâi'r ysbytai i blant fynd i'r wardiau, rhag ofn iddynt gario heintiau. Rhaid oedd edrych arno drwy ffenestri'r ward.

Bu bron yn bedwar mis cyn i 'Nhad allu mentro o'r ward am y tro cyntaf wedi'i lawdriniaeth. Bryd hynny, nid oedd meddyginiaeth wedi datblygu cymaint â'r cyfnod presennol, ac o'r herwydd roedd cleifion yn aros mewn ysbytai am gyfnodau hirach. Gwelai fy nhad ei gyfnod yn yr Ysbyty yn hir, ac yntau eisiau bod gyda'i deulu. Wynebai gyfnodau anodd wrth i gleifion farw o'i gwmpas, nifer o'r rheiny wedi dod yn ffrindiau iddo. Deuai ar draws nifer o gleifion o ardaloedd Arfon, ac yn eu plith roedd Wmffra Parry o Gwm-y-glo. Roedd yn ffrind arbennig i 'Nhad, ac roedd yn ddyn caredig a roddai bres inni brynu da-das yn siop yr ysbyty.

Diwrnod hapusaf ein bywyd oedd croesawu fy nhad adra ar y 18fed o Awst, 1966. Cafodd groeso tywysogaidd, nid yn unig gennym ni, ond gan ei gymdogion a'i ffrindiau oll. Bu pobl yn dod draw i'w weld am wythnosau, yn dweud pa mor falch oeddent o'i weld yn ôl gartref.

Pennod 15

Mynd i'r Offeiriadaeth

Er imi fwynhau fy nghyfnod yn gweithio gyda chriw da swyddfeydd Cyngor Dinas Bangor, roedd yr awydd i fynd i'r offeiriadaeth yn parhau'n gryf. Ar adegau byddai'r awydd yn llethol, ac fe wyddwn yn fy nghalon na allwn barhau i anwybyddu'r alwad. Am gyfnod hir, cedwais y teimladau imi fy hunan, ond ymhen hir, troi at fy nhad a wnes. Dywedodd mai fy mhenderfyniad i ydoedd, ac y byddai'n rhoi pob cefnogaeth bosibl imi.

Roedd gan blwyf Llandinorwig restr anrhydeddus o 14 o ddynion a aeth i'r offeiriadaeth, ac yn eu plith roedd Idris fy mrawd. Un arall o'r plwyf â'i fryd ar yr offeiriadaeth, ond na chafodd wireddu hynny, oedd Dennis Arthur, Hafodty, Dinorwig. Bu farw'n ddwy ar bymtheg oed.

Roedd Idris wedi gadael y cartref yn un ar bymtheg oed, ac wedi cychwyn ar ei astudiaethau yn Ystrad Meurig, ger Pontrhydfendigaid. Bryd hynny, hwn oedd y coleg a oedd yn paratoi disgyblion yn addysgol i fynd i astudio Diwinyddiaeth yn y brifysgol. Aeth Idris yn ei flaen wedyn i ddilyn cwrs diwinyddiaeth yng Ngholeg y Brifysgol, Llanbedr Pont Steffan.

Fel yn hanes Idris, chwaraeodd Eglwys Santes Fair ran fawr yn fy awydd i fynd i'r offeiriadaeth. Cofiaf actio cynnal gwasanaeth Eglwys ar yr aelwyd yn blant. Yna, dros y blynyddoedd, daeth offeiriaid cywir a phenigamp fel y

Parch. R. Glyndŵr Williams a'r Parch. Evan Trefor Jones i'r plwyf, a chael argraff fawr arnom. Dangosodd y ddau ohonynt yn eu tro ddiddordeb mawr ynom fel plant a phobl ifanc, gan ein cyflwyno i bob agwedd o waith yr Eglwys. Yn fy arddegau, ymunais â Chymru'r Groes, mudiad ieuenctid Eglwysig, ac un flwyddyn cefais fynd ar bererindod i Ynys Enlli yng nghwmni oddeutu dwsin o ymgeiswyr ar gyfer yr offeiriadaeth. Dynion oedd yr ymgeiswyr i gyd, bryd hynny. Yn eu plith roedd Gwilym Berw Hughes o Ynys Môn, a ddaeth yn ddiweddarach yn Ficer arnom ym mhlwyf Llandinorwig.

Roedd y bererindod i Enlli yn dipyn o antur, ond yn her ar yr un pryd. Cofiaf groesi draw i Enlli ar brynhawn dydd Iau, ac aros yno tan brynhawn dydd Sul. Yn llonyddwch a naws hamddenol yr ynys, roeddem yn mwynhau ein cwmni ein gilydd, ac yn cynnal gwasanaethau yn blygeiniol yn y bore a chyda'r hwyr, cyn noswylio. Roedd naws ysbrydol gref i'r gwasanaethau hyn mewn awyrgylch o'r fath. Yr arweinydd oedd y Tad Silyn, gyda'r Brawd Nathaniel yn ei gynorthwyo. Roedd y ddau'n fynaich Ffransisaidd. Cafodd yr ymweliad hwn yng nghwmni gŵr ysbrydol fel y Tad Silyn gryn dipyn o argraff arnaf.

Ein gorchwyl dros y tri diwrnod oedd paratoi ac ymarfer gwasanaeth arbennig ar gyfer ei weinyddu yn rhai o Eglwysi Llŷn ac Arfon ar ôl gadael yr ynys ar y prynhawn Sul. Cynhaliwyd y gwasanaeth cyntaf ar y nos Sul yn Eglwys Hywyn Sant, Aberdaron, cyn symud ymlaen i Eglwysi yn Llangwnnadl, Nefyn a Chlynnog, cyn gorffen yn y Gadeirlan ym Mangor ar y nos Iau. Yn ogystal â darlleniadau, roeddwn yn canu unawd ac roedd hynny'n brofiad ynddo ei hun. Caem groeso mawr ym mhob man. Byddai merched y gwahanol blwyfi yn paratoi gwledd o fwyd inni, ac fe gysgem mewn sachau cysgu yn neuaddau'r Eglwysi. Ar gychwyn bob bore, roedd rhaid gorymdeithio y tu ôl i'r groes am ychydig filltiroedd cyn cael ein cludo i'r plwyf nesaf.

Fel yn hanes Idris, roedd fy rhieni wrth eu boddau â'm bwriad i fynd i'r weinidogaeth. Y cam nesaf oedd sgwrsio â ficer y plwyf ar y pryd, cyn cyfarfod yr Esgob yn Nhŷ'r Esgob ym Mangor. Yr Esgob ar y pryd oedd y Parch. Gwilym O. Williams, brodor o Benisarwaun. Roedd yn ein hadnabod fel teulu, gan fod Idris eisoes yn ymgeisydd, ac roedd yn ymwybodol o waith fy nhad a'r teulu yn Eglwys Santes Fair. Cefais groeso cynnes ganddo, yn ogystal â gwrandawiad llawn, a chefais ei sêl bendith i fynd i'r weinidogaeth.

Rŵan roedd y daith ar fin dechrau. Nid oedd y cymwysterau academaidd angenrheidiol gennyf ar gyfer mynd yn syth i'r Brifysgol, ac felly penderfynwyd y byddai'n dda o beth imi fynychu Coleg Harlech a dilyn cwrs Diploma Prifysgol Cymru am ddwy flynedd. Pe bawn yn llwyddo, byddwn yn symud yn fy mlaen i'r Brifysgol. Cafodd fy nghydweithwyr yn Neuadd y Ddinas gryn dipyn o sioc pan ddywedais fy mod yn gadael i fynd i'r offeiriadaeth. Er eu bod yn siomedig o'm gweld yn gadael, cefais barti ffarwél gwerth chweil ganddynt.

Roedd yr Eglwys fel ail gartref i fy nhad, ac mae'n siŵr bod hynny wedi bod yn ddylanwad mawr arnaf i a'm brawd. Bu'n Warden y Plwyf o 1955 tan 1965, cyn ailafael yn y swydd am gyfnod pellach ar ôl 1970.

Pennod 16

Adfer

Yn gynnar iawn dangosais ddiddordeb mewn gwleidyddiaeth a materion cymunedol. Mae'n debyg fod gweld fy nhad yn ymhél â phob agwedd o fywyd pentref Dinorwig a'r fro wedi chwarae rhan fawr yn hynny o beth. Llafur oedd plaid y dosbarth gweithiol, ac fel mwyafrif o'r chwarelwyr, dros y Blaid Lafur y byddai fy nhad yn fotio, a'r *Daily Mirror*, papur newydd y mudiad Llafur, oedd y papur dyddiol a gyrhaeddai ein tŷ ni. Roedd ardaloedd y chwareli yn gadarnleoedd Llafur, gyda mwyafrifoedd trwm iawn. Wrth i'r chwarelwyr frwydro am well amodau a gwell cyflog, eu hundeb a'r Blaid Lafur oedd eu harfau, ac roedd eu ffydd yn y ddau yn ddifesur.

Y drefn arferol oedd bod plant yn mabwysiadu plaid wleidyddol eu tad. Dyna'n sicr a ddigwyddodd i mi. Un flwyddyn, bu i mi wirfoddoli i sefyll fel ymgeisydd y Blaid Lafur mewn ffug-etholiad yn yr ysgol uwchradd. Mae ambell un a oedd yn yr un dosbarth â mi yn parhau i fy atgoffa o hyn hyd heddiw.

Wrth fynd drwy'r ysgol uwchradd, cefais fy nadrithio wrth weld ardaloedd y llechi yn dirywio, yn economaidd ac yn gymdeithasol. Cofiaf fynd efo 'Nhad i Ddeiniolen i wrando ar Goronwy Roberts, Aelod Seneddol Llafur Caernarfon ar y pryd, yn siarad mewn cyfarfod. Ar y pryd roedd yr AS yn Weinidog ar Faterion Tramor a'r

O'r chwith i'r dde: Emyr Llywelyn, Ieuan Wyn, y diweddar
Emyr Hywel a minnau.

Gymanwlad yn Llywodraeth Lafur Harold Wilson. Soniodd fel yr oedd newydd gyrraedd yn ôl i Brydain wedi bod ar un o'i ymweliadau tramor ar ran y Llywodraeth, ac nad oedd ar unrhyw gyfrif am golli cyfarfod oedd ganddo'r noson honno yn Neiniolen. Os gwir hynny ai peidio, dechreuais amau didwylledd gwleidyddion, a buan iawn y deuthum i'r casgliad nad o du'r pleidiau Llundeinig y deuai gobaith i'r ardal, nac i Gymru'n gyffredinol. Yn hytrach, byddai'n rhaid i bobl warchod a hyrwyddo buddiannau eu cymunedau eu hunain, yn hytrach na dibynnu ar eraill.

Erbyn imi adael yr ysgol uwchradd, a mynd i'r 'Tec' ym Mangor, cefais fy nylanwadu gan ddau achlysur yn arbennig. Un o'r rhain oedd yr Arwisgiad yng Nghaernarfon, a'r llall oedd cau Chwarel Dinorwig. Digwyddodd y naill a'r llall o fewn chwe wythnos i'w gilydd. Fel nifer o Gymry ifanc y cyfnod, roeddwn wedi cael fy nghythruddo gan y sbloets fawr yng Nghaernarfon, ac yn flin gyda'm cyd-Gymry am gefnogi achlysur o'r fath.

Cofiaf drysori recordiau sengl 'Carlo' a'r 'Dyn Pwysig', yn ogystal â'r record 'Croeso Chwedeg Nain', gan Dafydd Iwan. Taniodd yr achlysur ysbryd cenedlaetholgar cryf ynof. O fewn chwe wythnos wedyn ar yr 22ain o Awst 1969, daeth cyfnod y chwarel i ben. Am ddeuoliaeth. Sioe fawr seremoni'r Arwisgiad, a'r chwarel yn cau gan adael tri chant o chwarelwyr ar y clwt.

Er fy mod yn cytuno gydag amcanion Cymdeithas yr Iaith, cefais fy hun yn gwyro tuag at fudiad Adfer a'r alwad i bawb ddychwelyd i'w bröydd i fyw ac i weithio. Roedd hon yn neges gref, amserol, a pherthnasol i mi'n bersonol. Pan glywais Emyr Llywelyn, Arweinydd Mudiad Adfer yn rhoi araith yn Eisteddfod Genedlaethol Hwlffordd yn 1972, cefais fy ysbrydoli. Roedd Emyr yn areithiwr o'r radd flaenaf. Roedd ganddo'r gallu i ysgogi ac ysbrydoli, ac ar ddiwedd yr araith, gwyddwn mai Adfer oedd y mudiad i mi.

Â minnau wedi fy llwyr argyhoeddi, es yn syth i babell Adfer ar faes yr Eisteddfod ac ymaelodi. Roeddwn ar ben fy nigon. O'r diwedd roedd gennyf fudiad oedd yn coleddu fy syniadau a'm dyheadau diwylliannol ac economaidd ar gyfer sicrhau dyfodol i'r Fro Gymraeg ac i Gymru yn gyffredinol.

Digwyddais fod yn rhan o sawl protest yn enw Adfer tra yn y Brifysgol ym Mangor, yn ogystal â mynychu cyfarfodydd Cyngor Cenedlaethol Adfer yn rheolaidd. Roedd swyddogion galluog a brwdfrydig iawn ar Gyngor Cenedlaethol y mudiad, rhai fel Emyr Llywelyn, Ieuan Wyn, Eirug Wyn, Neil ap Siencyn, Eryl Owain, Robat Trefor a Robert Rhys. Criw y byddai unrhyw genedl waraidd wedi bod yn falch ohonynt. Anrhydedd o'r mwyaf oedd bod yn eu plith wrth inni gyfarfod ar nosweithiau Gwener bob mis yng Nghanolfan Gymdeithasol Glantwymyn, ger Machynlleth. Wedi sawl awr o drin a thrafod syniadau ac ymgyrchoedd, aem am beint a chyrraedd adra tuag un o'r gloch y bore.

Yng nghanol y trafod a'r athronyddu dwfn, roedd hiwmor Eirug Wyn yn donic i'r enaid a'r meddwl, ac yn ysgafnhau'r awyrgylch. Roedd yn gymeriad llawn bywyd, ac roedd gweithredu ar ei ddaliadau yn bwysig iawn iddo. Nid oedd yn un a safai yn ei unfan. Gwelai gyfleoedd bob amser i hyrwyddo'r Gymraeg a gwneud hynny yn ei ffordd unigryw ei hun. Roedd yn ymgyrchwr dewr a chydwybodol iawn. Mae'n drist meddwl bod Eirug ac un arall o gymwynaswyr Cymru a'r Gymraeg, sef Dafydd Meirion, wedi ein gadael llawer yn rhy gynnar.

Er mai milltir i lawr y ffordd i mi oedd cartref Eirug, edmygedd o bell oedd gennyf ohono. Hynny yw, cyn inni ddod i adnabod ein gilydd ar ôl imi ymaelodi ag Adfer a dod ar ei draws yn Siop y Pentan, Caernarfon. Cofiaf iddo ddod i sylw cenedlaethol am y tro cyntaf pan ddewisodd osod platiau D ar ei gar pan oedd yn dysgu gyrru. Roedd y weithred hon yn un hynod arwyddocaol, ac yn ddatganiad diffuant ganddo yn galw ar ei gyd-Gymry i arddel y Gymraeg yn gyhoeddus.

Daeth hiwmor Eirug i'r amlwg pan gynhaliwyd protest gan Adfer yn erbyn Seisnigrwydd Awdurdod Iechyd Gwynedd yn 1983. Un bore roeddem wedi baraceidio ein hunain mewn ystafell ym mhrif swyddfa yr Awdurdod yn ardal Coed Mawr, Bangor. Ar ôl tua awr o fod yno, pwy welsom yn cerdded yn ei siwt yn cario briffces tuag at yr adeilad oedd Eirug Wyn. Daeth i mewn drwy ffenestr i ymuno â ni. Pan ddaeth hi yn amser cinio, dyma Eurig yn gwneud rhestr o anghenion bwyd pawb gan fod siop jips gerllaw. I ffwrdd â fo felly drwy'r ffenestr â'r archeb a dod yn ôl yn cario'r cinio seimllyd yn ei friffces fel nad oedd neb yn ei amau.

Cefais gyfle, mewn ffordd fechan iawn, i ddangos fy

nghefnogaeth i Eirug yn dilyn yr achos enllib a gafodd ei ddwyn yn ei erbyn ef fel Golygydd LOL. Yn ystod Eisteddfod Genedlaethol Llanelwedd ym mis Awst 1993, sefydlodd griw ohonom Gronfa LOL, gan annog cyd-Gymry i gefnogi achos Eurig yn ariannol. Roedd yr achos enllib, a gynhaliwyd yn uniaith Saesneg yn yr Uchel Lys, Caerdydd, wedi ei ddwyn gan dri oedd yn amlwg iawn yn y byd cyfryngol ar y pryd sef Euryn Ogwen Williams, Owen Griffith Ronald Jones a Gruffydd Rhodri Williams. Roeddem ninnau, fel cyfeillion i Eirug yn bryderus iawn bod yr achos yn mynd i'w chwalu ef a'i deulu yn ariannol, ac y gallai arwain ato'n colli ei eiddo a'i gartref.

Y bwriad oedd sicrhau bod y cyfraniadau i'r Gronfa yn mynd tuag at dalu'r costau anferthol fyddai yn ei wynebu. Roedd criw mawr ohonom yn cynnal y gronfa, gan gynnwys Ieuan Wyn, Angharad Tomos, Myrddin ap Dafydd, Wyn Thomas, Robat Gruffydd, Gari Wyn, Huw Gwyn, Emyr Llewelyn Gruffudd, Gwyn Siôn Ifan, a sawl un arall. Credem fod goblygiadau'r achos yn fwy pell gyrhaeddol na dyfodol y cylchgrawn yn unig. I ni, roedd llais annibyniaeth Gymreig go iawn o dan fygythiad yn sgil yr achos hwn. Cafwyd cefnogaeth a chyfraniadau o bob cwr o Gymru i'r Gronfa, a hynny gan unigolion oedd yn teimlo bod dyfodol llên, a'r llais Cymreig, yn y fantol.

Rai dyddiau cyn Nadolig 1994 cefais gryn sioc wrth gyrraedd adra o'r gwaith. Roedd rhywun yn disgwyl amdanaf, a heb i'r unigolyn yngan gair, dyma dderbyn amlen wen yn cynnwys Gorchymyn Llys ac Ail Affidafid yr Uchel Lys gan gwmni cyfreithiol y tri gŵr oedd yn dwyn achos yn erbyn Gwasg Gwalia Cyf. ac Eirug Wyn. Roedd y dogfennau hyn wedi eu cyfeirio at Myrddin ap Dafydd, Robat Gruffudd, Wyn Tomos, a minnau gan mai ni oedd Ymddiriedolwyr y Gronfa. Eu nod oedd sicrhau bod yr Uchel Lys yn gweithredu Gwaharddiad Llys ar y pedwar ohonom fel ymddiriedolwyr. Canlyniad hynny oedd bod y gronfa yn cael ei rhewi, ac na fyddai modd gwneud dim â'r arian hyd nes bod y Llys wedi penderfynu'n wahanol. Fel ymateb, roeddem yn dadlau bod hyn yn waharddiad llys ar gronfa oedd wedi ei sefydlu ar gyfer amddiffyn, ac nid i dalu costau achos yr erlyniad. Ein hapêl ni oedd codi'r gwaharddiad llys ar y Gronfa ac ar Gyhoeddwyr a Golygydd LOL. Roeddent yn barod i gael yr arian o ba le bynnag oedd yn bosibl.

Pennod 17

Coleg Harlech (1972–74)

Er mwyn hwyluso'r daith yn ôl ac ymlaen i Harlech, y peth cyntaf a wnes oedd ceisio dod o hyd i gar ail-law yn rhad. Bryd hynny'r arferiad oedd hysbysebu ceir yn y papurau lleol. Dyma edrych yn yr *Herald Cymraeg* a gweld bod car A40 ail law piws yn cael ei hysbysebu yn ardal Porthmadog am bris rhesymol. Gan nad oedd gennym ffôn gartref bryd hynny, dyma ffonio o'r ciosg wrth ymyl swyddfa bost Dinorwig. Heb weld y car, na gwybod y nesaf peth at ddim amdano, dyma drefnu i fynd i'w weld a'i brynu. Wrth fynd a dod i Harlech yn ystod yr wythnosau cyntaf, dyma sylweddoli bod nifer o bobl yn codi llaw arnaf wrth imi fynd â'r car drwy Port. Cefais ar ddeall wedyn mai cigydd cyfarwydd o Borthmadog oedd cyn berchennog y car!

Yr hen gar A40

Roedd mynd i Goleg Harlech, Coleg yr Ail Gyfle, yn brofiad a hanner. Roedd y coleg yn cynnig cwrs diploma dwy flynedd oedd yn cael ei gydnabod gan Brifysgol Cymru. Roedd gadael swydd a meddwl am ailafael mewn gwaith academaidd yn ddigon o her ynddi hi ei hun, ond yr un mor heriol oedd byw ac astudio yng nghwmni myfyrwyr hŷn oedd wedi cael profiad bywyd. Nid myfyrwyr deunaw oed diniwed yn cael blas cyntaf ar fywyd yn y byd mawr oedd y rhain. I mi, a ddaeth o gartref sefydlog, traddodiadol, roedd clywed am hynt a helynt rai ohonynt cyn dod i'r coleg yn addysg ynddi hi ei hun. Roedd y rhan fwyaf ohonynt rhwng 25 a 55 oed, wedi hen brofi popeth yr oedd gan fywyd i'w daflu atynt, ac yn awyddus i fanteisio ar yr ail gyfle yr oedd y coleg yn ei gynnig iddynt. Roedd y lle'n ferw o wleidyddiaeth, a'r cyfan fel crwsâd byw, cyffrous i nifer ohonynt. Roedd gwrando ar rai ohonynt mewn cyfarfodydd yn yr Ystafell Gyffredin yn traethu ac yn areithio yn brofiad. Roeddent yn barod i weithredu a streicio pe bai unrhyw annhegwch yn ei amlygu ei hun.

Fy nghartref am y flwyddyn gyntaf oedd Crown Lodge yn Harlech, adeilad hanesyddol Gradd 2 cofrestredig. Roedd tua dwsin ohonom yn aros yno, yn ddynion i gyd. Roedd yn adeilad diddorol a adeiladwyd yn 1903 ar gyfer Thomas More, Asiant y Goron ar gyfer Cymru. Yna, rhwng 1949 a 2014 cafodd ei ddefnyddio ar gyfer cartrefu myfyrwyr Coleg Harlech.

Yn yr ail flwyddyn, fe'n symudwyd i'r tŵr, neu'r 'bloc', a oedd yn cynnwys 12 llawr o fflatiau ger adeilad y coleg. Roedd y 'bloc' yn cynnwys ystafelloedd byw sengl, ystafell gyffredin i'r myfyrwyr, yn ogystal ag ystafell fwyta braf a chegin. Wrth symud i'r bloc, roedd teimlad ein bod yn fwy o ran o fywyd y coleg, gan mai yno yr oedd mwyafrif y myfyrwyr yn aros. Mantais arall oedd bod fy ystafell yn edrych allan tuag at wyrddni hyfryd cwrs golff Harlech,

Y Crown Lodge, Harlech

yn ogystal â'r traeth melyn godidog, a Bae Ceredigion yn y cefndir. Dyna lle y byddwn yn syllu drwy'r ffenestr ar y tymhorau'n newid, ac yn gwylio swyddog cynnal a chadw'r Clwb Golff yn torri'r tyfiant.

Tref ddigon distaw a chysglyd oedd Harlech yn ystod tymhorau'r coleg, ond o'r Pasg ymlaen trawsnewidiai'r dref yn llwyr. Roedd siopau annibynnol ar gau yn ystod y gaeaf, ac yn ail-agor yn barod ar gyfer yr ymwelwyr. Yn ystod distawrwydd y gaeaf, tai tafarn y dref oedd yn ein denu, a dwy dafarn yn arbennig sef y Castle a'r Queens. Weithiau, fe alwem yn y bar yng Ngwesty Dewi Sant oedd dafliad carreg o'r coleg. Roedd Gwesty Dewi Sant yn adeilad mawreddog bryd hynny a fyddai'n denu ymwelwyr cefnog ac enwog iawn i chwarae ar gwrs golff Harlech. Erbyn hyn mae'n chwith gweld yr adeilad wedi ei ddymchwel yn llwyr.

Hefyd, ar benwythnosau byddai llond car ohonom yn mynd am beint i Borthmadog, Penrhyndeudraeth a Blaenau Ffestiniog, ac un dafarn boblogaidd arall oedd y Glaslyn, Prenteg. Prin iawn oedd y cyfle i fynd ar draeth hyfryd Harlech, oherwydd erbyn tymor yr haf byddai'r arholiadau ar ein gwarthau, a byddai'n amser inni adael ar gyfer ein gwyliau haf.

Bûm yn ffodus iawn o'm darlithwyr Cymraeg oedd yn y coleg, a Dafydd Elis-Thomas yn eu plith. Ef oedd fy athro Cymraeg yn fy nhymor cyntaf, ond gadawodd ar ddiwedd y tymor hwnnw wedi iddo dderbyn swydd darlithydd yn y Brifysgol ym Mangor ar

O'r chwith i'r dde: Rene, Henry a finnau
y tu allan i'r Crown Lodge

ddechrau Ionawr 1973. Ni fu ym Mangor yn hir iawn wedyn cyn cael ei ethol yn Aelod Seneddol Plaid Cymru dros etholaeth Meirionnydd ym mis Chwefror 1974.

Wedi i Dafydd adael, daeth R. Silyn Hughes yn ei le. Roedd Silyn wedi gwneud enw iddo ef ei hun fel athro Cymraeg i Oedolion mewn ysgolion haf llwyddiannus iawn yng Ngholeg Harlech. Roedd Silyn yn Bennaeth yr adran Addysg Grefyddol, yn ogystal â bod yn athro Cymraeg yn Ysgol Ardudwy, Harlech, cyn dod i Goleg Harlech. Hefyd, am gyfnod cawsom yr awdures Eigra Lewis Roberts yn ddarlithydd. Roedd yn feistr corn ar ei gwaith, a dysgais lawer ganddi.

Cymro a dyn arbennig arall oedd Martin Eckley, Llyfrgellydd y Coleg. Roedd ar gael bob amser i'n helpu, a byddai'n awyddus i weld y Cymry yn llwyddo.

Un o uchafbwyntiau'r ddwy flynedd oedd gweld Kate Roberts, Brenhines ein Llên. Fel rhan o'r cwrs Cymraeg roeddwn wedi mopio â'i gwaith. Un dydd Sul, dyma gael ar ddeall fod un o fyfyrwyr y Coleg yn mynd am y diwrnod i Ddinbych, a dyma achub ar y cyfle i fynd gydag ef. Y syniad oedd mynd i wasanaeth yng Nghapel Mawr Dinbych yn y gobaith y gwelwn Kate Roberts yno. Dyma eistedd yn y capel gan ddisgwyl iddi gyrraedd, ac fe ddaeth, wrth gwrs. Gwraig fechan mewn oed oedd hi, a thrwy gydol y gwasanaeth rhyfeddwn at y ffaith fy mod wedi gweld â'm llygaid fy hun y wraig oedd yn gyfrifol am y campweithiau llenyddol. Ni es ati ar ddiwedd y gwasanaeth ac rwy'n difaru hyd heddiw.

Fe âi strydoedd tref Harlech i gysgu yn ystod misoedd y gaeaf, ond roedd bywyd yn gyson ddiddorol a chyffrous o fewn muriau'r coleg. Roedd mynychu cyfarfodydd Undeb y Myfyrwyr yn yr ystafell gyffredin yn brofiad cyffrous, wrth wrando ar areithiau ffyrnig ar faterion yn ymwneud â sefyllfa'r coleg. Wrth gwrs, dyma gyfnod y gwrthdaro cyson rhwng yr undebau, y cyflogwyr a'r Llywodraeth yn Llundain. Wrth i'r myfyrwyr hŷn gyrraedd Harlech roedd eu hathrawiaeth wleidyddol yn dod gyda hwy, ac arweiniai hyn at y coleg yn troi'n debycach i gangen o'r Undebau Llafur wrth i fyfyrwyr â daliadau gwleidyddol cryf ddangos lliw eu plu mewn anghydfod.

Fel ymgeisydd am yr offeiriadaeth roedd gofyn imi gadw cysylltiad gyda Rheithor y Plwyf a'r eglwysi lleol. Rheithor plwyf Harlech a Llanfair ar y pryd oedd y Parch. T. Gomer Davies, gŵr deallus iawn a oedd yn arbenigwr mewn Almaeneg. Cefais groeso mawr ganddo ef ac Anwen ei wraig annwyl. Bu'n Rheithor ar blwyf Harlech a Llanfair am 14 blynedd rhwng 1966-1980, ac fe'i claddwyd ym mynwent Eglwys Llanfihangel y Traethau yn 1981. Cefais gyfle ganddo i gynorthwyo gyda gwasanaethau Cymraeg ar y Sul yn Eglwys Tanwg Sant, Harlech, yn ogystal â mynd i eglwysi yn Llanfair, Talsarnau, a Llanbedr i gynnal gwasanaethau a phregethu. Profiad gwerthfawr iawn.

Bydd un oedfa fore Sul yn aros yn y cof, pan ofynnodd y Rheithor imi gynnal gwasanaeth Cymraeg am ddeg o'r gloch yn Eglwys Crist, Talsarnau. Dywedodd mai cynulleidfa denau iawn fyddai yno, ac y byddai'n brofiad da i gyw pregethwr fel fi. Roedd hi'n nesu at ddeg o'r gloch ac roedd criw ffyddlon yn disgwyl amdanaf i ddechrau'r gwasanaeth. Yn sydyn, dyma ddrws yr eglwys yn agor, a daeth oddeutu deg ar hugain o bobl ifanc a phedwar oedolyn a fu'n gwersylla yn lleol i mewn ac eistedd yng nghanol y ffyddloniaid. Roedd yn gwbl annisgwyl. Roeddwn wedi paratoi popeth yn y Gymraeg, ond gwyddwn na fyddai mwyafrif helaeth y gynulleidfa, erbyn hyn, yn deall dim. Penderfynais yn y fan a'r lle i barhau gyda fy mwriad gwreiddiol.

Wrth i'r bobl ifanc adael yr eglwys ar ddiwedd y gwasanaeth, trodd un o'r staff ataf ac ymddiheuro am ddod â chymaint o griw i mewn i'r eglwys yn ddirybudd, a diolchodd imi am gynnal y gwasanaeth yn Gymraeg yn unig. 'Dwi'n siŵr nad oedd yn hawdd ichi,' meddai, 'ond bydd y bobl ifanc hyn yn mynd adra heddiw ac yn adrodd am y profiad o fod yn bresennol mewn gwasanaeth Cymraeg mewn eglwys wledig yng Nghymru.'

Bûm yn ffodus o gael ffrindiau da yn ystod fy nghyfnod yn y coleg. Un ohonynt oedd Eifion ab Elwyn Gruffudd o Gaernarfon. Mae stori hyfryd am Eifion yn cyfarfod am y tro cyntaf â Ros, a ddaeth hwyrach ymlaen yn wraig iddo. Roedd Frank Holloway, ffrind arall i mi yn y coleg, wedi gwahodd Ros a'i chyfnither Lynne i aros yn Harlech dros y penwythnos. Hogyn o Wolverhampton oedd Frank Holloway a oedd erbyn cyrraedd Coleg Harlech wedi dysgu Cymraeg yn arbennig o dda. Deuai mam Frank o Faentwrog yn wreiddiol, cyn symud i Wolverhampton i nyrsio, lle cyfarfu â thad Frank. Âi ei fam i'r capel Cymraeg yno, a byddai Frank yn mynd weithiau yn blentyn bach gyda hi i'r gwasanaeth. Cyn dod i'r coleg roedd Frank yn gyfarwydd â Choleg Harlech gan iddo fynychu Ysgol Haf yno i ddysgu Cymraeg.

Daeth y ddwy i aros am y penwythnos a chawsom ein cyflwyno iddynt, a dechreuodd Eifion ganlyn â Ros. Ar y pryd, ni siaradai Ros ddim Cymraeg gan mai merch o Rowley Regis yn y Black Country oedd hi. Roedd Frank yn adnabod Ros ers yn blentyn gan fod ei fam yn nyrsio gyda'i modryb. Ar y pryd, synnem braidd fod Eifion wedi cael ei hudo gan Saesnes, ac yntau'n genedlaetholwr ac yn aelod o Gymdeithas yr Iaith. Fodd bynnag, buan iawn y daethom i sylweddoli pam fod Eifion wedi syrthio mewn cariad â hi. Roedd ganddi bersonoliaeth gariadus, ac o fewn dim iddi gyfarfod Eifion, tynghedodd i ddysgu'r Gymraeg. I ddechrau, aeth Ros i ddosbarthiadau nos i ddysgu Cymraeg yn Wolverhampton, weithiau yn y capel yn

Birmingham, yn ogystal â mynychu cyrsiau byr yn Harlech a Bangor.

Priododd y ddau yn 1975 tra'r oedd Eifion yn y Brifysgol yn Aberystwyth. Yn anffodus, flynyddoedd yn ddiweddarach, ac yntau erbyn hynny yn Ddirprwy Brifathro yn Ysgol Uwchradd Aberaeron, bu farw Eifion wedi brwydr â chanser yn 57 oed yn 2007. I mi, mae Ros a Frank yn enghreifftiau rhagorol o ddau sydd wedi eu geni a'u magu yn Lloegr, cyn dod i Gymru a dysgu'r iaith. Yn fwy na hynny, mae'r ddau wedi magu eu plant yn Gymry Cymraeg, ac yn achos Ros, mae ei hwyrion yn pasio'r iaith yn ei blaen. Maent yn esiampl i rai Cymry Cymraeg yn ein plith.

Un arall a gyrhaeddodd Coleg Harlech yn yr un cyfnod â mi oedd Rene Griffiths o Batagonia. Roedd yn arferiad bryd hynny i groesawu pobl ifanc o'r Wladfa i ddod am flwyddyn i astudio yn y coleg. Pan ddaeth Rene i'r coleg am y tro cyntaf ni fedrai siarad Saesneg, dim ond Cymraeg a Sbaeneg. Roedd yn sefyll i reswm felly ei fod yn closio atom ni. Roedd yn fachgen ifanc golygus ac yn feistr ar chwarae'r gitâr Sbaenaidd. Doedd hi fawr o amser wedi iddo gyrraedd y Coleg cyn iddo gael gwahoddiadau di-ri i rannu ei ddawn gerddorol, a chofiaf fynd ag o yn yr A40 i gyngherddau a nosweithiau llawen ar hyd a lled yr ardal.

Wedi dwy flynedd, llwyddais yn fy arholiadau terfynol a chael Diploma mewn Astudiaethau Cyffredinol oedd yn golygu bod y ffordd yn glir i mi fynd i'r Brifysgol ym Mangor. Fel y daw yn amlwg yn nes ymlaen, nid dyma ddiwedd fy nghysylltiad ag Ardudwy.

Pennod 18

Bywyd Coleg Bangor

Roedd yn anodd ffarwelio â ffrindiau da yng Ngholeg Harlech a chychwyn ar gwrs gradd tair blynedd yn y Coleg ar y Bryn. Y fi oedd yr unig un o'r criw a aeth i Fangor, ac roedd yn gychwyn pennod newydd arall imi.

Y drefn oedd bod ymgeiswyr ar gyfer yr offeiriadaeth yn lletya yn Hostel yr Eglwys ym Mangor Uchaf, ond pan oeddwn i'n ymgeisio, nid oedd gwarantu ystafell ar fy nghyfer. Rhag ofn, felly, dyma wneud cais am gael mynd i Neuadd John Morris-Jones, ac fe gafodd y cais hwnnw ei dderbyn. Pan oeddwn ar fin cychwyn yn y coleg, daeth neges i ddweud bod ystafell, wedi'r cyfan, ar gael imi yn Hostel yr Eglwys. Gan fy mod wedi ymrwymo fy hun i fynd i Neuadd JM-J, roedd yn rhaid imi wrthod y cais. Afraid dweud bod Awdurdodau'r Eglwys, a Chaplan Anglicanaidd y Brifysgol ym Mangor yn arbennig, wedi siomi gyda fy mhenderfyniad.

Myfyriwr aeddfed oeddwn i ar gychwyn fy amser ym Mangor, a'r her gyntaf a'm hwynebai oedd byw, astudio, a chymdeithasu gyda myfyrwyr iau na mi.

Ar yr un coridor â mi roedd bechgyn o'r ail flwyddyn. Emyr (Ems Fôn) Evans, John (Pritch) Pritchard, Bryn (Cog) Rowlands, Dewi (Bryncir) Jones, Gareth (Iac) Williams, Alun (Ia Wir) Williams, John Edwards, Tim Fryer, Hywel Tomos, a Glyn Siôn. Roedd pob un ohonynt yn rhan amlwg

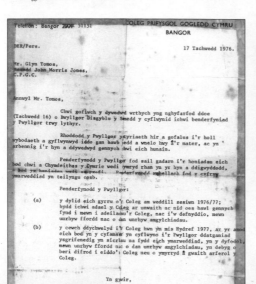

Teleffon : Bangor 290K 51151

COLEG PRIFYSGOL GOGLEDD CYMRU
BANGOR

DER/Pers.

17 Tachwedd 1976.

Mr. Glyn Tomos,
Neuadd John Morris Jones,
C.P.G.C.

Annwyl Mr. Tomos,

Chwi gofiwch y dywedwd wrthych yng nghyfarfod ddoe (Tachwedd 16) o Bwyllgor Disgyblu y Senedd y cyflwynid ichwi benderfyniad y Pwyllgor trwy lythyr.

Rhoddodd y Pwyllgor ystyriaeth hir a gofalus i'r holl wybodaeth a gyflwynwyd iddo gan bawb jedd a wnelo hwy â'r mater, ac yn arbennig i'r hyn a ddywedwyd gennych chwi eich hunain.

Penderfynodd y Pwyllgor fod sail gadarn i'r honiadau eich bod chwi a Chymdeithas y Cymric wedi ymryd rhan yn yr hyn a ddigwyddodd, a bod yn honiadau wedi'u profi. Penderfynodd y Pwyllgor yna ...

Penderfynodd y Pwyllgor:

(a)   y dylid eich gyrru o'r Coleg am weddill sesiwn 1976/77; bydd ichwi adael y Coleg ar unwaith ac nid oes hawl gennych fynd i mewn i adeiladau'r Coleg, nac i'w defnyddio, mewn unrhyw ffordd nac o dan unrhyw amgylchiadau.

(b)   y cewch ddychwelyd i'r Coleg hwn ym mis Hydref 1977, ar yr amod eich bod yn y cyfamser yn cyflwyno i'r Pwyllgor ddatganiad ysgrifenedig yn sicrhau na fydd eich ymarweddiad, yn y dyfodol, mewn unrhyw ffordd nac o dan unrhyw amgylchiadau, yn debyg o beri difrod i eiddo': Coleg neu o ymyrryd â gwaith arferol y Coleg.

Yn gwir,

Eric Hughes

...grifennydd a Chofrestrydd.

One of the slogans demanding full use of the Welsh language — "Deffwdd cyflawn a'r iaith Gymraeg" — on a door at top college, U.C.N.W., Bangor.

Reinstate suspended students — teachers

THE 3,000-strong Union of Teachers in Wales have sent a letter to the Registrar of the University College, Bangor, calling for the reversal of the decision to suspend four officials of Cymric, the Welsh Society at the college.

And a lecturer at the nearby Normal Teachers Training College, Mr John Williams, has delivered a letter to the Archbishop of Wales, the Right Reverend Dr Gwilym Williams, a vice-president of the college council, asking him to call an emergency meeting of the council to appoint an arbitrator to end the dispute.

The four students were suspended until October next year by the senate disciplinary committee following a number of demonstrations at the college in a campaign by Cymric calling for more use of the Welsh language at the college.

Damage estimated at more than a thousand pounds was caused during sit-ins.

A college spokesman said the sit-ins started shortly after a committee had been

elected to reconsider the language policy at Bangor.

He maintained there had been misrepresentations about the official language policy at the college.

In their letter to the college, the teachers said: "No court in the land would impose such a harsh sentence on first offenders as the college has done in the case of the four students.

"They imposed the supreme penalty on four officials for something for what a number of other students had admitted responsibility.

"We call on the college to reconsider this unwise and oppressive penalty on young people who were only seeking justice for the Welsh language at the college."

A letter from the Conwy branch of Plaid Cymru has called on the college to publish a declaration of policy on bilingualism and in the meantime to allow the four students to return.

Merioneth Plaid Cymru MP Mr Dafydd Elis Thomas has also urged an inquiry into the affair.

RALI Y CYMRIC

CEFNOGWCH Y 4 A'R IAITH

YMGYNNULL — 2 p.m. NEUADD J.M.J.

SADWRN, 11 RHAGFYR.

Swyddogion

Llywydd Anrhydeddus :
BNR. A. R. OWENS

Llywydd :
GLYN THOMAS

Ysgrifennydd :
TREFOR JONES-MORRIS

Is-Ysgrifennydd :
DAFYDD MEIRION ROBERTS

Trysorydd :
GARETH WILLIAMS

Golygydd 'Bronco' :
HUW GRUFFYDD EVANS

Trefnydd Rag :
GARETH WYN JONES

Pwyllgor :
LOWRI GWILYM; GERAINT OWAIN;
ALWYN DANIELS; EMYR FÔN
EVANS; DENSIL MORGAN; SIAN
DAVIES; GETHIN CLWYD A DAU
AELOD O'R FLWYDDYN GYNTAF.

CYMDEITHAS Y CYMRIC

Coleg y Brifysgol, Bangor

RHAGLEN FLYNYDDOL
1975 . 1976

W. Alun Jones, Rhiw, Pwllheli

Aduniad Neuadd John Morris-Jones, Medi 1995.

o fywyd Cymraeg y coleg, yn Nhîm Pêl-droed y Cymric, Tîm Pêl-droed y Glôb, y Tîm Rygbi, y Gymdeithas Ddrama, a'r Gymdeithas Gristnogol, a bu Dewi yn Llywydd ar y Neuadd. Roedd gan bawb eu 'stafell eu hunain, ond yn rhannu toiledau a chyfleusterau ymolchi.

Ein blwyddyn ni oedd y glasfyfyrwyr cyntaf i gael byw mewn Neuadd Breswyl Gymraeg gymysg ym Mangor wrth i Neuadd John Morris-Jones agor ei drysau am y tro cyntaf ym mis Hydref 1974, gyda 153 o fyfyrwyr. Dechreuwyd yr ymgyrch am Neuadd Gymraeg gan y Cymric yn 1969-1970, pan aethpwyd ati o ddifri i ddweud wrth awdurdodau'r coleg bod angen neuadd o'r fath. Yr hyn sydd yn ddifyr yw bod y Cymric wedi llunio deiseb yn mynnu bod awdurdodau'r coleg yn sefydlu dwy Neuadd Breswyl Gymraeg – un i ddynion a'r llall i ferched! Ffaith ddadlennol arall yw bod aelodau'r Cymric y flwyddyn honno wedi pleidleisio yn erbyn neuadd gymysg.

Cyflwynwyd memorandwm i Gyngor y Coleg ynghyd

â'r ddeiseb yn esbonio'n fanwl pam fod angen Neuaddau Cymraeg, a beth fyddai eu pwrpas. Ymateb cymysglyd a gafwyd, ond yn 1971-72, cytunodd Undeb y Myfyrwyr a Chyngor y Coleg â'r egwyddor o sefydlu neuaddau preswyl Cymraeg. Roedd Cyngor y Coleg yn ystyried Caederwen ac Anecs Reichel fel opsiynau posibl. Yn dilyn trafodaethau ac archwiliadau ar adeiladau eraill posibl, penderfynwyd o blaid addasu naill ai Plas Gwyn neu'r University Hall, a'r olaf o'r ddwy oedd y dewis terfynol.

Er i Gyngor y Coleg benderfynu y dylai'r University Hall gael ei throi'n neuadd gymysg i fyfyrwyr Cymraeg eu hiaith ym mis Mai 1973, doedd fawr ddim brwdfrydedd o du Pennaeth y Coleg, Syr Charles Evans, gweinyddiaeth y coleg, nag ychwaith o du rhai o'r darlithwyr Cymraeg. Roeddent yn gwrthwynebu'r syniad o Neuadd Gymraeg ar sail y ffaith y byddai'n creu ghetto i'r Cymry Cymraeg. Credant hefyd y gallai ymgynnull yr holl fyfyrwyr Cymraeg at ei gilydd brofi'n ffrynt heriol i'r Brifysgol.

Dr John Llywelyn Williams, Warden JM-J, gyda'i deulu.

Roedd cryn sialens yn wynebu Dr John Llewelyn Williams pan aeth i'r afael â'i rôl fel Warden cyntaf y Neuadd. Y gred o du'r gwrthwynebwyr oedd na fyddai modd llenwi'r neuadd, ond drwy gynnwys dysgwyr a rhai myfyrwyr tramor, llwyddwyd i gynnal y niferoedd oedd ei angen i'w distewi. Ni ellir canmol digon ar John Llew, am weithio mor galed. Er ein bod yn crynhoi o fewn un adeilad, y neges a gafwyd yn gyson ganddo oedd nad encilio, ond atgyfnerthu'r bywyd Cymraeg drwy'r Coleg i gyd oedd yn bwysig, yn ogystal ag osgoi unrhyw argraff nad oedd modd i fyfyrwyr fod yn rhan o'r bywyd Cymraeg os nad oeddent yn byw yn y Neuadd.

Mair Beech oedd Llywydd cyntaf y Neuadd, a'i hapêl hithau wrth wahodd pawb i'r neuadd ar ddechrau blwyddyn academaidd 1974/75 oedd galwad i bawb gydweithio i greu seiliau cadarn i'r Neuadd Gymraeg, ac i'w gwneud hi'n gyfrwng i gryfhau'r gymdeithas Gymraeg yn y coleg. Dyfynnodd eiriau Emyr Llywelyn:

'Lleiafrif yw'r Cymry Cymraeg. Pan fo'r Cymry Cymraeg yn dawel, ac yn bodloni ar fyw bywyd Seisnig, 'dyn nhw ddim hyd yn oed yn leiafrif; bryd hynny, 'dyn nhw ddim hyd yn oed yn bod.'

Ategodd hefyd ddyfyniad o eiddo J.R. Jones:

'Y gwir yw, wrth gwrs, nad galwad i encilio yw galwad y rhai sydd am dynnu'r Gymraeg i mewn yn bellach i'w chadarn-leoedd, ond galwad i encilio er mwyn crynhoi.'

Aros yn y Neuadd am dair blynedd a wnâi'r rhan fwyaf o'r myfyrwyr bryd hynny, a symud i dŷ rhent pe bai eu bryd ar ddilyn cwrs ymarfer dysgu neu ymgymryd â gwaith ymchwil. Yn y Neuadd, caem frecwast, cinio, a swper yno, yn ogystal â derbyn pecyn bwyd ar benwythnos.

Gallai bywyd yn y neuadd fod yn ddifyr iawn. Roedd rhai yn fwy anystywallt na'i gilydd, gydag eraill yn fwy hamddenol ac yn byw bywydau digon distaw. Roedd yn well gan rai ganolbwyntio ar eu gwaith academaidd, tra bod eraill yn ei gadael hi tan yr unfed awr ar ddeg, nes eu bod yn chwysu dros lyfrau yn paratoi at arholiadau'r haf.

Roedd holl staff y Neuadd yn griw da, ac yn amyneddgar iawn ag ambell griw anystywallt a hwyliog o fyfyrwyr a alwai eu hunain yn 'Gornel y Plant'. Roedd colofn yn dwyn yr un enw yn Y Cymro ar y pryd, ac fe fabwysiadwyd y teitl ganddynt ar ôl i ferched y flwyddyn gyntaf eu cyhuddo o fod yn blentynnaidd. Mewn dim o amser, ces innau fy medyddio gyda'r enw 'preach'. Mae'n rhaid eu bod yn meddwl bod rhywfaint o bregethwr ynof!

Ail lawr yr hen floc oedd cartref hogia Cornel y Plant. Ar y coridor roedd Dafydd Meirion, Huw Gruff, Gwilym Elis Jones (Chwyn), Gari Wyn ac Aled Rhys. Roedd ystafell Aled mor fach, cyfeiriai pawb ati fel wardrôb. Yna Irfon Morris (Sgŵic) a Glyn Owen (Sbow), John Glyn Roberts (Jac) a Merfyn Jones Williams (Jos Wilias) a Gareth Roberts (Llith) yn rhannu gyda Ieuan Wilson Evans, tra bod Euros Rhys Evans a Rheon Thomas ar ochr arall y coridor. Mae'n drist meddwl bod Andrew Weir, Ieuan Wilson Evans a Seimon Hughes wedi ein gadael erbyn hyn.

Criw Cornel y Plant

Aduniad Cornel y Plant

Merched lleol o Fangor oedd mwyafrif staff y gegin a'r staff glanhau, ag eithrio Gwenno o Ddinorwig, a hyd heddiw, pan fyddaf ym Mangor, mae rhai yn dal i fy atgoffa o'u cyfnod yn gweithio yn Neuadd JM-J. Buan iawn y daethant i wybod pwy oedd pwy, a beth oedd eu harferion byw. Roedd perthynas dda gyda'r porthorion yn dra phwysig hefyd, a hynny er mwyn cael mynediad i'r neuadd ar awr annaearol.

Ar yr un safle â ni roedd Neuadd Cae Derwen. Neuadd dipyn yn llai na JM-J, a merched yn unig a arhosai yno. Roeddent yn dod i Neuadd JM-J i gael eu bwyd, ac yn cymryd rhan lawn ym mywyd y Neuadd. Er bod pob cylch cymdeithasol o fewn y Neuadd yn cyd-fyw yn dda â'i gilydd, doedd fawr ddim tir cyffredin rhwng y Gymdeithas Gristnogol, neu 'Criw Duw' fel y byddai rhai yn eu galw, a mynychwyr y tafarndai. Yr unig eithriad oedd y cyd-destun gwleidyddol, lle rhannai'r ddwy garfan yr un weledigaeth.

Cristnogion Efengylaidd oedd aelodau'r Gymdeithas

Gristnogol. Ffurfiwyd y Gymdeithas yn 1974 pan oeddwn i yn fy mlwyddyn gyntaf. Fe'i sefydlwyd ar seiliau Cymraeg cadarn, ac fe gydoesai â'r Undeb Gristnogol Saesneg. Byddai criw'r Neuadd yn cynnal eu cyfarfodydd gweddi am 8.30 bob bore ar ôl brecwast, ac wedyn am hanner awr dros amser cinio. Roedd criw Bala Bang (Coleg Bala Bangor) yn cynnal cyfarfod gweddi eu hunain ar yr un pryd. Byddai cyfarfodydd gweddi yn ystod amser cinio, ac ar ôl swper yn cael eu cynnal gan y Gymdeithas Gristnogol yn y 'stafell biano, 'stafell fechan yng nghyntedd y Neuadd. Byddai ffenestr drws y 'stafell wedi ei gorchuddio gan lenni rhwyd er mwyn sicrhau preifatrwydd. Pan ddigwyddai hyn, byddai criw o hogia yn eistedd ar soffa yn eu gwylio yn mynd i mewn i'r ystafell ac yn gwneud sylwadau ysgafn a phryfoclyd wrth iddynt fynd heibio. Yr enw crafog a roddwyd i griw'r soffa oedd 'eisteddfa gwatwarwyr', term sydd, wrth gwrs, yn dod o'r Beibl.

Câi ambell fyfyriwr dröedigaeth dan amgylchiadau dramatig iawn, gan droi cefn dros nos ar y dafarn a dod yn aelod o'r Gymdeithas Gristnogol. Pan ddigwyddai hynny, byddai'n destun siarad mawr.

Yn bersonol, awn yn rheolaidd ar fore Sul i addoli yn Eglwys Glanadda ym Mangor, a chael gwahoddiad i ddarllen llithoedd yn y gwasanaethau. Mae'n chwith meddwl bod yr Eglwys hon, fel sawl Eglwys arall o fewn dinas Bangor, wedi ei chau erbyn hyn. Arferwn hefyd fynd o gwmpas Eglwysi'r ardal yn arwain gwasanaethau ar y Sul.

Ystyriai criw'r Glôb eu hunain yn llawer mwy eangfrydig, ac yn bobl y byd go iawn yn chwalu ffiniau, herio'r drefn, a chael digonedd o hwyl wrth gymdeithasu gymaint â phosib, gyda llond bol o gwrw. Roedd y Glôb bryd hynny dan ofal y diweddar Wil Glôb a'i wraig Margaret. Yno y byddai'r rhan fwyaf o'r myfyrwyr yn mynd er mwyn cael noson dda. Roedd awyrgylch da yno, yn

Tafarn y Glôb heddiw

arbennig ar benwythnosau pan oedd y dafarn yn llawn.

Rhywbeth arall a ddigwyddai'n aml yn y Glôb oedd ymweliad gan un o'r ffyddloniaid, gŵr o'r enw Tomi a ddioddefai o *shell shock* wedi'r Rhyfel Byd Cyntaf. Byddai'n dod trwy ddrws y dafarn, ac yn sefyll yno yn dan ganu 'Ar Lan y Môr' yn uchel, ac yn gorffen efo 'Howzzat'. Cyfansoddodd Delwyn Siôn a'r grŵp Omega gân amdano yn dwyn yr enw 'Tomi'.

O ran adloniant, i'r disgo i lawr yn Ystafell Jas yn adeilad yr Undeb yr aem ar nos Iau. Yn amlach na pheidio, Trefor Jones Morris o Bala Bang, yn cŵl i gyd, fyddai yng ngofal y disgo, a byddai'r merched yn syrthio wrth ei draed! Roedd Gari Wyn yn ffansïo ei hun yn dipyn o ddiscoteciwr, gyda'i Ddisgo Gari'r Graig! Ar ddiwedd y noson, byddem yn cadw digon o sŵn yn canu a gweiddi, a byddai cryn dipyn o gythrwfl wrth dynnu posteri uniaith Saesneg i lawr ar ein ffordd yn ôl i'r neuadd.

Roedd bedydd tân go iawn yn wynebu'r myfyrwyr yn

ystod Wythnos y Glas, a'r myfyrwyr diniwed yn cael eu cam-drin. Byddai rhai yn cael eu gadael yng nghanol nos mewn llefydd diarffordd fel Porth Swtan, yng ngogledd Môn, a byddai'n rhaid iddynt ganfod eu ffordd yn ôl. Am wythnosau wedyn byddai'r glasfyfyrwyr yn edrych yn gam ar y trefnwyr, ond yn gwybod ar yr un pryd y deuai eu cyfle hwythau i wneud yr un peth.

Roedd Wythnos RAG yn un boblogaidd, ac yn gyfle i gael hwyl a chodi arian ar gyfer elusennau lleol. Un ffordd o wneud hynny oedd cyhoeddi 'Bronco – i Bobl Bron o'u Co', sef y cylchgrawn Cymraeg. Fe werthai fel slecs, ac nid yn unig o gwmpas y Coleg, ond yn y pentrefi cyfagos hefyd. Cofiaf griw ohonom unwaith yn sefyll o flaen Ysgol Dyffryn Ogwen, Bethesda yn ei werthu, ac ambell athro neu athrawes wrth adael yr ysgol yn bachu copi ar y slei! Roedd yn gylchgrawn ysgafn ei gynnwys, yn llawn jôcs a straeon rhywiol eu natur! Wedi chwilio a chwilio, deuthum o hyd i un jôc sydd yn ddigon gweddus i'w chynnwys yma.

'Roedd Dewi wedi rhwymo'n arw, ac felly derbyniodd gyngor ei ffrind, sef yfed wyth galwyn o gwrw, a bwyta deuddeg pwys o gnau. Yn ddiweddarach wrth blygu i gau ei esgid, fe bebldashodd dri tŷ.'

Y sgŵp fawr un wythnos oedd hanes herwgipio John Elfed Jones, Cyn Gadeirydd Bwrdd yr Iaith, a oedd yn digwydd bod ar y pryd yn un o brif reolwyr Aliwminiwm Môn. Fe'i cadwyd yn Ystafell Gyffredin Neuadd JM-J am y prynhawn nes bod gwobr ariannol yn dod i law. Chwarae teg iddo, ymunodd yn llawn yn yr hwyl, a gwnaeth gyfraniad ariannol i'r swm anrhydeddus o arian a dderbyniwyd gan berchnogion Americanaidd y Cwmni a welai'r stỳnt yn ddoniol dros ben!

Uchafbwynt arall i'r flwyddyn oedd yr Eisteddfod Ryng-golegol, a bryd hynny, cystadleuaeth rhwng Bangor ac Aberystwyth oedd hi'n bennaf. Byddai'r ddau goleg yn trïo eu gorau glas i guro'r naill a'r llall ar eu tomen eu hunain. Roedd rhaglen flynyddol Cymdeithas y Cymric, y Gymdeithas Gymraeg, yn cynnwys y Gloddest, y ddadl flynyddol, yr Eisteddfod Ffug, darlith flynyddol, a nosweithiau Gŵyl Ddewi. Gallai'r nosweithiau Gŵyl Ddewi fod yn nosweithiau cofiadwy, a hynny am resymau a wnelo nhw ddim â'r hen Ddewi ei hun...

Yn ystod dyddiau Bangor, yng nghanol yr holl ymgyrchu, y gwaith academaidd a'r cymdeithasu, llwyddais i wneud ffrindiau oes. Rwyf yn parhau mewn cysylltiad gyda nifer fawr o'm cyd-fyfyrwyr o'r 1970au. Pleser bob hyn a hyn ydi mynd gyda chriw Cornel y Plant tua Chonwy, a rhoi'r byd yn ei le dros bryd o fwyd a pheint! Mae ein cyfeillgarwch cyn gryfed ag erioed.

Glyn Tom yn 60

Rhuddin a chyfoeth gwreiddiau hen werin
    Dinorwig fu'r seiliau
    i goleg dy chwedegau.
    Hyn ddaw'n her i fyddin iau.

Gari Wyn

Roedd cael toriad o waith y coleg yn ystod y gwyliau haf yn gyfle i ennill pres bach del, a hynny wrth wneud pob math o waith. Un haf, aeth Idris fy mrawd i weithio mewn warws fananas yng Nghyffordd Llandudno, o bob man! Cwmni *Fyffes* oedd wedi adeiladu'r warws yn 1910, ac roedd bananas gwyrdd yn cael eu cludo ar longau i Brydain, cyn mynd ar drên i Gyffordd Llandudno. Yn y warws, rhoed y bananas i aeddfedu mewn poptai ar gyfer eu gwerthu i fanwerthwyr ar draws ardal eang gogledd Cymru. Cawsom fwy na digon o fananas i'w bwyta'r haf hwnnw. Ar ddechrau'r nawdegau, defnyddiwyd yr hen warws fel depo gan gontractwyr oedd yn adeiladau'r A55 newydd.

Un arall a aeth i gyfeiriad Llandudno i weithio am sawl haf oedd Margaret fy chwaer. Dechreuodd weithio yng Ngwesty Rothesay yn 15 oed gyda'i ffrind Gwenfron o Fachwen. Byddai'r ddwy yn gweithio o ben bore tan ddau yn y prynhawn, cyn dechrau'n ôl arni am bump ar ôl bod am dro i Happy Valley. Âi fy rhieni am drip i Landudno'n aml, gan fanteisio ar y cyfle i weld y ddwy. Golygai hyn hefyd fod un yn llai i'w chadw dros yr haf yn Ninorwig.

Roedd cyfleoedd gwaith yn nes at adra hefyd, a threuliodd Margaret a Gwyneth un haf yn gweithio yng nghaffi stesion y Wyddfa, a chael tipyn o hwyl yn gwneud hynny.

Minnau fel Llywydd y Cymric, gydag Alwyn Owens,
Llywydd Anrhydeddus y Cymric.

Teimlad braf oedd cael cyflog ar ddiwedd yr wythnos, a rhoi peth ohono i Mam at ein cadw, a gwario'r gweddill ar brynu dillad a hamddena. Bûm yn ffodus o gael swyddi o bob math, yn gwerthu llefrith, gwerthu hufen iâ, torri tyfiant ar ochr y ffordd, a gwerthu tocynnau raffl.

Golygai gweithio fel dyn llefrith i Gwmni Caernarfon Dairies godi yn blygeiniol a mynd i'r depo erbyn chwech o'r gloch. Wrth lwc, gallwn aros yng nghartref Idris oedd yn gurad ym mhlwyf Llanbeblig, Caernarfon ar y pryd. I ddechrau, rhaid oedd cario dwsinau o gratiau yn llawn poteli llefrith o'r oergell i'r fan. Fel gwobr am yr holl waith caled, caem y pleser nad oes ei debyg o afael mewn peint oer o lefrith, a'i yfed i gyd mewn un llwnc. Roedd rhaid imi

ddysgu pob rownd lefrith yn yr ardal er mwyn gweithio yn lle rhai o'r hogia oedd yn mynd ar eu gwyliau. Roedd yn ffordd dda iawn o ddod i adnabod gwahanol bobl ac adnabod gwahanol dai yn y pentrefi. Yn ogystal â'r llefrith, ar y penwythnosau byddem yn gwerthu diod oren, iogwrt, a hufen. Roedd y nwyddau hyn wrth fodd ymwelwyr cefnog fyddai'n dod i aros ym Marina'r Felinheli dros y Sul.

Ar adegau eraill yn yr haf, roedd gwaith i'w gael gan y Cyngor Cymuned lleol yn torri tyfiant ar lwybrau cyhoeddus yr ardal. Roedd yn braf cael treulio oriau mewn ardaloedd hyfryd yng nghanol byd natur, yn sgwrsio ag ambell gerddwr. Ar adegau, byddai fy nhad yn dod am y diwrnod fel cwmni imi. Roedd yn un da am roi min ardderchog ar y cryman, a fyddai'n ysgafnhau tipyn ar y gwaith i mi.

Profiad gwaith gwerth chweil arall yn ystod gwyliau'r haf oedd gweithio gyda Chwmni Theatr Cymru, a Ronnie Williams yn arbennig, un hanner o'r deuawd poblogaidd Ryan a Ronnie. Yn ystod yr haf hwnnw roedd Cwmni Theatr Cymru wedi trefnu raffl fawreddog er mwyn codi arian, a'r wobr fawr oedd ennill car Mini newydd sbon. Fy ngwaith i oedd gyrru'r lori oedd yn cario'r car i leoliadau fel stryd fawr Porthmadog, Maes Pwllheli ar ddiwrnod marchnad, Maes Caernarfon, ac wrth y cloc ym Mangor. Byddwn yn gosod y stondin ar gyfer dwy ferch a fyddai'n bennaf gyfrifol am eu gwerthu, a minnau, yn ôl yr angen, yn ymuno â nhw. Roedd cael Ronnie gyda ni yn brofiad a hanner.

Dyna lle byddai'n sefyll wrth y stondin, ac o'i weld byddai pobl yn cael eu denu ato am sgwrs, ac yntau'n mwynhau pob eiliad o sylw. Roedd yn ei elfen wrth siarad â phawb. Er bod ei yrfa lwyddiannus fel perfformiwr gyda Ryan ymhell y tu ôl iddo, doedd dim pall ar ei enwogrwydd. Byddai ei bresenoldeb yn gwerthu llwyth o docynnau raffl.

Roedd pob diwrnod yn ei gwmni'n wahanol. Cofiaf un bore iddo fynd i un o siopau dillad Stryd Fawr Porthmadog a phrynu set newydd o ddillad haf, a'u gwisgo cyn dod allan o'r siop. Wedi i'r ddwy ferch gael cinio, byddai'n gofyn imi fynd ag o i'r dafarn leol. Yn aml, byddai'n adnabod y tafarnwr, ac yn cael defnyddio un o ystafelloedd y dafarn er mwyn cyfri'r arian a wnaed o werthu'r raffl. Byddai'n mynd wedyn i'r bar, yn cymysgu gyda'r cwsmeriaid ac yn adrodd straeon digri amdano ef a Ryan, cyn prynu diod i bawb fel petai'n dal ar binacl ei yrfa fel perfformiwr. Er cymaint yr hwyl, roedd yn ddarlun trist iawn ohono.

Arhosai yng ngwesty'r Castle ar bwys y gadeirlan ym Mangor, ac arno ef y syrthiai'r cyfrifoldeb ariannol. Roedd yn amlwg bryd hynny ei fod yn yfwr trwm, a hyd heddiw ni wn faint o arian a gasglwyd, nac ychwaith i ble'r aeth y Mini.

Y CYMRIC

RALI ◊

GENEDLAETHOL

SIARADWYR;
DAFYDD
ELIS TOMOS A.S.
›AC ERAILL

YMGYNNULL;
NEUADD JOHN
MORRIS JONES,
FFORDD Y COLEG **BANGOR**

DYDD SADWRN
RHAGFYR 11 2 P.M.

CYMRAEG YN Y
COLEG!

Y 4 YN ÔL !

Pennod 19

Protestiadau ar y Bryn

Bûm yn ffodus iawn o gael darlithwyr arbennig yn yr Adran Efrydiau Beiblaidd ym Mangor. Ysgolheigion o'r radd flaenaf, a meistri yn eu maes, gan gynnwys Owen. E. Evans, Isaac Thomas, Dafydd Rhys ap Thomas, a Gwilym H. Jones, a hynny ddim ond i enwi rhai. Anrhydedd oedd bod yn eu cwmni, a dysgais lawer wrth eu traed. Cofiaf hyd heddiw ddarlithoedd Gwilym H. Jones. Dechreuai'r ddarlith gyntaf am naw o'r gloch bob bore Gwener. Byddai'n darlithio'n solat am awr gyfan, yn ffynnon o wybodaeth fanwl am hanes yr Hen Destament. Byddem ninnau wedyn yn ceisio cofnodi cymaint ag y gallem, hyd nes ein bod wedi llwyr ymlâdd. Peth da oedd bod y penwythnos o'n blaenau.

Adran gymharol ifanc, wedi ei sefydlu rai blynyddoedd ynghynt oedd yr Adran Wyddor Cymdeithas. Er bod Cymdeithaseg yn bwnc cwbl newydd imi, buan iawn y deuthum i fwynhau'r darlithoedd a'r seminarau yng nghwmni ysgolheigion fel yr Athro H. Morris Jones (Pennaeth yr Adran), Dr Alwyn Roberts, Dr Cyril Parry, Dr Glyn Williams ac Ellis Roberts. Fy mwriad ar ddechrau'r ail flwyddyn oedd astudio Polisi Cymdeithasol ac Efrydiau Beiblaidd, ond yn anffodus, nid oedd yn bosibl gwneud hynny. Roedd gennyf ddewis anodd i'w wneud, a Pholisi Cymdeithasol aeth â hi.

Wrth geisio setlo i fywyd academaidd a chymdeithasol y coleg, darganfûm fy hun yn gynnar iawn yn aelod o weithgor a sefydlwyd gan y Cymric, Cymdeithas Gymraeg y coleg, i edrych i mewn i'r posibilrwydd o sefydlu Undeb Gymraeg ym Mangor. Er mai'r Cymric yn draddodiadol oedd wedi cynrychioli llais y Cymry ym Mangor, roedd teimlad fod angen llais gwleidyddol swyddogol, swyddogaeth na fu cyn hynny yn rhan o gyfansoddiad y Cymric. Eisoes, roedd myfyrwyr Cymraeg Coleg Aberystwyth wedi gwthio'r cwch i'r dŵr drwy sefydlu eu hundeb eu hunain yn 1973, ac yn sgil hyn, penderfynwyd mewn cyfarfod o'r Cymric i wahodd Wayne Williams a Rhodri Glyn Thomas o Aberystwyth i ddod i rannu eu profiad, ac i ddadlau o blaid sefydlu Undeb Gymraeg. Etholwyd Gwynn ap Gwilym ac Ann Beynon i gyflwyno dadl yn erbyn dilyn patrwm Aber. Llwyddodd y ddau o Aber i gario'r dydd mewn pleidlais. Er bod newid graddol o ran y meddylfryd o sefydlu Undeb Gymraeg, roedd gwaith mawr i'w wneud i geisio argyhoeddi'r Cymry y byddai Undeb o'r fath yn gwneud gwahaniaeth, er gwell, i'r hyn yr oedd y Cymric wedi llwyddo i'w wneud i hyrwyddo llais myfyrwyr Cymraeg o fewn y coleg.

Yn y cyfamser, roedd tensiynau mawr yn codi rhwng y Cymric a'r Undeb Saesneg. Roedd y Cymry'n anniddig ac yn rhwystredig wrth weld cynnig ar ôl cynnig gan y Cymric ar faterion yn ymwneud â'r Gymraeg yn cael eu trechu yng nghyfarfodydd yr Undeb. Pan fyddem yn cyflwyno cynigion, byddai gan y Saeson ddigon o fwyafrif i bleidleisio yn ein herbyn bron bob tro. Y paradocs oedd bod yr Undeb Saesneg yn barod i gefnogi protestiadau dros gyfiawnder ar draws y byd, ond yn anfodlon cefnogi'r Cymry oedd yn ceisio cyfiawnder i'r Gymraeg ar eu stepan drws.

Yn naturiol ddigon, roedd sefyllfa o'r fath yn ein

Tudalen flaen Y Dyfodol *yn croesawu Neuadd Gymraeg.*

gwneud yn fwy penderfynol o sefydlu Undeb Annibynnol Cymraeg. I mi, roedd sefydlu Undeb o'r fath yn gerbyd angenrheidiol ar gyfer roi hunanhyder i'r Cymry adennill tir i'r Gymraeg yn wyneb agweddau gwrth-Gymreig y sefydliad.

Ar ddiwedd fy mlwyddyn gyntaf, dyma benderfynu cynnig fy enw ar gyfer swydd Llywydd y Cymric. Roedd dau ohonom yn y ras, sef Geraint Owain, oedd yn aros yng Ngholeg Bala Bangor, a minnau. Yr arfer bryd hynny oedd bod swydd Llywydd y Cymric yn cael ei llenwi gan ymgeisydd o Goleg Bala Bangor. Cyn dyfodiad y Neuadd Gymraeg, câi Coleg Bala Bangor ei adnabod fel 'y neuadd Gymraeg answyddogol', ac yno roedd y cenedlaetholwyr a'r ymgyrchwyr iaith mwyaf pybyr yn lletya. O gael ar ddeall bod un o'r ymgeiswyr ar gyfer y llywyddiaeth yn dod o Neuadd JM-J, cefais wahoddiad i gyfarfod criw Bala Bang un noson, er mwyn gweld a oeddwn yn ymgeisydd teilwng! Pan ddaeth canlyniadau'r etholiad, cefais fy ethol yn Llywydd y Cymric cyntaf erioed o Neuadd John Morris-

Jones. Roedd yn dipyn o fraint mewn cyfnod pwysig yn hanes y Gymraeg a hawliau'r Cymry yn y coleg.

Nid oedd y frwydr o blaid Undeb Gymraeg wastad yn un ddu a gwyn, ac nid ar chwarae bach roedd sicrhau cefnogaeth lawn ymhlith y Cymry Cymraeg. Teimlai rhai mai brwydro am hawliau'r Gymraeg oddi mewn i'r Undeb Saesneg oedd y ffordd ymlaen, yn hytrach na gweld y Cymry yn creu rhyw fath o ghetto iddyn nhw eu hunain. Ond teimlem ni ar y llaw arall yn gwbl ddiamddiffyn wrth weld effeithiau trychinebus yr ehangu yn dod i'r amlwg, ac yn ei gwneud yn amhosibl sicrhau polisi iaith a fyddai'n rhoi statws teilwng o fewn y coleg i'r Gymraeg. Sut oedd modd i ddiwylliant o oddeutu dau gant o fyfyrwyr Cymraeg oroesi yng nghanol tair mil o fyfyrwyr oedd yn y coleg ar y pryd?

Yn gwisgo Clogyn Llywydd y Cymric

Yn y cyfnod hwn cafodd Ann Beynon, Cymraes o Ddyffryn Nantlle, ei hethol yn Llywydd Undeb y Myfyrwyr Saesneg. Roedd yn fyfyrwraig academaidd ddisglair iawn, ac yn uchel ei pharch ymysg pwysigion y coleg. Ceisiodd Undeb y Myfyrwyr ddefnyddio'r penodiad hwn er mwyn gwanhau'r galw am Undeb Gymraeg, ond ymlaen yr aeth yr ymgyrch. Bu gwrthdaro fwy nag unwaith yng Nghyfarfodydd Cyffredinol yr Undeb. Mewn dau o'r cyfarfodydd hyn, ar y 9fed o Ragfyr 1975 ac ar yr 20fed o Ionawr 1976, ceisiodd Densil Morgan, Tecwyn Ifan, a minnau gyflwyno cynnig bod yr Undeb yn 'cydnabod petai galw am Undeb Annibynnol Cymraeg, y byddai'n cefnogi'r alwad honno'. Daeth y cyfarfod cyntaf i ben mewn anhrefn llwyr, ac yn yr ail gyfarfod pleidleisiwyd bod y cynnig yn cael ei adael ar y bwrdd. Fodd bynnag, yn y cyfamser, pleidleisiodd aelodau'r Cymric o blaid yr egwyddor o sefydlu Undeb Gymraeg annibynnol.

Ar ddiwedd fy ail flwyddyn, cefais fy narbwyllo i ymgeisio ar gyfer llywyddiaeth y Cymric am yr ail dro, a dyma roi cynnig arni. Er fy mod wedi ei chyfri'n anrhydedd, roeddwn yn ymwybodol fod gennyf gryn dipyn ar fy mhlât wrth fynd i mewn i'm blwyddyn gradd. Eto, roedd yr achos dros Undeb Gymraeg yn ei hanterth, ac nid oeddwn am adael y frwydr ar ei hanner. Yn ogystal â hynny, ym mis Mehefin yr un flwyddyn, roedd y Cymric wedi cyflwyno dogfen i Gyngor y Coleg gyda chais am gynyddu defnydd o'r Gymraeg yn y Coleg, a'r ateb a gafwyd oedd eu bod am drafod y mater yn eu cyfarfod ym mis Hydref.

Yn fy llythyr fel Llywydd y Cymric at lasfyfyrwyr yn 1976, paratois ar gyfer dechrau'r ymgyrch dros Undeb Gymraeg. Fy neges oedd y byddai'r flwyddyn honno, a'r blynyddoedd dilynol, ymhlith y rhai mwyaf tyngedfennol yn sgil penderfyniad y Cymric mewn Cyfarfod Blynyddol i ymgyrchu dros sefydlu Undeb Annibynnol Cymraeg.

Pan ddaeth cyfarfod o Gyngor y Coleg ar y 27ain o Hydref, cafodd tri ohonom o'r Cymric, sef John Glyn, Russell Isaac, a minnau gyfle i fynd i mewn i Ystafell y Cyngor i gyflwyno ein hachos, ar ôl cythrwfl bychan y tu allan i'r drws. Roeddem yn galw am bolisi iaith clir, a gwnaethom yn glir y byddai'r Cymric yn fodlon defnyddio dulliau anghyfansoddiadol pe bai'r Cyngor yn gwrthod ein cynnig.

Er inni gael cyfle i annerch y cyfarfod, roedd teimlad nad oedd fawr ddim brwdfrydedd gan fwyafrif o aelodau'r

Cyngor i'r cynnig oedd gennym. Bu iddynt bleidleisio yn erbyn derbyn ein dogfen fel ag yr oedd, ond cytuno i sefydlu is-bwyllgor, dan gadeiryddiaeth y Llywydd, yr Arglwydd Kenyon, i adolygu'r polisi dwyieithog. Gwnaed y cynnig gan Mr I. Y. Glynne a'i eilio gan Mr Sydney Davies.

Nid oedd hyn yn annisgwyl. Roedd eu penderfyniad unwaith yn rhagor yn dangos diffyg ymrwymiad gwirioneddol ar eu rhan ac ymdrech bellach i arafu'r holl broses. Yn ogystal â hynny, roedd yn amlwg nad oedd gan aelodaeth yr is-bwyllgor, sef Arglwydd Kenyon, Llywydd, Sir Charles Evans, Prifathro, yr Athro J. Gwyn Williams, dirprwy Brifathro, Mr W. Elwyn Jones, Trysorydd, Mr I.B. Griffith, aelod o'r Cyngor, Miss Mari Wynn Meredith, a Mr Sydney Davies, ill dau'n aelodau o'r Cyngor, ddim brwdfrydedd. Yr unig ddewis oedd gweithredu'n uniongyrchol yn erbyn y Coleg. Roeddem yn benderfynol o fynd â'r maen i'r wal, gan fod gormod o lawer o lusgo traed wedi bod dros y blynyddoedd.

Gorymdaith drwy strydoedd Bangor – Emrys, fi,
Dafydd a Rheon.

O fewn deufis, roedd ymgyrch ar waith yn erbyn awdurdodau'r Coleg. Roedd tensiynau wedi cynyddu'n aruthrol, ac roedd y Cymric yn fwy penderfynol o lwyddo'r tro hwn. Roedd rhai o Gymry amlwg o fewn staff y Coleg wedi synhwyro bod gwrthdrawiad mawr ar droed, ac yn annisgwyl cefais wahoddiad yn rhinwedd fy swydd fel Llywydd i gartref yr Athro Bedwyr Lewis Jones am sgwrs anffurfiol gyda Alwyn Roberts, ac un neu ddau arall nad wyf yn cofio eu henwau. Roeddwn mewn penbleth ynghylch derbyn y gwahoddiad ai peidio, oherwydd roedd gennyf syniad go lew beth fyddai eu bwriad. Wedi trafod y mater gyda rhai o swyddogion y Cymric, cytunais i dderbyn y gwahoddiad. Wedi cyrraedd a chael croeso cynnes, daeth yn amlwg mai ceisio dwyn perswâd arnaf i ddod â'r ymgyrch i ben, neu o leiaf ffrwyno rhywfaint ar y tyndra, oedd eu bwriad. Eu hofn mwyaf oedd y byddai'r gwrthdaro yn gwneud niwed mawr i'r Coleg a'r Gymraeg. Gadewais yn ddisymwth, gan ddweud bod y Cymric wedi gwneud eu penderfyniad ac yn llawn fwriadu bwrw ymlaen.

Ar y 10fed o Dachwedd 1976, tynnwyd hysbysiadau oddi ar hysbysfyrddau yng Nghyfadran y Celfyddydau a Chyfadran y Gwyddorau. Y diwrnod canlynol, meddiannwyd swyddfeydd y Gofrestrfa Academaidd. Ar ddiwedd y prynhawn hwnnw bu bron inni â chael damwain fawr. Penderfynwyd cael pawb allan o'r adeilad drwy ffenestr y swyddfa, gan ddefnyddio ysgol i ddod â ni i lawr yn ddiogel. Yr olaf i adael yr ystafell oedd Dafydd Roberts, aelod o'r grŵp Ar Log, neu Dil Brân bryd hynny. Cyn gadael yr ystafell, roedd gofyn iddo symud y baracêds a dringo i lawr yr ysgol heb i staff y Coleg gael gafael ynddo. Roedd ar gymaint o frys yn gwneud hynny nes iddo lithro ar y ffordd i lawr yr ysgol a disgyn ar fy mhen. Wrth lwc, roedd y ddau ohonom yn iawn.

Paentiwyd sloganau 'Brad y Brifysgol' ar furiau'r Prif Adeilad, a thynnwyd rhai arwyddion i lawr. Yna, aeth rhai i mewn i'r Swyddfa Gyllid, a gwasgarwyd bocsys a ffeiliau dros y llawr.

Daeth penllanw'r protestiadau yn y diwrnodau dilynol, pan baentiwyd sloganau mewn du a gwyn ar waliau a drysau y tu mewn a thu allan i'r Coleg. Y weithred olaf hon a gynddeiriogodd Awdurdodau'r Coleg yn fwy na dim, ac roedd un o ddarlithwyr blaengar y coleg, Alwyn Roberts, yn flin iawn pan ofynnwyd am ei ymateb gan y darlledwr Gwyn Llywelyn y bore canlynol. Ni welai gyfiawnhad o gwbl i'r weithred a oedd, yn ei dyb ef, yn fandaliaeth lwyr. Ni allem ninnau, ar y llaw arall, ddeall sut roedd modd cyfiawnhau agwedd sarhaus y Coleg tuag at y Gymraeg. Mewn llythyr ataf i fel Llywydd y Cymric, dywedodd nad oedd yn amddiffyn polisi ieithyddol y Coleg, ond yn dadlau 'bod mwy yn cael ei wneud yn ymarferol nag a fyddech yn tybio' ond fod 'y cyfan yn ddi-drefn, yn fympwyol ac yn arddangos methiant i ddod i safbwynt cyson a rhesymegol ar y mater'. Y bore hwnnw, does gennyf ddim amheuaeth bod Alwyn Roberts ac eraill o'r diwedd wedi sylweddoli ein bod fel myfyrwyr Cymraeg yn benderfynol o fynd â'r maen i'r wal, beth bynnag fyddai'r gost.

Cefais ohebiaeth arall ar yr un trywydd, y tro hwn gan yr Athro Bedwyr Lewis Jones. Er datgan ei fod yn llwyr o blaid hyrwyddo'r Gymraeg a'r defnydd ohoni yn y coleg a thu allan i'r coleg ym mhob maes, dywedodd nad oedd yntau yn cefnogi'r hyn a ddigwyddodd yn enw'r Cymric, a'i fod yn anghymeradwyo dinistrio rhybuddion a hysbysebion yn gyffredinol, na chwaith yn cefnogi anharddu adeilad y coleg.

Roedd Syr Charles Evans ac eraill wedi eu brawychu gan y dulliau 'anghyfansoddiadol' a ddefnyddiwyd gennym, a mater o amser oedd hi cyn y byddai'n ymateb. Derbyniwyd neges gan dri ohonom, Russell Isaac, John Glyn, a minnau, yn rhoi gwŷs inni fynychu cyfarfod gyda'r Athro J. Gwynn Williams, Dirprwy Brifathro'r Coleg. Cawsom ein holi ganddo, a chofiaf y cyfweliad hwnnw'n glir. Wrth i'r dirprwy Brifathro fy holi'n fanwl, ceisiodd gael enwau'r unigolion a wnaeth y difrod. Yna, ar y dydd Llun canlynol, cafodd Dafydd Meirion, ysgrifennydd y Cymric, Emrys Wyn, yr ysgrifennydd cynorthwyol, a Rheon Tomos, y trysorydd, eu holi gan yr Athro J. Gwynn Williams. Roedd yn dod yn amlwg nad oedd awdurdodau'r coleg yn mynd i ddioddef rhagor o ymgyrchu tebyg.

O fewn dyddiau inni gael ein holi gan y Dirprwy Brifathro, roedd cyfarfod o Bwyllgor Disgyblu Senedd y Coleg wedi ei drefnu, ac roedd difrifoldeb y sefyllfa'n dwysáu. Gyda hyn mewn golwg, a chyn cyfarfod y Pwyllgor Disgyblu, llwyddom i gael y cyfreithiwr Meirion Jones o Gwmni T.H. Morgan i ddod i'n cynrychioli yn y cyfarfod. Fodd bynnag, gan fod y cyfarfod ar ddiwedd y prynhawn hwnnw, nid oedd modd i Meirion baratoi amddiffyniad ar ein rhan. Yr unig beth y gallai ei wneud fel cyfreithiwr oedd bod yn bresennol i sicrhau ein hawliau, ac i bwysleisio bod Emrys, Rheon, Dafydd a fi wedi gweithredu nid fel unigolion, ond fel aelodau o'r Cymric.

Cyflwynodd Euros Jones ddeiseb wedi ei arwyddo gan 160 o fyfyrwyr Cymraeg yn datgan eu bod i gyd yn gyfrifol am bob gweithred yn enw'r Cymric yn yr ymgyrch am bolisi iaith newydd. Cafwyd gair o gefnogaeth i fwriad y Cymric am bolisi dwyieithog gan Lywydd Undeb y Myfyrwyr, ond nid o blaid dulliau gweithredu'r Cymric yn erbyn y coleg. Wedi hynny, gofynnwyd inni adael y cyfarfod fel bod aelodau'r Senedd yn cael gwneud eu penderfyniad. Er bod Cymry amlwg fel yr Athro Bedwyr Lewis Jones, y Parch. Isaac Thomas, yr Athro A. Llywelyn-Williams, Lynn Davies, ac eraill yn bresennol yn y cyfarfod y prynhawn hwnnw, roeddent yn y lleiafrif, ac nid oeddem yn hyderus y byddai'r Senedd yn dangos trugaredd tuag atom.

Y diwrnod canlynol cawsom wybod ein tynged, a hynny mewn ffordd ddramatig iawn. Ar brynhawn dydd Mercher, Tachwedd 17, cyflwynwyd llythyr gan Brif Borthor y Coleg i'r pedwar ohonom, Dafydd, Rheon, Emrys a minnau oedd yn cynnwys penderfyniad Pwyllgor Disgyblu Senedd y Coleg.

Yn y llythyr nodwyd bod y Pwyllgor Disgyblu yn credu 'bod sail gadarn i'r honiadau bod y pedwar ohonoch wedi cymryd rhan yn yr hyn a ddigwyddodd a bod yr honiadau wedi eu profi.

'Fel canlyniad penderfynodd y Pwyllgor y dylid eich gyrru o'r Coleg am weddill sesiwn 1976/77; bydd ichwi adael y Coleg ar unwaith, ac nid oes hawl gennych fynd i mewn i adeiladau'r Coleg, nac i'w defnyddio, mewn unrhyw ffordd nac o dan unrhyw amgylchiadau. Cewch ddychwelyd i'r Coleg hwn ym mis Hydref 1977 ar yr amod eich bod yn y cyfamser yn cyflwyno i'r Pwyllgor ddatganiad ysgrifenedig yn sicrhau na fydd eich ymarweddiad, yn y dyfodol, mewn unrhyw ffordd nac o dan unrhyw amgylchiadau, yn debyg o beri difrod i eiddo'r Coleg neu o ymyrryd â gwaith arferol y Coleg.

Arwyddwyd y llythyr gan Eric Hughes, Ysgrifennydd a Chofrestrydd y Coleg. O dan bwysau mawr, ac yn drwm ei galon, dywedodd John Llywelyn Williams, Warden y Neuadd, nad oedd dewis ganddo ond gofyn i'r pedwar ohonom adael tir y Coleg yn ddiymdroi, yn unol â phenderfyniad awdurdodau'r Coleg.

Tra oedd y pedwar ohonom yn gwneud trefniadau i adael y coleg, roedd y newydd am ein gwaharddiad wedi lledaenu ymhlith y myfyrwyr Cymraeg, ac o fewn dim o amser roedd y Cymry'n dechrau ymgynnull yn Ystafell

Gyffredin y Neuadd i drafod a phenderfynu ar eu cam nesaf.

Cam nesaf y pedwar ohonom oedd cysylltu â'n teuluoedd cyn bod y cyfryngau yn cael gafael ar y stori. Gwyddem mai hon fyddai'r brif stori ar raglen newyddion 'Y Dydd' am chwech o'r gloch y noson honno. Roedd y daith adra yn y car y prynhawn hwnnw yn un anodd, wrth feddwl beth fyddai ymateb fy rhieni. Roeddwn wedi cael ail gyfle i fynd i'r coleg, ond byddai'n rhaid imi fynd adra i ddweud fy mod wedi cael fy ngwahardd, a bod posibilrwydd na fyddwn yn cael mynd yn ôl. Er eu bod yn bryderus ynglŷn â'm gwaharddiad a'm dyfodol, roeddent yn dosturiol. Penderfynais mai peidio ag aros adra fyddai orau, a dyma yrru'n ôl i Fangor, er mwyn cael bod gyda'r tri arall.

Wedi dychwelyd i Fangor, aeth y pedwar ohonom i'r Glôb am sgwrs. Yn y cyfamser, roedd aelodau'r Cymric wedi gorymdeithio o'r Neuadd i'r Coleg a meddiannu swyddfeydd Academaidd y Cyngor. Wrth inni sgwrsio ymysg ein gilydd yn yr 'offis' yn y Glôb, ystafell fechan wedi ei chau oddi wrth weddill yr adeilad, tarodd rhywun ei ben i mewn, a dechrau ein holi am yr helynt yn y coleg. Wrth i'r holi fynd yn fwy manwl, dechreuais anesmwytho. Dyma godi, a gofyn iddo pam fod ganddo gymaint o ddiddordeb yn yr hyn oedd yn digwydd yn y coleg. Gyda hynny, trodd i ffwrdd a gadael y dafarn. Tybed ai un o'r heddlu cudd oedd y gŵr? Yn rhyfedd iawn, rhai wythnosau wedyn, gwelais y gŵr dan sylw yn dod i mewn i'r Glôb, ac wrth i lygaid y ddau ohonom gyfarfod, trodd yn sydyn a gadael eto.

Tra bod y protestiadau yn mynd rhagddynt, roeddwn yn awyddus i aros ym Mangor. Drwy haelioni Gethin Clwyd a Trefor Jones Morris, dau fyfyriwr o Goleg Bala Bangor, cefais aros efo nhw. Trefniant answyddogol oedd hyn, gan na wyddai awdurdodau Bala Bang ddim am y peth.

Tynnai'r protestiadau sylw'r wasg leol a chenedlaethol. Roedd llythyrau di-ri o gefnogaeth yn cyrraedd y Neuadd gan garedigion yr iaith o bob cwr o Gymru, yn galw ar Awdurdodau'r Coleg i'n derbyn yn ôl. Profodd llythyrau cefnogol o'r fath yn werthfawr iawn imi. Cofiaf gael caniatâd i fynd â'r llythyrau gyda mi adra am y penwythnos, fel bod fy rhieni, a'm mam yn arbennig, yn cael eu darllen. Roedd gweld llythyrau gan enwogion y genedl yn gysur mawr iddynt. Er imi ddychwelyd y llythyrau i'r Neuadd, ni wn hyd heddiw lle mae'r llythyrau hyn wedi mynd.

Yn lleol roedd *Eco'r Wyddfa*, fy mhapur bro, wedi datgan eu cefnogaeth i'r achos, ac yn arbennig i mi a Rheon Tomos, dau o fro'r Eco. Roedd hyn yn gefn mawr inni. Hefyd cawsom gefnogaeth canghennau o fudiadau Merched y Wawr, Cymdeithas yr Iaith, Adfer, Mudiadau'r Eglwysi, Aelodau Seneddol Plaid Cymru, Cynghorau Cymuned, Cyngor Dosbarth Arfon, Ysgolion Unigol ac Undebau Llafur Athrawon a Phenaethiaid Ysgolion, yn ogystal â llythyrau gan werin bobl oedd yn arswydo am y modd yr oedd awdurdodau'r Coleg wedi ein trin. Yn ogystal â hynny, bu'r stori ar dudalennau blaen *Y Cymro*, *Y Faner* a phapurau lleol, yn ogystal â'r teledu a'r radio am wythnosau.

Fel yr âi amser yn ei flaen, awn yn fwy rhwystredig, gan na allwn fod yn rhan o'r protestiadau oedd yn mynd ymlaen. Yn yr un mis, gorymdeithiodd oddeutu 600 i 800 o fyfyrwyr drwy Fangor ac fe'u hanerchwyd yn y prif gwadrangl gan Dafydd Iwan, R.S. Thomas a Dr John Gwilym Jones. Yn ogystal â hynny, roedd bysus wedi teithio o Aberystwyth i'n cefnogi, a darlithwyr fel Dr John Rowlands, Tedi Millward, a D.J. Bowen yn eu plith yn gorymdeithio.

Yn dilyn hyn eisteddodd dros 120 o aelodau'r Cymric i lawr yn Adeilad Newydd y Celfyddydau a chau'r fynedfa i faes parcio'r cwadrangl. Meddiannwyd yr adeilad am chwe diwrnod cyn i awdurdodau'r coleg lwyddo i gael Gorchymyn gan yr Uchel Lys i symud y myfyrwyr o'r adeilad. Rhoddwyd y gorchymyn hwnnw ar y 27ain o Dachwedd, ond erbyn y diwrnod canlynol roedd yr adeilad wedi ei adfeddiannu.

Cafodd y myfyrwyr lawer o gefnogaeth, a derbyniodd y Coleg 150 o lythyrau yn cefnogi eu safiad. Dangoswyd cydymdeimlad gan rai academyddion Cymraeg, a mynegodd rhai o aelodau lleyg y Cyngor bryder ynglŷn â gweithredoedd y coleg. Roedd O. V. Jones, Obstetregydd Cymraeg ei iaith, ac aelod o'r Cyngor ers cryn amser, yn anhapus ynglŷn â'r hyn a ddisgrifiodd yn ei eiriau ei hun fel 'the harsh penalty given to the four students'. Yr un neges a ddaeth gan Undeb Myfyrwyr Saesneg y coleg. Roeddent o'r farn y dylai'r pedwar ohonom gael dychwelyd i'r coleg, er nad oeddent yn cytuno gyda dulliau'r Cymric o brotestio.

Ar y llaw arall, roedd rhai academyddion yn gandryll gydag ymddygiad y myfyrwyr. Galwodd cangen Bangor o Undeb y Darlithwyr, yr AUT, am 'firm disciplinary action to be taken', tra mewn colofn olygyddol fe wnaeth y Caernarfon and Denbigh Herald ddatgan ei fod yn falch 'that the principal of Bangor University College was firm in his handling of some students'.

Nid pawb o'm hardal fy hun oedd yn gefnogol i'r ymgyrch. Cefais brofiad diflas mewn ambell eglwys leol wrth arwain gwasanaethau ar y Sul. Mewn un oedfa, trodd rhai pobl yn ôl am adra wedi deall mai fi oedd yn arwain y gwasanaeth y bore hwnnw. Mewn oedfa arall, cerddodd rhai allan o'r eglwys wrth imi gamu i'r pulpud. Nid oeddwn wedi rhagweld y byddai hyn yn digwydd. Roedd yn olygfa drist, ac yn siom fawr i mi'n bersonol. Serch hynny, eithriad oedd digwyddiadau o'r fath.

Roedd galw cynyddol ar y coleg i ddangos trugaredd trwy'n derbyn yn ôl i'r coleg. Yn y cyfamser, roedd y pedwar ohonom mewn trafodaethau gyda'n cyfreithiwr o Gwmni T.H. Morgan ynglŷn â pha gamau cyfreithiol pellach oedd ar gael inni yn erbyn awdurdodau'r coleg. Canlyniad hyn oedd cytuno i gychwyn achos llys yn Llundain, pe na bai'r coleg yn trefnu eu hunain yn foddhaol cyn cyfarfod Cyngor y Coleg ar yr 8fed o Ragfyr. Roedd pwysau mawr o bob tu felly ar i Senedd y Cyngor ailystyried eu penderfyniad. O dan Siarter y Brifysgol, cyfrifoldeb y Senedd oedd materion disgyblu.

Pan gyfarfu Cyngor y Coleg ar yr 8fed o Ragfyr, adroddodd y Cofrestrydd bod y coleg wedi derbyn 151 o lythyrau yn mynegi pryder am y weithred ddisgyblu a basiwyd gan y Senedd, ac yn gofyn am weld y Cyngor yn sefydlu polisi dwyieithog. Wedi trafodaeth fer, rhoddwyd cynnig gerbron y Cyngor gan Archesgob Cymru, G.O. Williams, ac eiliwyd y cynnig gan O.V. Jones. Roedd y cynnig yn 'condemnio defnyddio trais wrth ymdrin â materion y coleg' ac yn 'galw ar y Cymric i ymatal rhag unrhyw weithred a fyddai'n ymyrryd â dysgu, ymchwil a gweinyddu yn y coleg'. Ond ar yr un gwynt, roedd y 'Cyngor yn gwahodd y Senedd, fel gweithred o drugaredd, i ailystyried y gosb a osodwyd ar y pedwar myfyriwr a gafodd eu gyrru o'r coleg am gyfnod penodol'. Cafodd y penderfyniad hwnnw ei gadarnhau gan Lys y Coleg.

Ychydig ddyddiau'n ddiweddarach ar y 15fed o Ragfyr, ailystyriodd y Senedd y mater, ac er glynu wrth eu barn fod eu penderfyniad gwreiddiol i'n diarddel wedi bod yn un cywir, cytunwyd o blaid argymhellion Cyngor y Coleg. Cytunwyd ar ein rhan ni i'r addewidion y gofynnwyd amdanynt. Roedd modd felly inni ddychwelyd i'r coleg ar ddiwrnod cyntaf tymor y Gwanwyn, ac ail-gychwyn mynychu darlithoedd a defnyddio Llyfrgell y Coleg.

Wrth ddychwelyd, roeddwn yn ansicr ynglŷn â'r ymateb a'n disgwyliai o du'r staff academaidd yn bennaf, gan nad oedd pawb yn gefnogol i'r ymgyrch. Ofer oedd poeni, serch hynny, oherwydd derbyniais bob cefnogaeth ac anogaeth i gwblhau fy ngwaith academaidd. Am hynny, byddaf yn parhau'n ddiolchgar.

Llwyddais i gael gradd ddigon anrhydeddus, a thrwy hynny dalu yn ôl rywfaint i'm rhieni am fod mor amyneddgar a chefnogol mewn cyfnod anodd. Pan ddaeth y seremoni raddio, roeddwn rhwng dau feddwl ynghylch mynd ai peidio. Penderfynu mynd a wnes yn y diwedd, a hynny er lles fy rhieni, a'm tad yn arbennig, gan mai ceiniogau prin chwarelwyr y gogledd a'u teuluoedd a gyfrannodd at godi'r coleg yn y lle cyntaf. Penbleth arall oedd sut yr ymatebwn i Syr Charles Evans wrth dderbyn fy ngradd. Pan gyhoeddwyd fy enw, a phan es o'i flaen, gwrthodais ysgwyd ei law. Bu i'r dyn hwn ddangos amarch

Diwrnod graddio gyda'm rhieni

tuag at fy iaith, ac at lafur y chwarelwyr oedd yn sylfaen i'r coleg. Credaf i ddwsin o fyfyrwyr eraill wrthod ysgwyd ei law hefyd.

Does dim amheuaeth fod styfnigrwydd Syr Charles Evans wedi bod o fantais fawr wrth inni geisio mynd â'r maen i'r wal. Nid oedd cyfaddawdu yn rhan o'i wneuthuriad. Pan sefais o'i flaen i annerch cyfarfod Cyngor y Coleg ar gychwyn yr ymgyrch, roedd golwg oer a didrugaredd arno, a chefais yr argraff yn y cyfarfod hwnnw na feiddiai neb ei herio. Ar adegau eraill, byddwn yn ei wylio o ffenestri llyfrgell y coleg, yn parcio ei gar yng nghwad y coleg, ac yn cael ei drosglwyddo i gadair olwyn am iddo ddechrau dangos symptomau o sglerosis ymledol. Wrth ei wylio, byddwn yn pendroni ynghylch yr hyn oedd yn gyrru'r dyn cymhleth hwn.

Seisnigo wnaeth y coleg yn ystod ei gyfnod fel Prifathro. Roedd fel pe na bai'n gallu dirnad oblygiadau'r Seisnigo ar goleg fel Bangor mewn ardal mor Gymreig â Gwynedd. Pan ddaeth i Fangor am y tro cyntaf fel prifathro, roedd llai na 1,200 o fyfyrwyr yn y coleg, ac ar ôl bod yn y swydd am un mlynedd ar hugain, cynyddodd y nifer i 3,000. Adroddiad Robbins oedd y sbardun iddo wneud hyn, adroddiad a gyhoeddwyd a'i dderbyn gan y Llywodraeth yn 1963 oedd yn annog pob prifysgol ym Mhrydain i ehangu'n gyflym fel bod modd derbyn y cynnydd mawr yn nifer y plant ysgol oedd wedi cyrraedd oedran prifysgol. Bellach mae tua 10,000 o fyfyrwyr yn astudio yn y Coleg ar y Bryn. Bangor yw'r coleg sy'n cynnig y nifer mwyaf o gyrsiau cyfrwng Cymraeg, ac mae mwy o fyfyrwyr yn dewis astudio trwy'r Gymraeg yno nag unrhyw goleg arall yng Nghymru.

Roeddem yn ymwybodol fod ymgyrch i sicrhau polisi iaith dwyieithog a llais cryf i'r myfyrwyr Cymraeg o fewn coridorau pŵer y coleg yn mynd i fod yn her. Cymerodd dwy flynedd o waith caled yn paratoi at ymgyrch gref yn erbyn y coleg, ac er gwaethaf y fuddugoliaeth o gael y pedwar ohonom i ddychwelyd i'r coleg a sicrhau rhyw fath o bolisi iaith, dangosodd yr ymgyrchoedd a'r aberth fawr a wnaed gan fyfyrwyr a'n dilynodd na fyddai Syr Charles yn gwyro.

Hyd heddiw, rwyf yn argyhoeddedig pe bai rhai o Gymry Cymraeg blaenllaw'r coleg wedi dangos mymryn mwy o ddewrder, byddem wedi cael buddugoliaeth yn erbyn Syr Charles Evans, a byddai hynny mewn blynyddoedd dilynol wedi arwain at sefydlu Coleg Cymraeg ym Mangor. Roeddwn yn teimlo ein bod ar drothwy buddugoliaeth fawr i'r Gymraeg, ond ni chafwyd cefnogaeth ar yr awr yr oedd ei angen fwyaf.

Ar ôl cael dychwelyd i'r coleg, nid anghofiaf fyth mo'r teimlad ddaeth drosof wrth gerdded ar fy mhen fy hun drwy goridorau moel y coleg un diwrnod. Cefais fy sobri yn y fan a'r lle, a hynny gan y sylweddoliad mai sefydliad Prydeinig oedd y coleg ym Mangor yn y bôn, ac mai dyma'r egwyddor yr oeddwn yn ymladd yn ei herbyn.

Ar ddiwedd yr ymgyrch, enillwyd rhyw lun ar bolisi dwyieithog, ond y digwyddiad mwyaf arwyddocaol oedd sefydlu Undeb Myfyrwyr Colegau Bangor. Dan gadeiryddiaeth Densil Morgan, ar Ragfyr yr 8fed 1976, cynhaliwyd cyfarfod ffurfiol olaf Cymdeithas y Cymric. Yn y cyfarfod hwnnw, cyflwynwyd cynnig gan Euros Jones, 'Ein bod yn sefydlu Undeb Gymraeg yn ddi-oed', ac fe'i pasiwyd. Penodwyd dau swyddog i drefnu etholiadau, casglwyd ceiniog gan bawb fel tâl aelodaeth, a gwnaethpwyd trefniadau i ddileu cyfansoddiad y Cymric yn derfynol o fewn muriau'r hen goleg.

Wrth edrych yn ôl ar y cyfnod cythryblus hwnnw, daeth y newydd trist am farwolaeth dau a fu'n rhan o'r ymgyrch gyda mi ym Mangor. Roedd y ddau o'r un natur addfwyn, sef y Parch. Euros Wyn Jones a Falmai Pritchard. Cafodd Euros ei hun mewn sefyllfa gwbl annisgwyl ond arwyddocaol, pan gyflwynwyd gwŷs gan yr Uchel Lys yn Lerpwl. Roedd aelodau'r Cymric wedi meddiannu Adeilad Celfyddydau Newydd y Coleg am ddyddiau, a throdd Awdurdodau'r Coleg at y gyfraith i adfeddiannu'r adeilad. Roedd Cofrestrydd y coleg ar y pryd wedi adnabod un o'r myfyrwyr y tu mewn i Adeilad Newydd y Celfyddydau, a'r myfyriwr hwnnw oedd Euros. Pan gyflwynwyd y wŷs, roedd enw 'Euros Jones and persons unknown' arni.

Ymgyrchwraig dawel a chydwybodol oedd Falmai. Yn dilyn ei marwolaeth, daeth ei gŵr, y Parch. John Pritchard ar draws darn o bapur oedd yn cynnwys y pennill isod yn ei llawysgrifen. Ymddengys iddi ei chyfansoddi yng nghanol yr ymgyrch ar yr 17eg o Dachwedd, 1976.

Ein coleg sydd nodedig
Am faeddu'n iaith sathredig
I herio'r gwarth fe safodd Glyn
Am hyn mae'n wrthodedig.

Aduniad y 4 ohonom yn Eisteddfod Genedlaethol Caerdydd 2018
Fi, Emrys, Dafydd a Rheon

Roeddwn dan deimlad pan ddangosodd John y darn papur imi.

Yn ystod yr ymgyrchoedd ym Mangor, ac yn y blynyddoedd dilynol, bûm yn ffodus o ddod ar draws sawl newyddiadurwr arbennig a fyddai wastad yn barod i adrodd am hynt a helynt y protestiadau. Un ohonynt oedd y diweddar Glyn Evans, a oedd ar y pryd ar staff *Y Cymro*. Gweithiai Glyn o'i gartref, Tyddyn yn y Waun ym Mhenisarwaun. Fel arfer, awn â stori ato i'w gartref ar fore Sul, a byddai'r stori yn ymddangos yn llawn yn *Y Cymro* ar y bore dydd Mawrth. Fwy nag unwaith cawsom stori ar dudalen flaen *Y Cymro*, a oedd yn gyhoeddusrwydd gwych. Gallwn ymddiried yn llwyr yn Glyn, gan wybod y byddai'n adrodd y straeon yn llawn ac yn onest yn y papur. Roedd yn gymeriad addfwyn a chydwybodol, ac yn newyddiadurwr tan gamp.

Un arall o'r un ffatri newyddiadurol oedd Eifion Glyn. Gweithiai Eifion i HTV Cymru ar y pryd. Roedd gan HTV swyddfa yng Nglanrafon, Bangor, i lawr y ffordd o'r coleg, ac yno y byddwn yn mynd â stori. Gweithiai Ann Thomas, yr ysgrifenyddes yn yr un swyddfa, a byddai hithau yn cysylltu ag Eifion Glyn ar ein rhan. Roedd Eifion yn ohebydd penigamp, ac yn barod iawn i roi cyhoeddusrwydd i'n hymgyrchoedd.

Pennod 20

Seisnigrwydd Llandaf

Wedi tair blynedd gythryblus yn y Coleg ar y Bryn, dyma droi fy ngolygon tuag at ddilyn cwrs diwinyddol er mwyn paratoi at yr offeiriadaeth. Myfyriwr arall yn yr un cwch â mi oedd Aled Jones Williams, y prifardd a'r dramodydd adnabyddus. Roedd Aled a minnau yn graddio ym Mangor ar yr un pryd, ond yn wahanol i mi, roedd Aled wedi treulio tair blynedd yn Hostel yr Eglwys, Bangor Uchaf. Roeddwn yn adnabod Aled a'i rieni cyn iddo ddod i Fangor, gan fod ei dad, y Parch. R. E. Williams yn Offeiriad ym Mhlwyf Llanwnda, Arfon.

Bwriad y ddau ohonom oedd aros ym Mangor wedi cwblhau'r arholiadau gradd, gan ddilyn cwrs diwinyddiaeth trwy gyfrwng y Gymraeg. Cyflwynodd y ddau ohonom gais i'r Archesgob, G.O. Williams am gael parhau ym Mangor, ond ei ddymuniad ef oedd inni fynd i'r unig Goleg Diwinyddol oedd gan yr Eglwys yng Nghymru erbyn hynny, sef Coleg Mihangel Sant, Llandaf. Ar wahân i bopeth arall, teimlai'r Archesgob y byddai ein presenoldeb yno yn hwb i Gymreictod y coleg. Teimlai y gallem gymysgu ag ymgeiswyr o holl Esgobaethau Cymru, ac y byddai hynny'n fantais fawr inni yn y dyfodol.

Yr un oedd cenadwri'r Parch. Alun Jones, ficer plwyf Llanberis, oedd yn gyfrifol dros ymgeiswyr i'r weinidogaeth yn neoniaeth Arfon. Roedd yn awyddus imi fynd i Landaf gan mai Coleg Sant Mihangel oedd coleg swyddogol yr Eglwys yng Nghymru. Soniodd am ei brofiad ei hun o gael ei anfon i goleg diwinyddol yn Lloegr, ac er iddo fod yn anhapus yno, teimlai i'r profiad hwnnw fod o les iddo. Hefyd, pwysleisiodd y byddwn yn ddylanwad da yn Llandaf.

Roedd gennyf barch mawr tuag at yr Archesgob G.O. Williams, a'r peth olaf y dymunwn ei wneud oedd tynnu'n groes i'w ddymuniad. Roedd wedi dangos diddordeb mawr ynof, ac wedi dilyn fy ngyrfa yng Ngholeg Harlech ac ym Mangor, gan roi pob cefnogaeth.

Cyn imi groesi rhiniog y coleg yn Llandaf nid oedd y rhagolygon yn addawol iawn. Chwe mis cyn mynd yno, daeth llythyr gan warden y coleg yn gofyn imi ohebu ag ef yn Saesneg, gan nad oedd yn medru'r Gymraeg. Atebais innau gan ddweud fy mod yn gresynu na allai drefnu anfon ataf lythyr Cymraeg, neu lythyr dwyieithog o leiaf. Yna, rai wythnosau cyn cyrraedd Llandaf, anfonodd lythyr swyddogol uniaith Saesneg ataf yn fy nghroesawu i'r coleg!

O dan brotest, aeth Aled a minnau i Landaf ym mis Hydref 1977, gan aros mewn hostel i fyfyrwyr ar dir y Coleg. O fewn dim, sylweddolais fy mod mewn sefydliad Saesneg a Seisnig. Roedd popeth, ar wahân i ryw friwsionach o wasanaethau Cymraeg yn uniaith Saesneg yno. Dywedid y gras cyn bwyd mewn dwy iaith, Saesneg a Lladin.

Y Parch. John George Hughes oedd warden y coleg, Sais a symudodd i Landaf flwyddyn yn gynharach, a dyn Eglwys Lloegr o'i gorun i'w draed. Pan fu farw yn 1994, roedd yn Esgob dros ardal Kensington yn Llundain.

Nid oedd yn syndod felly nad oedd ganddo fawr ddim dealltwriaeth o fywyd eglwysig yng Nghymru.

Gallai trefn y coleg fod yn llym ac yn ffurfiol iawn. Un enghraifft o hyn oedd bod gofyn i bob myfyriwr fod yn bresennol mewn gwasanaeth boreol am saith o'r gloch mewn capel bychan ar safle'r coleg. Roedd gan bob myfyriwr ei sedd yn y capel, ac eisteddai'r darlithwyr yn y cefn. Dyma ffordd y staff o adnabod pwy oedd yn bresennol.

Roeddwn yn hiraethu am gwmni Cymry Cymraeg yn arw, ac i wneud yn iawn am hynny awn i lawr i'r ddinas ambell noson, a phe digwyddwn fod yn hwyr yn cyrraedd yn ôl byddai Aled, chwarae teg iddo, yn gadael imi ddringo drwy ffenestr ei lofft ar lawr isaf yr hostel.

Fel âi'r wythnosau yn eu blaen roeddwn yn ei chael yn anodd setlo i fywyd y coleg. Roedd yr awyrgylch Seisnig yn fy llethu. Ni allwn weld sut roedd hyn yn baratoad addas a pherthnasol ar gyfer Cymro Cymraeg oedd yn gobeithio dychwelyd i wasanaethu plwyfi Cymraeg eu hiaith. Dyma benderfynu ceisio gwneud rhywbeth am y peth.

Cyflwynodd Aled a minnau wyth o gynigion gerbron yr Ystafell Gyffredin, a derbyniwyd yn ddemocrataidd saith ohonynt. Petai'r awdurdodau wedi gweithredu arnynt, yna byddent wedi bod yn gaffaeliad mawr i'r coleg, gan sicrhau cael enw da iddo yn y cylchoedd Cymraeg. Fodd bynnag, dewisodd yr awdurdodau anwybyddu pump o'r cynigion, gan dderbyn dau yn unig. Y ddau gynnig oedd bod *Y Llan*, *Y Faner* a *Y Cymro* yn cyrraedd y coleg yn wythnosol, ac y dylid rhoi arwyddion dwyieithog mewn mannau cyhoeddus fel yr hysbysfwrdd, y 'stafell olchi dillad ac yn y blaen. Rhag ofn ichi feddwl fod hon yn fuddugoliaeth fawr, yr unig beth a wnaed oedd galw'r 'notice board' yn 'hysbysfwrdd', heb drafferthu cyfieithu'r llythyrau a'r dogfennau oedd ar yr hysbysfwrdd hwnnw!

Ar brynhawniau Mercher roedd gofyn i bob un ohonom fynychu gwasanaeth penodol yn y Gadeirlan yn Llandaf. Dyma fynd, a chael fy siomi nad oedd lle i'r Gymraeg yn y gwasanaeth, ac nad oedd bwriad i newid hynny. Dyma hysbysu'r coleg felly nad oeddwn am barhau i fynychu hyd nes y byddai'r Gymraeg yn cael rhan haeddiannol yn y gwasanaeth.

Wedi wythnos neu ddwy o gadw draw o'r gwasanaeth, daeth tro annisgwyl yng nghynffon y stori. Roeddwn, fel pawb arall wrthi'n gorffen bwyta yn ffreutur y coleg pan gyhoeddwyd bod y Warden yn dymuno fy ngweld ar ôl swper. Dyma fynd i'w weld, a chael ar ddeall ei fod yn awyddus i gael sgwrs gyffredinol gyda mi, ac yn benodol sgwrs i drafod fy absenoldeb o'r gwasanaeth yn y Gadeirlan. Soniais wrtho am fy nghefndir a'm disgwyliadau o'r coleg fel ymgeisydd Cymraeg ei iaith, a bod fy nghefndir crefyddol a diwylliannol yn bwysig iawn i mi.

Yn fuan iawn yn y sgwrs, daeth i'r amlwg fod gan y ddau ohonom safbwyntiau gwahanol. Wedi cryn drafod, trodd ataf a dweud ei fod yn teimlo fy mod yn rhoi fy iaith uwchlaw fy ffydd, ac o'r herwydd bod fy nyfodol yn yr offeiriadaeth dan amheuaeth. Ni allwn gredu'r hyn yr oeddwn yn ei glywed. Roedd mynd i'r offeiriadaeth yn golygu mwy na dim i mi. Cerddais o'r cyfarfod yn llawn dryswch.

Wedi noson o droi a throsi yn fy ngwely, dyma dreulio'r bore canlynol yn pwyso a mesur fy nghamau nesaf. Dyma benderfynu na allwn barhau yno fel myfyriwr, ac mai gadael fyddai orau. Teimlais nad oedd gennyf ddewis, ac ar wahân i Aled, a fu'n arbennig o gefnogol, roeddwn yn ei chael yn anodd gwybod at bwy i droi. Teimlwn fy mod ar fy mhen fy hun. Roedd y daith yn y car yn ôl tua'r gogledd yn un unig ac anodd iawn. Gwyddwn y byddai fy mhenderfyniad yn sioc ac yn siom enfawr i'm rhieni, i'r Eglwys leol, ac i'r Archesgob.

Er bod fy rhieni'n siomedig, cefais groeso adra ganddynt. Anfonais lythyr at yr Archesgob yn adrodd fy hanes, a gofynnodd imi ailystyried fy mhenderfyniad a dychwelyd i Landaf. Ni chefais gynnig symud i Fangor. Llandaf neu nunlle oedd hi am fod. Yr un oedd ymateb y Parch. Alun Jones. Roedd yn anfodlon iawn gyda'm penderfyniad. Dyma ddiwedd ar fy mwriad i fynd i'r offeiriadaeth, felly.

Nid oedd yn fater syml o ddewis rhwng Crist a'r frwydr dros yr iaith. Roeddwn, fel ymgeisydd Cymraeg fy iaith, wedi derbyn fy nghrefydd drwy'r Gymraeg, wedi dadlau dros fy argyhoeddiadau yn Gymraeg, ac yn paratoi, ac yn llefaru fy mhregethau yn Gymraeg. Y Gymraeg, fy mamiaith, oedd cyfrwng fy nghrefydd, ac y mae un yn rhan annatod o'r llall. Wrth ddatgysylltu fy nghrefydd oddi wrth fy iaith, roedd y coleg yn amddifadu ymgeiswyr Cymraeg o'u holl wreiddiau crefyddol.

Wnes i ddim meddwl ystyried troi at yr Ymneilltuwyr, er y gallai hynny olygu gweinidogaethu yn llawn trwy gyfrwng y Gymraeg. Y rheswm, mae'n debyg, oedd fy mod wedi fy nhrwytho fy hun yn llawn yn nhrefniadau'r Eglwys yng Nghymru ers yn blentyn, ac roedd fy nheyrngarwch i'r Eglwys wedi bod yn gymaint rhan o'm magwraeth, fy nheulu a'r gymuned Gristnogol Gymraeg ei hiaith ym mhlwyf Llandinorwig, ac yn Neoniaeth Arfon. Er mor siomedig oeddwn, byddai wedi bod yn anodd iawn imi droi fy nghefn ar yr Eglwys, er nad oedd modd imi wireddu fy ngalwedigaeth o wasanaethu Crist fel offeiriad ynddi. Nid oes gwadu bod yr holl brofiad wedi fy mrifo, ac wedi fy mlino yn aml trwy gydol fy mywyd.

Yn eironig iawn, ar yr union yr un amser ag yr oeddwn yn gadael Llandaf, roedd yr Archesgob, G.O. Williams wedi cynnwys llythyr yn Y Ddolen, cylchgrawn Esgobaeth Bangor, yn gofyn 'pam fod prinder offeiriaid i'w weld ar ei waethaf ynom ni sy'n Gymry Cymraeg?'

Cafwyd ymateb i lythyr yr Archesgob gan Arial M. Thomas o Lanwnda. Cyhoeddodd lythyr yn y wasg dan y teitl 'Seisnigrwydd Coleg Mihangel', yn cyhuddo'r coleg 'o fod yn sefydliad hollol Seisnig ei agwedd' ac yn gofyn 'sut y gall Cymro sydd yn pryderu am ddyfodol yr iaith aros mewn coleg yng Nghymru sydd mor wrth-Gymreig ei agwedd?' Aeth yn ei flaen i ofyn 'sut y gellwch ddisgwyl i Gymro ymateb i alwad Duw pan fo'r Eglwys ei hun yn rhoddi sefyllfa mor amhosibl o'i flaen yn ystod ei dymor yng Ngholeg Llandaf? Deallaf eich bod eisoes wedi colli ymgeisydd eleni oherwydd y sefyllfa bresennol yn y coleg'. Roedd yn amlwg ei fod wedi clywed am fy helynt yn Llandaf.

Un arall a glywsai nad oedd popeth fel y dylai fod yn Llandaf oedd y Parch. Huw Pierce Jones, offeiriad amlwg o blwyf Pwllheli. Mewn llythyr, y tro hwn yn *Y Llan*, cylchgrawn cenedlaethol yr Eglwys yng Nghymru, soniodd bod dau o un esgobaeth wedi gadael y Coleg, ac un o'r rheiny oherwydd y sefyllfa ieithyddol. 'Nawr gadewch imi gyfadde yn syth fy mod yn credu fod unrhyw un sy'n dianc adre ar ôl ychydig wythnosau yn hynod o ddiasgwrn cefn. Fe allai fod yn sefyllfa hollol amhosibl o'i safbwynt ef. Maentumiaf nad yw yn fwy amhosibl nac oedd i lawer ohonom yn y pedwardegau pan oedd gwrth-Gymreigrwydd Archesgob Glyn Simon yn ei anterth. Rydan ni'n deall yn o lew felly beth yw wynebu sefyllfa go anghymreig'.

Chwarae teg iddo, ymddangosodd erthygl gan Aled Jones Williams fel ymateb i sylwadau'r Parch. Huw Pierce Jones yn *Y Llan*, gan rannu ffeithiau ynglŷn â'r hyn oedd yn digwydd yn y coleg, ac yn yr un rhifyn gwelwyd Warden Mihangel Sant yn gwadu mai'r Gymraeg oedd y rheswm imi adael y coleg. Roedd yn cydnabod mai annigonol oedd y gydnabyddiaeth i'r Gymraeg, ond yn pwysleisio fod pethau'n gwella. Enghraifft o hyn, yn ei dyb ef, oedd mai dim ond ar ddau ddiwrnod yr oedd Cymraeg yng ngwasanaethau'r capel, a bod hynny wedi ei ymestyn i dri diwrnod!

Darllenais yn ddiweddar fod cyn warden Mihangel Sant, y Parch. John George Hughes, pan oedd yn Esgob Kensington wedi gwrthod ordeinio Justin Welby (Archesgob Caergrawnt, bellach) gan ddatgan nad oedd lle iddo yn Eglwys Lloegr. O fewn tri munud iddynt gyfarfod, dywedodd yr Esgob ei fod wedi cyfweld mil o ymgeiswyr i'w hordeinio, ac nad oedd ef yn cyrraedd y mil uchaf. Aeth yn ei flaen gan ddweud nad oedd gan Welby ddyfodol yn Eglwys Lloegr. Yn achos Justin Welby, aeth ei ficer i weld yr esgob, a'i berswadio i newid ei feddwl.

Pennod 21

Tro ar Fyd

Erbyn imi ddychwelyd adra ar ôl fy nghyfnod fel myfyriwr, roedd Dinorwig, fel pob pentref chwarelyddol arall yn yr ardal, wedi gweld newidiadau cymdeithasol ac economaidd mawr. Y prif gatalydd wrth gwrs oedd cau Chwarel Dinorwig. Er bod arwyddion ymhell cyn hynny bod y chwarel lechi fwyaf yn y byd yn wynebu difancoll, roedd yn ergyd drom pan ddaeth llythyr i law'r gweithwyr gan Gwmni Chwarel Dinorwig yn eu hysbysu y byddai'r chwarel yn cael ei chau ar yr 22ain Awst 1969. Roedd yn ddiwrnod tywyll, wrth feddwl am y 300 o ddynion a fyddai'n colli eu gwaith. Byddai'r canlyniad uniongyrchol ar y teuluoedd, a'r busnesau bach annibynnol ym mhentrefi Deiniolen a Llanberis yn un trychinebus.

Roedd y farchnad lechi ym Mhrydain ac ar draws y byd yn dangos bod y galw am lechi yn gostwng. Roedd y chwarel yn cynhyrchu 13,500 tunnell o lechi to bob blwyddyn. Erbyn dechrau'r chwedegau roedd y nifer oedd yn gweithio yn y chwarel wedi gostwng i 700 o ddynion. Wrth weld bod cau'r chwarel yn anorfod, gwnaed ymdrech yn 1962 i agor Chwarel Marchlyn ar ochr orllewinol Mynydd Elidir gan ddefnyddio peirannau modern er mwyn canfod llechi haws i'w cloddio. Er bod cloddio am lechi wedi digwydd yno cyn gynhared â 1931, daeth yr Ail Ryfel Byd i ymyrryd ar y gwaith, a bu'n rhaid disgwyl tan

171

1961 cyn ail gychwyn ar y gwaith unwaith yn rhagor. Wrth i'r holl waith fynd yn ei flaen ym Marchlyn, cofiaf fy nhad a'r chwarelwyr eraill yn dweud nad oeddent yn ffyddiog fod modd cael cerrig da yno. Gwir oedd pob gair, wrth gwrs, oherwydd er gwaethaf y buddsoddiad ariannol mawr, methiant oedd y cyfan.

Cofiaf y distawrwydd llethol yn y chwarel rai dyddiau ar ôl iddi gau. Roedd popeth wedi dod i stop, a'r hogia wedi gadael popeth ar eu holau. Roedd hi'n anodd peidio â theimlo'n ddigalon y diwrnod hwnnw. Y cwestiwn mawr wedyn oedd pa ddefnydd arall y gellid ei wneud o'r chwarel, er mwyn ceisio llenwi bwlch y swyddi a gollwyd.

Yn y cyfamser rhoddwyd tir y ddwy chwarel, Dinorwig a Marchlyn, ar werth gan The Dinorwig Slate Quarries Co. Ltd., yn ogystal â thai a bythynnod, swyddfeydd y chwarel, tai'r rheolwyr, tir pori a hawliau pysgota ar lynnoedd Marchlyn Bach a Marchlyn Mawr.

Llwyddwyd i brynu peth o'r eiddo, gan gynnwys yr Ysbyty Chwarel, Coed Allt Wen, a swyddfeydd y chwarel, gan eu cadw mewn dwylo cyhoeddus. Aeth gweddill yr eiddo o dan forthwyl mewn ocsiwn cyhoeddus dan ofal cwmni arwerthwyr John Pritchard & Co. o Fangor, yng Ngwesty'r Royal, Caernarfon, ar y 23ain o Fehefin 1970. Un eiddo oedd ar werth oedd Dinorwig Cottage, hen gartref fy nhad. Yn y catalog, disgrifiwyd y tŷ fel eiddo a oedd angen gwaith adnewyddu sylweddol wedi ei wneud arno, a bod gorchymyn cau arno gan y Cyngor lleol.

Roedd si ar led yn lleol mai cwmni McAlpine oedd yn debygol o brynu Chwarel Dinorwig, a dyna a ddigwyddodd. Gwerthwyd y safle am bris o £18,000. Ni allai neb gredu fod safle mor fawr wedi ei werthu am bris mor rhad. Roedd arwynebedd Chwarel Dinorwig a Chwarel Marchlyn yn gyfanswm o 800 acer i gyd, yn ogystal â 1,000 acer heb waith arno.

Erbyn mis Mai 1972 cawsom ar ddeall fod Bwrdd Cynhyrchu Trydan Canolog (CEGB) yn bwriadu adeiladu gorsaf bŵer ar y safle. Roedd yn gynllun sylweddol, ac fe ddenodd gannoedd ar gannoedd o ddynion lleol a dynion o du allan i'r ardal i dir y chwarel i gloddio twneli enfawr i mewn i'r mynydd er mwyn creu pwerdy hydro. Roedd y cyflog llawer yn fwy na'r hyn a gawsai'r chwarelwyr gynt. Parhaodd y gwaith o adeiladu'r Orsaf am sawl blwyddyn. Wrth i'r gwaith fynd rhagddo, roedd gweld cerrig da yn cael eu malu yn deilchion gan beiriannau mawr yn tyrchu i'r mynydd yn tristáu cyn chwarelwyr fel fy nhad. Cadarnhawyd bod cronfa ddihysbydd o lechfaen gorau'r byd yn gorwedd yn y mynydd, ond bod amgylchiadau masnachol y cyfnod yn eu herbyn, ac nad oedd Chwarel Dinorwig wedi cael ei datblygu'n effeithiol. Agorwyd yr orsaf bŵer yn 1974.

Penderfynodd un teulu o Ddinorwig ymfudo i Awstralia i fyw a gweithio, gan adael Cymru ar y 18fed o Dachwedd 1969. Rhwng 1947 a 1982, ymfudodd dros filiwn o Brydeinwyr i Awstralia, y mwyafrif ohonynt o dan gynllun y 'Ten Pound Poms' a oedd yn cael ei gyllido gan Lywodraethau Prydain ac Awstralia. Fel yr awgryma enw'r cynllun, roedd yn galluogi taith fforddiadwy i Awstralia, gyda chost tocyn oedolyn yn £10, a phlant yn cael teithio am ddim. Teulu o Fryn Sardis aeth yno, sef Harry ac Elizabeth Lewis a'u plant, Gwyneth ac Euros. Cyn mynd i Awstralia bu Harry yn gweithio yn y chwarel, ac yna yn ffatri alwminiwm Dolgarrog am oddeutu 12 mlynedd. Yn ôl Gwyneth y ferch, edrychai ymlaen yn arw i gael mynd, oherwydd fe swniai'r cyfan fel antur fawr. Nid oedd cyn hynny wedi bod fawr pellach na Dinorwig ei hun.

Bu farw Harry yn Awstralia ym mis Mehefin 2009 yn 81 oed, a chynhaliwyd gwasanaeth coffa iddo, gyda chynulleidfa fawr iawn yn bresennol yng Nghapel Sardis,

Dinorwig. Idris, fy mrawd oedd yn arwain y gwasanaeth. Mae Elizabeth, Gwyneth ac Euros yn dal i fyw yn Awstralia. Dros y blynyddoedd mae Gwyneth ac Euros wedi ymweld â Chymru a Dinorwig ar sawl achlysur.

Yr hyn a ddaeth gyda chau'r chwarel oedd gweld ffordd o fyw unigryw ardaloedd y llechi yn prysur newid. Roedd bywyd y chwarel wedi rhoi ei stamp ar bob agwedd o fywyd y gymdeithas a'i phobl. Yn ogystal â hynny, roedd dibynnu ar un diwydiant wedi golygu bod safonau byw a disgwyliadau pobl yn debyg i'w gilydd. Roedd pawb yn yr un gwch. Ond wrth i hogia'r chwarel fynd i wahanol weithfeydd, roedd y cyflogau a'r oriau gwaith yn amrywio. Câi hynny effaith ar bob agwedd o fywyd y gymuned. Dechreuodd pobl symud yn agosach at leoliad eu gwaith i fyw, a olygai fod tai yn mynd yn wag, a phobl ddieithr yn eu prynu.

Ergyd fawr gyntaf cau'r chwarel oedd cau'r ysgol gynradd ym mis Gorffennaf 1971. Bu'r ysgrifen ar y mur ers tro byd, gan fod y niferoedd wedi bod yn gostwng yn gyson. Blwyddyn cyn ei chau, cawsom ar ddeall gan y prifathro a'r corff llywodraethol fod y pwyllgor addysg wedi penderfynu ad-drefnu'r ysgol i fod yn ysgol babanod o fis Medi'r flwyddyn honno, ac y câi'r plant iau eu symud i Ysgol Gynradd Deiniolen. Pan agorodd yr ysgol ar ôl gwyliau'r haf y flwyddyn honno, chwech o ddisgyblion yn unig oedd ar y llyfrau wedi i blant dros 8 oed gael eu trosglwyddo i Ddeiniolen. Daeth cyfnod Owen Williams fel prifathro'r ysgol i ben, ac yn sgil hynny ym mis Ionawr 1971, penodwyd Henry Owen o Bontnewydd fel prifathro dros dro tan ddiwedd tymor yr haf. Wedi hynny, ymgymrodd Mrs K. Ll. Hughes â swydd pennaeth babanod yr ysgol. Pan ddaeth diwrnod olaf yr ysgol ym mis Gorffennaf y flwyddyn honno, chwech o blant yn unig oedd ar y llyfrau.

Erbyn 1979 roedd y Swyddfa Bost leol wedi ei chau. Roedd Mrs Parminter a'i phriod wedi cadw'r busnes am 43 mlynedd. Cyn hynny, rhieni Mrs Parminter a redai'r busnes, a rhyngddynt fel teulu roedd cysylltiad o 80 o flynyddoedd gyda'r post. Roedd fy mam ymhlith yr ychydig rai oedd yn dal i gasglu ei phensiwn yno'n wythnosol hyd nes ei chau.

Yn Neiniolen, daeth tro ar fyd y Stryd Fawr. Caeodd Siop E.B. yn 1978, ac o fewn pedair blynedd caeodd siop y Co-op yn 1982. Roedd arferion siopa pobl yn newid, ac yn y cyfnod hwn roedd yr archfarchnadoedd yn llyncu busnes siopau bach annibynnol. Fy nhad oedd Llywydd Pwyllgor y Co-op pan ddaeth y newydd ei bod yn cael ei chau, ac ef a gafodd yr orchwyl diflas o ddweud wrth yr aelodau mewn cyfarfod lleol. Fe'i hagorwyd am y tro olaf ar ddydd Sadwrn, yr 16eg o Ionawr.

175

Pennod 22

Sgrech

Ar ôl gadael Llandaf a bod ar y dôl am gyfnod, llwyddais i gael swydd ran amser, ddwy noson yr wythnos, yng Nghanolfan Ieuenctid Penrallt, Caernarfon. Roedd yn brofiad a hanner cael bod yng nghanol pobl ifanc y dref, ac arweiniodd y profiad hwn at gael swyddi rhan amser fel Arweinydd Clybiau Ieuenctid pentrefi Cwm-y-glo a Rhiwlas ymhen blynyddoedd. Mae aelodau o'r tri chlwb yn dal i fy atgoffa hyd heddiw o'r cyfnodau da a gawsom.

Yn y cyfnod hwn roeddwn yn dal i fyw gartref gyda fy rhieni, ac yn awyddus i ymhél â phob math o weithgareddau yn lleol. Y peth cyntaf a wneuthum oedd sefydlu cangen leol o Fudiad Adfer. Ar y pryd, roedd clwstwr o hogiau ifanc brwdfrydig fel John Eryl, Kelvin Pleming, a Meirion fy mrawd yn mwynhau gwrando ar recordiau Meic Stevens a Crysbas ac ati, a chyda'n gilydd dyma daro ar y syniad o gynnal disgo yn y Ganolfan leol.

Efo Geraint Jarman, 2005.

Wedi llwyddo i logi'r offer angenrheidiol gan Undeb y Myfyrwyr ym Mangor, aethom ati i gynnal disgo Cymraeg cyntaf yr ardal a fu'n llwyddiant mawr. Heidiodd tua chant ac ugain o bobl ifanc pentrefi Deiniolen, Llanrug, Brynrefail, Llanberis, Bethel a Chaernarfon yno i fwynhau tair awr o adloniant Cymraeg. Defnyddiwyd yr elw i brynu offer disgo ein hunain am £200, a dyma alw'r disgo yn 'Disgo Graig'. Llwyddwyd i ddenu grwpiau ifanc fel Tocyn Chwech a Sôs Coch i berfformio mewn dawnsfeydd yn y Ganolfan, ac ar y Sadyrnau, dechreuodd grwpiau hŷn ddod am sesiynau ymarfer i'r Ganolfan.

Ar yr un cyfnod trefnwyd cludiant i ddawnsfeydd ym Methesda a Phorthmadog i wylio grwpiau fel Shwn a Crysbas. Y syniad oedd trwytho pobl ifanc yr ardal ym myd adloniant Cymraeg, gan godi ymwybyddiaeth o'u Cymreictod ar yr un pryd. Y bwrlwm dechreuol hwn a arweiniodd at gyhoeddi *Sgrech*, cylchgrawn pop a ddechreuodd fel cylchgrawn yn ardal Arfon yng Ngwynedd, ond a ddatblygodd mewn dim o amser yn gylchgrawn pop cenedlaethol hynod boblogaidd o ddiwedd y saith degau tan 1985.

Fel ar nifer o aelwydydd eraill, roedd cerddoriaeth, a cherddoriaeth Gymraeg yn enwedig, yn beth pwysig ar ein haelwyd ni. Lleisiau'r tenor David Lloyd a Jac a Wil oedd i'w clywed yn y tŷ, a chyda'r blynyddoedd, daeth Hogia Llandygai, Hogia'r Wyddfa, Trebor Edwards, Tony ac Aloma, a Dafydd Iwan yn ffefrynnau hefyd, ac o bryd i'w gilydd roedd cyfle i weld rhai ohonynt yn perfformio yn fyw yn y Ganolfan leol. Ni fyddaf tra bwyf byw yn anghofio Glyn Pensarn yn dod i'n diddanu yn y Ganolfan un noson. Roeddem ar ein gliniau'n chwerthin. Cawsom sawl noson dda a chofiadwy yn y Ganolfan dros y blynyddoedd, ac roedd yn gyfle i ddwyn pawb o'r pentref ynghyd i fwynhau eu hunain.

Ces innau, yng nghanol cyffro canu pop y chwedegau fy nhynnu at y gitâr, a breuddwydiwn am enwogrwydd mawr. Yn bymtheg oed es am wersi gitâr at Owen Jones, Bron Fuches, Dinorwig, neu Now Pen Parc. Dwi'n siŵr fy mod yn deg wrth ddweud na fyddai Owen Jones yn ei ystyried ei hun fel rociwr, ond roedd yn ddyn â chanddo ddawn ag offerynnau pres. Roedd yn ddyn distaw ac annwyl, yn gerddor ac yn arweinydd bandiau pres penigamp. Am flynyddoedd, o dan yr enw 'Owen Orwig', bu'n canu'r corn gwlad ar lwyfan yr Eisteddfod Genedlaethol a holl seremonïau'r Orsedd gyda Tommy Williams, chwarelwr arall a chymydog iddo. Yna, daeth Billy Davies o Fron Deg, Gallt y Foel, Deiniolen i ymuno ag Owen Jones ar ôl i Tommy Williams roi'r gorau iddi. Ar brynhawniau Sul y cynhaliwyd y gwersi gitâr. Er imi geisio fy ngorau glas i feistroli'r cordiau, ni chefais hwyl arni, a daeth y freuddwyd o fod yn un o brif rocwyr Cymru i ben.

Yn ddifyr, plismon yn y chwarel oedd Owen Jones wrth ei waith bob dydd. Ei brif gyfrifoldeb oedd cadw llygad am dân yn y chwarel, gan fod hynny'n un o amodau yswiriant y gwaith, yn ogystal â chadw llygad ar yr eiddo ac atal tresbaswyr rhag mynd ar dir y chwarel. Gorchwyl arall oedd mynd fel gwarchodwr i gasglu cyflogau'r chwarelwyr o fanc y Felinheli bob dydd Gwener. Diwydiant ar dir agored ar wyneb mynydd Elidir oedd y chwarel, ac roedd yn dipyn o waith crwydro i gadw golwg ar y lle. Ni wn faint o ddwyn a fyddai'n mynd ymlaen, ond cofiaf fel y câi ambell dŷ ei baentio yn Ninorwig â phaent oedd yn debyg iawn i'r paent a ddefnyddiwyd yn y chwarel!

Ychydig a wyddwn ar ôl dechrau cyhoeddi *Sgrech* y byddai, mewn dim o dro, yn dod yn gyhoeddiad cenedlaethol, a'r cyfan yn digwydd o barlwr fy rhieni ym Mro Elidir. Y bwriad gwreiddiol oedd cyhoeddi cylchgrawn pop ar gyfer pobl ifanc ardaloedd Arfon i gyd-fynd â'r disgo a'r dawnsfeydd oedd yn cael eu cynnal yn lleol. Ond ar ôl cyhoeddi'r rhifynnau cyntaf, daeth yn amlwg bod y diddordeb yn lledu ar draws Cymru gyfan. Cynyddodd y gwerthiant a'r poblogrwydd yn aruthrol dros nos.

O'r cychwyn cyntaf, roeddem yn benderfynol mai llais annibynnol Cymry ifanc fyddai yn cael llwyfan yn y cylchgrawn, a'n bod yn ein cynnal ein hunain yn rhydd o grafangau grantiau ariannol ac unrhyw amodau a fyddai ynghlwm â hynny. O fis i fis roedd *Sgrech* yn adlewyrchu'r sîn ym mhob rhan o Gymru, a llanwyd y tudalennau gan luniau, adolygiadau, cyfweliadau, erthyglau, portreadau a cholofn ddadleuol a dychanol 'Colofn Wil a Fi'. Llwyddwyd i ddenu criw o gyfranwyr disglair cyson fel Nic Parry, Dylan Iorwerth, Siôn Tecwyn, Denfer Morgan, Emyr Llywelyn Gruffudd, Howard Huws, Gareth Llwyd, Geraint Løvgreen, Robin Gwyn, y diweddar Iwan Llwyd, Myrddin ap Dafydd a Geraint Cynan.

'Sgwenwyr penigamp i gyd, yn ddifyr ac adeiladol heb ofn bod yn feirniadol pan oedd galw am hynny. Doedd dim angen dwyn perswâd arnynt i gyfrannu oherwydd eu diddordeb ysol yn y sîn. Mae'r enwau hyn, wrth gwrs, yn unigolion a ddaeth yn enwau cenedlaethol mewn llu o feysydd, a hoffwn feddwl bod cyfrannu i *Sgrech* wedi bod yn llwyfan da iddynt.

Roedd lluniau da a chlir cyn bwysiced â chyfranwyr talentog, a'r lluniau hynny'n darlunio cyffro perfformiadau mewn gigs byw. Yn aml, roedd yn fater o ddod ar draws unigolion yn tynnu lluniau mewn dawnsfeydd a gofyn iddynt anfon set o'r lluniau ymlaen ataf. Dyna sut y deuthum ar draws Eifion Wyn, Gwyn Parry, Eric Jones, John G. Williams a Mel Wiliams, dim ond i enwi rhai. Cyfrannodd Gerallt Llywelyn luniau cofiadwy hefyd.

Bwriad y cyfan oedd creu darlun byw o'r sîn er mwyn

denu diddordeb a chael pobl ifanc i heidio i'r disgos a phrynu recordiau, a dyna a ddigwyddodd. Yn ogystal â chyhoeddi *Sgrech* bob dau fis, roeddem yn cyhoeddi *Blwyddlyfr Sgrech* adeg y Nadolig. Wrth i'r llwyddiant barhau, roedd angen chwilio am ffyrdd eraill o ariannu'r cylchgrawn, a dyma daro ar lu o syniadau. Yn eu plith roedd cyhoeddi bathodynnau a phosteri o'r artistiaid, a gwerthu crysau-T *Sgrech*. Erbyn Eisteddfod Genedlaethol Dyffryn Lliw yn 1980 roedd gennym babell *Sgrech* ar y maes, ac roedd yn gyfle inni werthu ein cynnyrch a chael cysylltiad wyneb yn wyneb gyda'n darllenwyr a'n cyfranwyr.

Dyma benderyfnu wedyn i gynnal Nosweithiau Gwobrwyo *Sgrech*, a bu'r nosweithiau'n lwyddiant ysgubol. Y syniad oedd rhoi llwyfan i'r goreuon o blith y sîn bop Cymraeg. Gweithiodd y fformat i'r dim, gyda Chymry ifanc yn pleidleisio dros eu hoff artistiaid mewn gwahanol gategorïau, a chael y goreuon i berfformio ar y noson. Cynhaliwyd y cyntaf o'r nosweithiau hyn yn Theatr Seilo, Caernarfon, ond oherwydd bod y lle dan ei sang, doedd dim dewis ond symud y lleoliad wedyn i Bafiliwn Corwen. Roedd awyrgylch y nosweithiau hyn yn drydanol, a'r pafiliwn yn llawn ymhell cyn cychwyn y noson. Roedd bysus llawn o bob cwr o Gymru yn heidio i'r nosweithiau hyn yng Nghorwen a'r Pafiliwn yn llawn dop.

Roedd Sesiynau *Sgrech* yn yr Eisteddfod Genedlaethol yn sesiynau cofiadwy hefyd. Cynhelid dwy sesiwn dydd yn ystod yr wythnos, a hynny mewn clybiau a tafarndai lleol. Yn aml iawn roedd rhaid cau'r drysau a gwrthod mynediad i nifer cyn bod y sesiynau wedi cychwyn, gan bod y llefydd mor llawn. Roedd grwpiau profiadol, yn ogystal â grwpiau newydd yn awyddus i berfformio ar lwyfan y sesiynau gan mai yno yr âi pawb.

Yn Eisteddfod Genedlaethol Ynys Môn yn 1983 yn

Llangefni, cynhaliwyd y sesiynau ym Mhlas Coch, yn ogystal â dwy noson roc, un ym Menllech a'r llall ym Mhlas Coch ar y cyd â MACYM (Mudiad Adloniant Cymraeg Ynys Môn).

Mae straeon am Nosweithiau Gwobrwyo *Sgrech* yn chwedlonol erbyn hyn, ac rydw i'n dal i gael fy atgoffa am y cyfnod da, a'r argraff a gâi'r digwyddiadau hyn ar bobl yn eu harddegau. Mae clywed sylwadau o'r fath yn gwneud yr holl waith yn werth chweil.

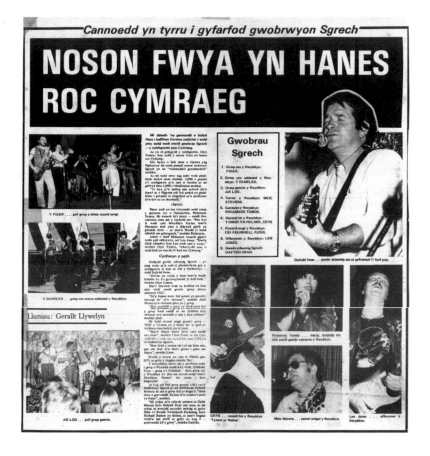

Llwyddwyd i sefydlu trefn ddosbarthu effeithiol, yn bennaf drwy ysgolion Cymru, a thrwy gael y bobl ifanc eu hunain yn gyfrifol am werthu'r cylchgrawn. Cofiaf deithio o gwmpas nifer o'r ysgolion gyda bwndeli o gopïau i'w gwerthu, a chael croeso mawr ymhob man. Teimlai'r dilynwyr fod ganddynt berchnogaeth o'r hyn roeddem yn ceisio ei wneud. Roedd pobl ifanc yn falch o gael perthyn i fudiad byw a chyffrous, ac eisiau chwarae rhan lawn yn hynny.

I mi yn bersonol, roedd *Sgrech* yn fater o wireddu breuddwyd mewn llawer ystyr. Roedd Nosweithiau Gwobrwyo yn ffordd o arddangos y gorau oedd gennym yn y sîn Gymraeg a chynnig llwyfan teilwng i hynny, tra bod cyhoeddi *Blwyddlyfr Sgrech* yn mynd â fi yn ôl i'r cyfnod braf hwnnw yn derbyn 'annuals' ar adeg Nadolig. Roedd Sesiynau Sgrech yn ffordd o rhyddhau pobl ifanc o rigolau yr Eisteddfod traddodiadol yn sŵn cerddoriaeth byw a chymdeithasu yr un pryd.

Daeth cyfnod *Sgrech* â mi i gysylltiad â phobl ar hyd a lled Cymru, a rydw i mor falch o fod wedi cael eu hadnabod. Mae'n braf iawn dod ar draws nifer ohonynt, yn arbennig bob blwyddyn ar faes yr Eisteddfod Genedlaethol.

Dyma englyn a gyfansoddwyd gan Myrddin ap Dafydd ar achlysur cyhoeddi'r gyfrol 'Byw y Freuddwyd – Sgrech 1978–85.'

Rhoddaist i'r rocars freuddwyd – a honno
    eleni a luniwyd
  yn llyfr, wedi'r dyddiau llwyd,
  o gloi y sgrech a glywyd.

Myrddin ap Dafydd

Pennod 23

Adfer Bro

Wrth gyhoeddi rhifyn cyntaf *Sgrech* yn haf 1978, roeddwn yn ymwneud â menter gyhoeddi arall. Roedd Cangen Adfer ym Methesda wedi cael llwyddiant mawr yn cyhoeddi llyfrau bro, a dyma fynd ati fel cangen yn Ninorwig i fabwysiadu'r un syniad. Y syniad oedd cyhoeddi llyfrau difyr, a dyma fynd ar ofyn cymeriadau lleol oedd â stori ddiddorol i'w hadrodd.

I gyd-fynd â chyhoeddi'r llyfrau dyma fynd ati i sefydlu Gwasg Elidir, a llwyddo o fewn cyfnod byr i gyhoeddi tri llyfr, a phob un ohonynt yn gwerthu cannoedd ar gannoedd o gopïau yn y siopau lleol. Roedd yn braf gweld cymaint o awch am ddarllen hanes cymeriadau lleol yn y Gymraeg. Nid oedd bwriad i wneud elw bryd hynny, dim ond clirio'r costau. Y nod oedd cael pobl i ddarllen Cymraeg a mwynhau gwneud hynny. Y grefft oedd casglu atgofion unigolion diddorol ac amlwg yn eu cymunedau a'u cyhoeddi am bris rhesymol. Y tri llyfr a gyhoeddwyd oedd *Hiraeth y Chwarelwr, Ar Odre'r Eifl* a *Rhiwen*. Wrth baratoi 'Hiraeth y Chwarelwr' a 'Rhiwen', recordiais y cyfan ar dâp, cyn eu golygu a'u cyhoeddi. Roedd cyfraniad fy nhad yn allweddol wrth baratoi deunydd dau o'r llyfrau.

Dyma fynd ati i recordio atgofion William Williams o Chwarel Goch, Fachwen ar dâp a chyhoeddi llyfryn ohonynt yn dwyn y teitl *Hiraeth y Chwarelwr* am bris o

45c. Daeth cant o bobl ynghyd i lansiad y llyfr yn y Ganolfan leol ym mis Rhagfyr 1977. Roedd William Williams yn chwarelwr o'i gorun i'w sawdl, ac yn ôl ei gyfaddefiad ei hun, dymunai 'godi chwarel o flaen bob dim arall'. Dyna oedd ei fyd, ac yn ei ieuenctid aeth i Awstralia i chwarela ar ôl gweld hysbyseb yn y papur, cyn dychwelyd i weithio gyda'i feibion yn Chwarel Dinorwig.

Mewn deuddydd, llwyddwyd i werthu dros 750 o gopïau o'r llyfr, ac erbyn y Nadolig roedd y gwerthiant wedi cynyddu i dros fil, gan brofi ei boblogrwydd ef ymhlith pobl leol.

Erbyn Nadolig 1978 roeddwn wedi cyhoeddi ail lyfr bro yn dwyn y teitl *Rhiwen*, sef atgofion bywyd W. M. Hughes o Ddeiniolen. Roedd ar drothwy ei ben-blwydd yn 90 oed pan ddaeth y cyhoeddiad allan. Profodd y llyfr yn deyrnged deilwng i ddyn a fu'n rhan ganolog trwy gydol ei oes o fywyd diwylliannol, crefyddol a chymdeithasol ei fro. Rhiwen oedd enw ei dŷ yng nghesail Moel Rhiwen ar bwys pentref Deiniolen.

Y trydydd llyfr bro i'w gyhoeddi gennyf oedd *Dan Gysgod yr Eifl* gan Mr Gwilym Owen, Trefor. Yn wahanol i'r ddau lyfr arall roedd y llyfr hwn yn adrodd hanes gŵr o ardal yr Eifl ym mhentref Trefor.

Fel ardaloedd cyffelyb, roedd sawl cymeriad yn byw yn Ninorwig. Un doniol iawn yn eu plith oedd Emlyn Griffiths o 8, Bro Elidir. Roedd yn gymeriad ffraeth a llawn hiwmor, ac roedd ganddo sylw digri a bachog i'w wneud am bawb. Ceir ail law oedd ei bethau. Gallaf ei weld rŵan hyn o flaen ei dŷ yn golchi a pholisio ei gar, a hwnnw'n sgleinio fel swllt. Wedyn, byddai'n mynd ati i frolio rhinweddau'r car i bawb a fyddai'n digwydd cerdded heibio. Yna, mewn dim, byddai'r car hwnnw'n diflannu, a char ail law arall yn dod yn ei le. Roedd yr ardd o flaen ei dŷ fel ffatri. Ag yntau'n glanhau gymaint o geir, câi bleser o ddweud ei fod wedi dod o hyd i bres mân ar y sedd gefn.

Roedd William Owen, Ty'n Fawnog, yn gymeriad arall. Byddai'n treulio oriau yn gweithio ar y car a'r moto beic oedd ganddo. Roedd sôn amdano'n trwsio ei foto beic yn ei ystafell fyw (wrth lwc, llechi oedd ar y llawr!)

Cofiaf un prynhawn Sadwrn cafodd Idris lifft ganddo i Gaernarfon, er mwyn dal y bws Traws Cambria. Wedi i Idris ddal y bws o'r Maes, dyma droi'n ôl i gyfeiriad William Owen, a dyna lle'r oedd yn gweithio o dan y car. Doedd 'rhywbeth ddim cweit yn iawn', medda fo, ac roedd 'angen golwg arno fo, cyn mynd nôl i Ddinorwig.'

Bobby Robaits wedyn, a arferai fyw yn Fron Deg ar y ffordd i lawr i Gapel Dinorwig. Cadwai wartheg, a byddai 'Nhad yn mynd â'i ferfa bren i dŷ Bobby Robaits i nôl tail. Ag yntau wedi mynd i oed, roedd ei glyw wedi gwaethygu. Byddai wrth ei fodd yn gwrando ar y radio, ac ar brynhawniau Sul byddai sain canu cynulleidfaol rhaglen Caniadaeth y Cysegr mor uchel, byddai modd ei glywed o bell. Roedd ganddo gi terrier airedale brown a du o'r enw Jac.

Fel pe na bai gennyf ddigon ar fy mhlât wrth i *Sgrech* fynd o nerth i nerth, cytunais i dderbyn swydd Cadeirydd Mudiad Adfer yn 1980, ac arhosais yn y swydd am dair blynedd. Cymerais yr awenau gan y Prifardd Ieuan Wyn o Fethesda a fu yn y swydd am bedair blynedd. Pan dderbyniais y gadeiryddiaeth, cofiaf Emyr Llewelyn, sylfaenydd Mudiad Adfer, yn dweud wrthyf y byddai'r swydd yn un heriol iawn, ac mewn dim o amser daeth ei broffwydoliaeth yn wir. Profodd arwain y Mudiad, cyd-olygu'r *Adferwr* gyda Ieuan Wyn, yn ogystal â hyrwyddo llwyddiant *Sgrech* yn dasg a hanner.

Roedd yn rhaid i Fudiad Adfer wynebu'r feirniadaeth gyson o ddiystyru ardaloedd llai Cymraeg a Chymreig, a chanolbwyntio ar amddiffyn cymunedau Cymraeg. Ein hymateb ni i hynny oedd bod gwarchod ac atgyfnerthu bröydd Cymraeg yn allweddol er mwyn sicrhau statws cyfartal i'r Gymraeg mewn ardaloedd eraill ar hyd a lled Cymru. Roedd rhaid adfer sefyllfa ieithyddol yr ardaloedd Cymraeg, oherwydd yno, ar yr unfed awr ar ddeg, yr oedd darn o dir Cymru lle siaredid y Gymraeg yn naturiol fel cyfrwng cyfathrebu naturiol bob dydd.

Yr alwad oedd ar i Gymry Cymraeg ddychwelyd i'r ardaloedd Cymraeg, er mwyn ymuno yn y gwaith o ail-adeiladu'r bröydd. Ers yn llawer rhy hir, roeddem wedi colli ein pobl ifanc, ac wedi gweld cartrefi yn cael eu prynu gan fewnfudwyr oedd yn Seisnigo ein hardaloedd ac yn peryglu dyfodol y Gymraeg. Roedd gennyf brawf o hynny yn fy ardal fy hun, a gallwn uniaethu'n llwyr ag amcanion Mudiad Adfer.

Yr amcanion oedd atal dinistrio'r gymdeithas Gymraeg gan ddatblygiadau estron a chreu ffyniant diwylliannol ac economaidd drwy ddatblygu holl adnoddau'r Fro Gymraeg. Yn ogystal â hynny, roedd creu gwaith a chartrefi yn y Fro Gymraeg i'n pobl a chreu cymdeithas Gymraeg gyflawn unwaith eto yn bwysig, gan ail-boblogi'r Fro Gymraeg drwy drefnu dychweliad ein pobl alltud. Creu Cymru newydd a fyddai'n ymgeledd i'n pobl ac yn gartref parhaol i'n hiaith a'n diwylliant.

Cyn sefydlu'r mudiad, bu Adfer yn prynu ac adnewyddu eiddo i'w osod neu i'w gwerthu, gan gael cryn lwyddiant yn gwneud hynny. Sefydlwyd Cwmni Adfer yn 1970, ac yn sgil hynny prynwyd eiddo yn Llithfaen, Bethesda, y Rhiw, Penrhyndeudraeth a Thregaron, ac fe'u gosodwyd ar rent i bobl leol na allai gystadlu yn y farchnad dai oherwydd prisiau afresymol.

Yn ystod fy nghyfnod fel Cadeirydd y Mudiad, roedd digonedd o ymgyrchoedd i'w hymladd, yn lleol ac yn genedlaethol. Un o'r rhai mwyaf oedd y brotest yn erbyn Seisnigrwydd Awdurdod Iechyd Gwynedd. Ar brynhawn

Sadwrn, 8fed o Hydref 1983, cynhaliodd Adfer rali gyhoeddus ym maes parcio Ysbyty Dewi Sant, Bangor, a chefais y fraint o rannu llwyfan gyda siaradwyr amlwg fel R.S. Thomas, Y Prifardd Ieuan Wyn, a'r Parchedig John Owen.

O gwmpas yr un cyfnod, cynhaliwyd ymgyrch fawr yn erbyn Coleg Technegol Gwynedd, Coleg Addysg Bellach ym Mangor. Ar y pryd, nid oedd y nesaf peth at ddim o'u cyrsiau ar gael drwy gyfrwng y Gymraeg, a hynny mewn coleg a weinyddid gan Awdurdod Addysg Gwynedd. Un cwrs llawn amser yn unig a gâi ei ddysgu drwy'r Gymraeg. Bu inni dargedu'r coleg hwnnw, gan fod mwyafrif llethol o'r myfyrwyr yn Gymry Cymraeg, ac yn dychwelyd i weithio yn eu hardaloedd wedi gorffen eu cyrsiau. Roedd yn hanfodol felly bod cyfle ar gael iddynt allu dilyn eu cyrsiau trwy gyfrwng eu mamiaith.

Yng nghanol yr holl ymgyrchoedd, roedd Adfer yn cynnal Gwyliau Pasg yn flynyddol gan symud o un fro i'r llall. Gwyliau diwylliannol yn hytrach na rhai gwleidyddol oedd y rhain. Roeddent yn gyfle i ymweld â gwahanol fröydd a darparu rhaglen lawn o weithgareddau a apeliai at bobl o bob oed. Amrywiai rhaglen yr wythnos o ddarlithoedd, ymrysonau rhwng beirdd lleol, teithiau bro, a gemau pêl-droed rhwng aelodau'r mudiad a phobl ifanc yr ardal. I goroni'r wythnos cynhelid disgo gyda grŵp yn perfformio. Pan gynhaliwyd yr Ŵyl yn Ninorwig ym mis Ebrill 1981, traddodwyd darlith 'Bargen Dinorwig' gan Emyr Jones yn y Ganolfan leol, cafwyd dawns gyda'r grŵp Marchog, yn ogystal â Disgo'r Llais yn Neuadd Goffa, Bethel. Cynhaliwyd noson gyda Tecwyn Ifan yng Ngwesty Dolbadarn hefyd, gyda dawns fythgofiadwy yng nghwmni'r grŵp Doctor a Disgo'r Llais yn yr un gwesty. Noson a hanner, gydag ystafell orlawn, ac yn ein plith tua deg ar hugain o Wyddelod ifanc yn gwirioni ar gerddoriaeth Gymraeg. I orffen yr wythnos, cafwyd taith gerdded o gwmpas Eryri dan arweiniad John G. Williams, Llanberis. Wythnos i'w chofio.

O fewn dwy flynedd imi roi'r gorau i gadeiryddiaeth Mudiad Adfer, daeth cyfnod *Sgrech* i ben. Roedd *Sgrech* ar adegau fel gwaith llawn amser am saith mlynedd, ac nid oeddwn yn teimlo ei bod yn deg parhau i fynd ar ofyn criw brwdfrydig oedd wedi bod yn gymaint o gefn imi wrth drefnu nosweithiau gwobrwyo, y babell a'r sesiynau yn yr Eisteddfodau. Hefyd, roedd y sîn yn dechrau newid, a theimlwn ei bod yn amser i griw newydd a gwahanol ddod i lenwi'r bwlch. Bu'n daith anhygoel.

Er i'r cylchgrawn ddiflannu, roeddwn yn parhau i gredu fod angen cylchgrawn arall ar bobl ifanc, ond y tro hwn, cylchgrawn a fyddai'n ehangach ei apêl. Canlyniad hyn oedd mynd ati yn 1985 i gyhoeddi cylchgrawn 20 tudalen o'r enw *Sylw*. Yn ffodus iawn, cytunodd Enid Mathias a Menna Jones, a fu'n cydweithio gyda mi i gysodi *Sgrech*, i ddal ati gyda mi i gyhoeddi'r cylchgrawn newydd.

Roedd yn *Sylw* elfennau o *Sgrech*, ond roedd yn ymgais at lunio cylchgrawn mwy gwleidyddol, ac roedd yn cynnwys erthyglau perthnasol i ieuenctid. Un o uchafbwyntiau'r rhifynnau cyntaf oedd sgwrs gyda Graham Taylor, Rheolwr Clwb Pêl-droed Watford. Ar y pryd, roedd dau chwaraewr addaw-ol a oedd yn Gymry Cymraeg, sef Malcolm Allen o Ddeiniolen ac Iwan Roberts o Harlech yn dechrau eu gyrfaoedd

"SAFIAD" – CYLCHGRAWN AMSEROL

"Safiad" yw'r trydydd cylchgrawn i Glyn Tomos o Ddinorwig ei olygu, ac mae hwn, sy'n dod â brwydr yr iaith "yn ôl i ganol ein bywydau" meddai "yn ddatblygiad naturiol o'r ddau arall". ("Sgrech" a "Sylw").

Meddai Glyn, prif bwrpas Safiad fydd lleisio barn bendant "ar y llu bygythiadau sy'n peryglu ein boboldaeth fel cenedl."

Gweithiwr cymdeithasol yw Glyn wrth ei alwedigaeth ond mae hefyd yn weithiwr brwd yn ei gymdeithas –, gyda phobl ifanc, dysgwyr yr iaith, eisteddfod bentref ac yn arbennig fel un fu, ac fel un sydd yn chwifio baner Cymreictod.

proffesiynol gyda Watford. Cofiaf dderbyn llythyr hyfryd, a lluniau o'r ddau gan Graham Taylor.

Erbyn y trydydd rhifyn, llwyddwyd i gynnwys wyth tudalen 'Sylw ar Roc' o fewn y cylchgrawn. Golygydd rhan hon y cylchgrawn oedd Guto Bebb, a fu, hyd at yn ddiweddar, yn Aelod Seneddol dros y Blaid Geidwadol. Blas ardal Caernarfon oedd i 'Sylw ar Roc', ac fe wnaeth Guto apêl am gyfraniadau o bob rhan o Gymru. Yn anffodus, oes fer fu i'r cylchgrawn. Rhifyn Rhagfyr 1986 oedd yr olaf.

Pe na bai hynny'n ddigon o waith imi, euthum ati ymhen dwy flynedd yn ddiweddarach i gyhoeddi cylchgrawn deufisol, 16 o dudalennau, o'r enw *Safiad* ym Mehefin 1988. Fel yr awgrymai enw'r cylchgrawn, y bwriad oedd gwneud safiad yn erbyn y bygythiadau a'n hwyncbai fel cenedl yn y cyfnod hwnnw. Y nod oedd gwneud materion fel 'mewnlifiad' a datblygiadau fel marinas a stadau tai cwbl ddiangen yn rhai nad oedd modd eu hosgoi. Yn anffodus, er pwysiced y cynnwys, daeth y cyhoeddiad i ben ar ôl tri rhifyn.

Pennod 24

Gyrfa ym Maes Gofal

Fy swydd lawn amser gyntaf oedd swydd gyda Chyngor Sir Gwynedd fel gweithiwr cymdeithasol dros dro ym maes pobl hŷn ac oedolion ag anableddau corfforol. Roedd yn gychwyn da, ac yn gyfle imi wneud gyrfa yn y maes. Ymhen llai na blwyddyn, symudais i swydd barhaol ym maes gofal plant yn ardal Arfon. Roedd yn swydd heriol, ond pleserus ar yr un pryd. Gallai'r gwaith fod yn drwm iawn wrth geisio cefnogi oddeutu deugain o achosion ar unrhyw adeg.

Canolbwyntio ar les ac anghenion y plentyn oedd y flaenoriaeth bob amser. I wneud hynny, roedd yn rhaid sicrhau bod plant yn cael eu gweld yn rheolaidd, a bod cydweithio agos ac effeithiol gydag asiantaethau iechyd ac addysg. Yn hyn o beth, bûm yn ffodus o gael cyd-weithio gyda staff ymroddedig iawn gan gynnwys ymwelwyr iechyd, staff meithrinfeydd, ac unedau addysg arbennig, wrth fonitro datblygiad a lles y plant.

O fewn blwyddyn, cefais flwyddyn yn rhydd o'r gwaith er mwyn dilyn cwrs yn arwain at Dystysgrif Cymhwyster mewn Gwaith Cymdeithasol ym Mhrifysgol Bangor. Fel rhan o'r cwrs, bûm yn ffodus o gael lleoliadau gwaith arbennig, ac roedd yr hyn a ddysgais yn werthfawr iawn ymhell wedi i mi symud yn ôl i fy ngwaith. Un o'r lleoliadau oedd yr Uned Alcohol yn Ysbyty Gogledd Cymru, Dinbych, ar gyfer trin pobl a oedd yn gaeth i alcohol a chyffuriau. Er imi edrych ymlaen at y profiad o weithio y tu mewn i hen adeilad yr ysbyty, roeddwn yn nerfus yn mynd yno, a hynny oherwydd y ddelwedd oedd gennyf o'r lle. Yn blant, fe glywem bobl yn dweud fod hwn a'r llall wedi ei anfon i 'Ddinbach', ac arhosai'r stigma hwnnw gyda'r unigolion a'u teuluoedd am byth.

Roedd gweithio o fewn yr Uned yn agoriad llygaid, ac yn brofiad a hanner. Cofiaf fod yn bresennol mewn cyfarfod am wyth o'r gloch un bore i dderbyn cleifion newydd i'r Uned. Holai'r meddyg am eu cyflwr, a byddai rhai ohonynt yn gyndyn i gydnabod bod ganddynt broblem yfed ddifrifol, er eu bod wedi cyrraedd yr ysbyty yn gynnar y bore hwnnw ag arogl alcohol yn drwm arnynt. Wedi asesiad pellach a derbyn eu hymrwymiad cychwynnol i driniaeth, y dasg oedd dod i'w hadnabod fel unigolion yn ogystal â'u hamgylchiadau. Roedd clywed am eu profiadau'n ddychryn, ac yn cadarnhau'r difrod mawr yr oedd alcoholiaeth yn ei gael ar eu bywydau. Teimlwn yn arbennig dros y to iau, oedd wedi profi tor-priodas a thrafferthion gyda'r gyfraith yn gynnar yn eu hugeiniau, ac na allent weld y dyfodol oedd o'u blaenau. Nid problem un dosbarth oedd hi, chwaith. Deuthum ar draws unigolion mewn swyddi cyfrifol a phobl amlwg yn eu cymunedau, unigolion yr oedd alcoholiaeth wedi chwalu eu bywydau hwythau a'u teuluoedd.

Yn ogystal â'r gwaith hwnnw, cefais gyfle i ymweld â chleifion oedd wedi dychwelyd adref ar ôl cyfnod o driniaeth yn yr Uned. Cofiaf ymweld ag un gŵr yn ei gartref, ac yntau'n ceisio fy narbwyllo fod ei broblem yfed yn perthyn i'w orffennol. Er hynny, cyfaddefai wedyn ei fod yn cadw alcohol yn y tŷ, a'i fod wedi llwyddo i wrthod pob temtasiwn. Nid oeddwn yn rhannu'r un gobaith ag y gwnâi o.

Cefais gyfle hefyd i ymweld â chleifion mewn wardiau eraill yn yr ysbyty. Roedd rhai o ddrysau'r wardiau dan glo, oherwydd cyflwr meddwl difrifol y cleifion. Roedd yn dipyn o brofiad cael mynediad iddynt. Un o'r arbenigwyr pennaf yn y maes, ac un a gysylltir gan amlaf gyda'r ysbyty oedd y diweddar Mr Dafydd Alun Jones, Ymgynghorydd Seiciatryddol a fu'n gweithio yno hyd nes i'r ysbyty gau yn 1995. Byddai'n ymweld yn rheolaidd â'r Uned i gyfarfod â'r cleifion, ac yn adolygu eu hachosion. Roedd yn uchel ei barch ymhlith y cleifion.

Lleoliad gwaith arall a brofodd yr un mor werthfawr oedd yr ychydig fisoedd a dreuliais gyda Chymdeithas Genedlaethol Atal Creulondeb tuag at Blant, neu'r NSPCC, yn eu swyddfa yng Nghaerdydd. Gwaith y Gymdeithas, fel heddiw, oedd dilyn pob ymholiad neu neges fyddai'n dod i law am bryderon ynglŷn â lles plant a phobl ifanc. Mewn ambell achos, dim ond cyfeiriad tŷ neu enw cyntaf y plentyn neu'r fam fyddai gan rywun i ymateb iddo. Dymuniad rhai unigolion a fyddai'n galw oedd aros yn ddienw wrth rannu eu pryderon a gofyn am ymyrraeth.

Cofiaf fynd yn hwyr un prynhawn i'r Cymoedd wedi i'r swyddfa dderbyn neges ffôn ddienw yn mynegi pryder am blentyn oedd i'w glywed yn crïo am gyfnodau hir. Roedd enw'r plentyn a'r cyfeiriad ar gael, ond dim rhagor. Gyda chyn lleied o wybodaeth, roedd yn anodd gwybod beth a'm hwynebai. Wedi dod o hyd i'r cyfeiriad, curo ar y drws, cyflwyno fy hun, a nodi pwrpas fy ymweliad, clywais sgrechfeydd a rhegfeydd yn dod o gyfeiriad yr ystafell fyw. Yr hyn a dramgwyddai'r teuluoedd yn fwy na dim oedd galwadau dienw gan bobl leol. Byddai'n rhaid dweud wedyn nad oedd modd datgelu enw'r galwr, a cheisio eu cael i setlo i lawr.

Yn yr achos arbennig hwn, roedd yn fater o weld y plentyn drosof fy hun, a chael y stori'n llawn am y sefyllfa gan y teulu, cyn bodloni fy hun nad oedd angen gweithredu pellach. Ar y ffordd yn ôl i Gaerdydd, rwy'n cofio teimlo'n flin gyda mi fy hun am greu cynnwrf i'r teulu, ond, ar y llaw arall, roedd gofyn imi gydnabod y gallai'r sefyllfa fod lawer gwaeth. Bu hyn yn wers bwysig imi, ac yn brofiad gwerthfawr wrth ddelio â llu o achosion anodd a chymhleth dros y blynyddoedd.

Wedi cymhwyso, bûm yn gweithio ym maes gofal plant am rai blynyddoedd. Er imi fwynhau'r gwaith yn fawr, gallai fod yn heriol, yn arbennig wrth ymdrin ag achosion cymhleth o gam-drin corfforol a rhywiol.

Dyma'r cyfnod pan oedd plant a phobl ifanc gydag anghenion ymddygiadol ac emosiynol difrifol o Wynedd, fel siroedd eraill, yn cael eu lleoli mewn cartrefi preswyl ar hyd a lled gogledd Cymru, gydag ambell un yn croesi Clawdd Offa. Mae rhai o'r achosion hyn wedi bod dan y chwyddwydr yn ystod y blynyddoedd diwethaf, yn sgil honiadau o gamdriniaeth ddifrifol mewn rhai o gartrefi preswyl plant gogledd Cymru.

Ar y pryd, ni chefais le i amau fod y gamdriniaeth yn mynd ymlaen. Dengys hyn pa mor gymhleth y gall achosion o'r fath fod, a bod y systemau ar y pryd wedi gadael rhai pobl ifanc yn agored i niwed. Mae rhywun yn tristau'n fawr o feddwl bod hyn wedi gallu digwydd.

Er mai'r ddelwedd a bortreadir o weithwyr cymdeithasol yw rhai sy'n symud plant oddi wrth eu rhieni, eithriad oedd hyn yn fy mhrofiad i. Cadw plant yn eu cartrefi gyda'u rhieni oedd y nod bob amser, cyn belled â bod hynny er lles a diogelwch y plentyn. Pan fyddai'r angen yn codi am symud plant o'u cartrefi, gosodai hyn straen emosiynol mawr ar y plant a'u teuluoedd, ac roedd gofyn i ninnau fel gweithwyr cymdeithasol fod yn broffesiynol mewn amgylchiadau tu hwnt o anodd.

Yn ogystal â'r heriau amrywiol, roedd o hyd yn bleser pur gweld bod ymyrraeth Gweithwyr Cymdeithasol yn gallu gwneud gwahaniaeth cadarnhaol. Mae rhai o'r plant, sydd bellach yn famau ac yn dadau eu hunain, yn dod ataf i rannu eu hatgofion, ac yn falch o'r gefnogaeth a gawsant ar y pryd.

Un o'r profiadau hyfrytaf a gefais fel gweithiwr cymdeithasol oedd lleoli plentyn rhai wythnosau oed gyda rhieni mabwysiedig. Roedd gweld eu hapusrwydd wrth dderbyn y plentyn i'w gofal yn bleser o'r mwyaf. Ar yr un pryd, fe'i cawn yn anodd peidio â meddwl am fam fiolegol ifanc y plentyn, a'r oblygiadau emosiynol a meddyliol mawr a ddeuai i'w rhan. Mae'n dda gennyf ddweud i'r plentyn hwnnw gael ei fagu mewn cartref cariadus.

Ochr arall y geiniog oedd y profiad anodd ac annisgwyl a gefais wrth gefnogi a chynorthwyo gŵr ifanc mabwysiedig a oedd yn awyddus i gysylltu â'i fam. Cafwyd y dechrau gorau wrth i'r fam ddweud y byddai'n fodlon cyfarfod ag ef. A ninnau'n meddwl fod popeth yn mynd o'n plaid, dyma dderbyn galwad ffôn annisgwyl gan y fam yn dweud ei bod wedi ailfeddwl, ac na allai gwrdd â'i mab. Teimlai y byddai'r profiad yn llawer yn rhy boenus iddi. Dywedodd mai canlyniad i drais gan ddyn hŷn na hi a arweiniodd at enedigaeth y mab. Wedi iddi ddod i'r amlwg ei bod yn feichiog, syrthiodd y baich i gyd arni hi, ac o'r herwydd teimlai nad oedd ganddi ddewis ond rhoi'r plentyn i'w fabwysiadu. Cafodd y profiad gryn effaith arni. A hithau bellach yn oedolyn, cawsai anhawster mawr i gynnal perthynas, ond roedd hi bellach mewn priodas sefydlog. Er yr awydd mawr oedd ganddi i gwrdd â'i mab, teimlai y byddai hynny yn rhoi ei phriodas mewn perygl. Rhoddodd y ffôn i lawr, ac ni chlywais ddim ganddi wedyn. Roedd yn rhaid parchu ei dymuniad. Mae cynnwys yr alwad honno wedi aros gyda mi byth ers hynny.

Wedi gweithio yn y maes am flynyddoedd, symudais i Bwllheli ar ôl derbyn swydd fel Arweinydd Tîm Pobl Hŷn ac Oedolion gyda Anabledd Corfforol yn ardal Dwyfor. Yn ystod y cyfnod hwn gwelwyd chwyldro ym maes gofal cymdeithasol, gydag awdurdodau lleol yn dechrau colli eu monopoli ar ddarparu gwasanaethau gofal, gyda chartrefi preswyl preifat yn dechrau ymddangos. Fel heddiw, tri chartref preswyl oedd gan y cyngor ar gyfer pobl hŷn yn Nwyfor, sef Plas y Don ym Mhwllheli, Hafod y Gest ym Mhorthmadog, a Phlas Hafan yn Nefyn. Tri chartref gyda'u cymeriad unigryw eu hunain.

Ni ellir mesur cyfraniad aruthrol gofalwyr i gynnal unigolion ag anghenion dwys yn y gymuned. Ni fyddai ein cyfundrefn gofal statudol, gwirfoddol ac annibynnol yn gallu cynnal ac ymateb i'r holl ofynion gofal sydd yn bodoli yn ein cymdeithas oni bai amdanynt. Yr her yn gyson i ni fel gwasanaeth gofal oedd cefnogi a chynorthwyo gofalwyr ymhob modd posibl. Mae'n bwysig gwrando yn iawn ar lais gofalwyr, fel bod y gefnogaeth yn addas i'w anghenion hwy a'r unigolyn y maent yn gofalu amdano.

Er imi fod yn hapus iawn yn Nwyfor, daeth cyfle imi symud yn ôl i Gaernarfon, ar ôl cael fy mhenodi i swydd Swyddog Hyfforddi gydag Adran Hyfforddiant Gwasanaethau Cymdeithasol y Cyngor. Roedd hon yn swydd newydd, y swydd wedi ei chreu yn sgil newidiadau mawr ym mholisïau gwasanaethau gofal cymdeithasol ar draws Prydain tuag at hyrwyddo gofal yn y gymuned ym maes oedolion. Roedd hyfforddiant staff, a'r swydd arbennig hon yn cael ei gweld yn allweddol i baratoi'r staff ar gyfer y newidiadau hyn yng Ngwynedd. I mi, roedd yn gychwyn ar gyfnod newydd a chyffrous, ac yn ddatblygiad i'r cyfeiriad cywir.

Wedi gweithio ym maes hyfforddi, cefais swydd fel Rheolwr Comisiynu ac wedyn fel Rheolwr Gwasanaeth ym maes Oedolion a olygai weithio ar draws y Sir, ac ar draws y gogledd gydag Awdurdodau Lleol y 6 sir a Gwasanaeth Bwrdd Iechyd Prifysgol Betsi Cadwaladr. Roedd pwyslais y swydd ar ddarganfod arbedion a chomisiynu gwasanaethau o'r newydd, yn ogystal â phwyslais ar wella perfformiad a sicrhau gwerth am arian. Roedd yn gyfnod heriol iawn, nid yn unig ym maes gofal ond ar draws holl wasanaethau'r Cyngor. Ers i mi ymddeol mae'r sefyllfa wedi parhau'n heriol, ac mae'n drist gweld cyllid Awdurdodau Lleol yn cael ei dorri hyd at y mêr.

Pennod 25

Bygwth fy Symud o'm Swydd

Er y byddaf yn fythol ddiolchgar i Gyngor Gwynedd am y fraint a'r cyfle i wasanaethu pobl y sir ym maes gofal cymdeithasol, a hynny trwy gyfrwng y Gymraeg, ni fu'r cyfnod heb ei rwystrau, chwaith.

Ar ddechrau'r wythdegau cawsom wybod bod Adran Gwasanaethau Cymdeithasol y Cyngor yn bwriadu penodi ymgeisydd di-Gymraeg i swydd Arweinydd Tîm Plant. Roedd y tîm yn gwrthwynebu hyn, ac yn dadlau mai'r Gymraeg oedd iaith gyntaf mwyafrif y plant a'r teuluoedd, a bod rhan helaeth o waith y tîm yn digwydd trwy gyfrwng y Gymraeg. Er hynny, bwriodd yr adran ymlaen â'r penodiad. Ysgrifennais at Mr Ioan Bowen Rees, Prif Weithredwr y Cyngor ar y pryd, yn apelio yn erbyn y penodiad. Ei ymateb oedd ei fod yn sylweddoli y byddai'n chwithig iawn i rywun sydd wedi arfer gwneud y rhan fwyaf o'i waith trwy gyfrwng y Gymraeg orfod defnyddio llawer mwy o Saesneg. Yn y cyfamser, gofynnodd imi helpu'r uwch weithiwr newydd hyd eithaf fy ngallu.

Ymateb Miss L.M. Hughes, cyfarwyddwr yr Adran Gwasanaethau Cymdeithasol oedd bod angen i mi, fel pob aelod o'r tîm, drafod achosion yn Saesneg nes y gallai arweinydd newydd y tîm ddeall Cymraeg. Atebais innau drwy ddweud fy mod am barhau i wneud fy ngwaith trwy gyfrwng y Gymraeg. Pe na bai hynny'n ddigon o gic, dywedodd y byddai'r adran yn fy nhrosglwyddo o'r tîm plant i dîm lle byddai modd imi dderbyn arolygaeth swyddogol trwy gyfrwng y Gymraeg. Y cynnig oedd un ai cael fy nhrosglwyddo i dîm pobl hŷn yn Arfon, tîm plant mewn rhanbarth arall, neu waith preswyl gyda phlant. Mewn gair, roedd hi eisiau cael gwared â'r broblem. Daeth yn ei hôl wedyn a dweud ei bod am fy nhrosglwyddo i Dîm Pobl Hŷn Arfon, fel y gallwn dderbyn arolygaeth trwy gyfrwng y Gymraeg.

Roedd yn amlwg bod y Cyngor am gadw at eu penderfyniad i benodi'r gŵr o Lannau Merswy, a dyna ddigwyddodd. Ar ei fore cyntaf, nid oedd gennyf ddewis ond mynd yn syth i'w swyddfa, a dweud yn gwrtais wrtho na allai oruchwylio fy ngwaith gan nad oedd yn siarad nac yn deall Cymraeg. Roedd yntau'r un mor gwrtais, pan ddywedodd mai dyma oedd y tro cyntaf iddo ddeall fy mod, fel gweddill aelodau'r tîm, yn gweithio trwy gyfrwng y Gymraeg.

Pan aeth y stori'n gyhoeddus, cefais gefnogaeth gan fudiadau iaith, grwpiau diwylliannol, a nifer o unigolion. Yn eu plith roedd llythyr at Gyfarwyddwr Gwasanaethau Cymdeithasol, gan Mr G.W. Owen, gŵr 74 oed o Rosgoch, Ynys Môn, yn dweud bod fy symud i adran arall yn gywilyddus gan ychwanegu nad oeddem 'yn byw yn oes y Welsh Not, diolch i Dduw.' 'Gadewch iddo aros' oedd byrdwn pob neges.

Roedd y gefnogaeth o du'r cyhoedd mor arbennig fel y bu i'r Cyngor benderfynu na fyddai'n rhaid imi symud wedi'r cyfan. Roeddent am wneud trefniadau eraill imi gael fy ngoruchwylio trwy gyfrwng y Gymraeg. Wedi tri mis o ddisgwyl, llwyddais i gael pum awr yr wythnos o arolygaeth trwy gyfrwng y Gymraeg gan swyddog arall o fewn Adran Gwasanaethau Cymdeithasol.

Oddeutu'r un cyfnod, roedd criw ohonom yn bryderus ynghylch symudiad ar droed i benodi staff di-Gymraeg i'r gwasanaeth gofal ac iechyd. O ganlyniad, sefydlwyd Undeb Gweithwyr Gofal Gwynedd (Undeb Gweithwyr Gwasanaethau Cymdeithasol ac Iechyd Gwynedd) a chefais fy hun yn gadeirydd, a Nia Elis Williams yn ysgrifennydd. Roedd ennill y frwydr arbennig hon yn fuddugoliaeth fawr i'r undeb, ond ar yr un pryd roedd yn siom i'r fath sefyllfa godi o gwbl.

Cyn ymddeol, cefais ganiatâd i gael golwg ar gynnwys fy ffeil bersonol o eiddo'r Cyngor, a chael fy synnu bod gennyf ddwy ffeil. Un ffeil fyddai gan bawb, fel rheol. Cynhwysai'r ffeil fwyaf trwchus o'r ddwy dameidiau o straeon a lluniau papur newydd o'r ymgyrchoedd iaith y bûm yn rhan ohonynt, a difyr oedd cael cip ar ambell femo a ysgrifennwyd yn ystod yr ymgyrchoedd hynny. Mae'r hyn a ddywedodd un uwch reolwr wrthyf yn aros yn y cof, 'pe baech wedi bihafio, mi fuasech wedi gwneud yn well i chi eich hun'.

Pennod 26

Glyn Rhonwy

Ar ôl bod yn byw adra gyda'm rhieni ers gadael Llandaf, daeth yr amser imi ddod o hyd i gartref fy hun. Erbyn hyn, roedd gen i swydd barhaol fel gweithiwr cymdeithasol, ac roeddwn yn ymhél â phob math o weithgareddau cymdeithasol a diwylliannol y pentref a'r ardal gyfagos.

Daeth tŷ haf o'r enw Pen y Bwlch, bwthyn traddodiadol Cymreig ag ynddo ddwy ystafell wely ar werth yn y pentref, a dyma fynd ati i wneud ymholiadau. Bwthyn gwreiddiol wedi ei adeiladu gyda waliau cerrig oedd Pen y Bwlch. Roedd golygfa arbennig o fynyddoedd Eryri, gan gynnwys yr Wyddfa. Amdani, felly.

Soniais wrth Gari Wyn, fy ffrind coleg, am fy mwriad, ac fel dyn busnes, awgrymodd imi adael iddo ef siarad gyda'r perchennog o Swydd Gaer, er mwyn cael y pris i lawr. 'Mae fy Saesneg i'n well na d'un di, a dwi'n gwybod sut i gael bargen!' Do, cafodd ostyngiad yn y pris gofyn, a dyma brynu'r eiddo. Roedd ffrind arall, Nic Parry, y barnwr penigamp, yn gymorth hefyd. Roeddwn mor falch o allu adfer un tŷ haf o leiaf, a'i ddychwelyd yn eiddo i Gymro.

Er i mi brynu'r eiddo ym mis Mai 1982, nid oedd modd mynd yno'n syth i fyw. Roedd angen gwneud gwaith adnewyddu sylweddol arno, gan gynnwys ail-doi a gosod lloriau newydd. Bryd hynny roedd Cynghorau Dosbarth yn darparu grant adnewyddu tai a fu'n help garw. Er bod y tŷ mewn lleoliad hyfryd, roedd yn nannedd y tywydd mawr, a phan fyddai'n dywydd stormus gaeafol, profiad amhleserus oedd clywed y gwynt yn rhuo a'r glaw trwm yn colbio'r adeilad. Gallaf weld pam mai 'tŷ haf' oedd Pen y Bwlch!

Es ati i'w adnewyddu a chael ffrindiau a'r teulu i helpu gyda'r gwaith caib a rhaw, cyn i adeiladwyr lleol wneud eu rhan. Yn rhyfeddol, llwyddais i wneud tipyn o'r gwaith adnewyddu fy hun, ond ni fyddwn wedi gallu gwneud hynny oni bai am arweiniad a chefnogaeth Gwilym Davies, Nymbyr Ten, Bro Elidir. Roedd Gwilym Davies yn saer coed penigamp, ac yn grefftwr yng ngwir ystyr y gair. Er ei fod wedi ymddeol ers blynyddoedd, a'i iechyd yn fregus, gwirfoddolodd i rannu ei brofiad a'i sgiliau â mi. Deuai ar y safle gan roi cyfarwyddiadau imi sut i wneud hyn a'r llall, gan gadw golwg ar y gwaith. Yn raddol, dois yn dipyn o foi arni! Daethom ni'n dau yn dipyn o ffrindiau, hefyd.

A minnau yn ei chanol hi'n adnewyddu Pen y Bwlch, yn ogystal ag yn gwneud fy swydd, yn ymhél ag ymgyrchoedd lleol a chenedlaethol, yn eistedd ar Gyngor Cymuned Llanddeiniolen, ac yn cynnal a chefnogi gweithgareddau lleol, roedd bywyd yn ddigon prysur. Ond roedd un ymgyrch fawr ar y gorwel.

Ym mis Awst 1988, sylwais ar rybudd cyhoeddus yn y papurau lleol yn enw Dafydd J. Hughes, Prif Swyddog Cynllunio Cyngor Bwrdeistref Arfon, yn cyhoeddi bod cais gan y Cyngor am ganiatâd cynllunio ar gyfer datblygiad hamdden yn cynnwys llethr sgïo, pyllau nofio, clwb canolfan chwaraeon, hafan drofannol, cerbydau cebl, lle saethu colomennod clai, maes antur, meysydd parcio, siopau, cyfleusterau arlwyo, gwesty, ac unedau aros, yng Nglyn Rhonwy, Llanberis. Byddai'n gynllun £30 miliwn i ddatblygu hen safle chwarel 275 acer ar y ffordd i mewn i bentref Llanberis.

Defnyddiwyd safle Glyn Rhonwy fel storfa fomiau yn

ystod ac yn dilyn yr Ail Ryfel Byd, ac fe gliriwyd y cyfan yn y chwedegau. Ar ddiwedd y saithdegau ac ar ddechrau'r wythdegau, defnyddiwyd y safle gan CEGB fel rhan o ddatblygiad Cynllun Trydan Dinorwig, cyn i'r safle gael ei drosglwyddo i eiddo Cyngor Dosbarth Arfon.

I mi, roedd y cynllun yn hunllef, a gwyddwn fod yn rhaid ei wrthwynebu i'r eithaf. Byddai'n fygythiad enfawr i Gymreictod yr ardal. Cymrodd bron i ddwy flynedd o ymgyrchu caled, ddydd a nos, er mwyn cael y maen i'r wal a threchu'r anghenfil o ddatblygiad estron. O'r cychwyn cyntaf, gwyddem y byddai'n dalcen caled, gan y byddai atyniad hamdden, y swyddi a ddeuai gyda'r datblygiad, a defnydd newydd o safle hen chwarel yn sicr o apelio at nifer o bobl leol. Ymddangosai ar y pryd fod popeth yn ein herbyn. Er hynny, roeddem yn benderfynol o lwyddo.

Yn yr un cyfnod, roedd sawl datblygiad arall yn bygwth cymunedau Cymraeg ardaloedd Arfon a Dwyfor. Roedd ceisiadau cynllunio ar gyfer adeiladu marina 150 o dai yn y Felinheli a Phwllheli, adeiladu cannoedd o dai gwyliau yn Morfa Bychan ac yng Nghaer Belan, Llandwrog. Yn ogystal â hynny, roedd bwriad i godi pentref time share mwyaf gwledydd Prydain ar fferm Bryn Afon, Llanrug. Y bwriad oedd troi 80 erw o dir yn bentref gwyliau drwy gynnig llety time share 50 wythnos y flwyddyn, yn ogystal â chyfleusterau hamdden ac adloniant. Roedd yr holl ardaloedd hyn dan warchae datblygiadau a fyddai'n gweld Arfon yn cael ei throi'n faes chwarae anferth i dwristiaid.

Doedd dim amdani ond bwrw ati i lythyru yn y wasg leol, cynnal cyfarfod cyhoeddus, a chanlyniad y gwaith oedd sefydlu grŵp gweithredu PADARN. Deuai'r holl aelodau o bentrefi ardal *Eco'r Wyddfa*, a'r criw gwreiddiol oedd Caren Roberts, Gwilym Evans, Bert Parry a Selwyn Pritchard, y pedwar o Lanberis. Yna, daeth Howard Huws, Selyf Roberts, a Delyth ac Emyr Tomos (Tomi) atom.

Roedd pob un ohonynt yn ddewr yn eu gwrthwynebiad i'r datblygiad, yn ogystal â bod yn griw gweithgar a brwdfrydig. Ni fyddai wedi bod yn bosibl llwyddo oni bai amdanynt.

Daeth cefnogaeth gan fudiad Adfer, Cymdeithas yr Iaith, a Chynghorau Cymuned Llanddeiniolen a Llanrug. Cael a chael oedd hi gyda Chyngor Cymuned Llanberis. Ar bleidlais y cadeirydd, y Parch. Gwynfor Williams, pleidleisiwyd o blaid gwrthwynebu'r datblygiad. Roedd y bleidlais yn rhyddhad mawr inni, gan fod y cynghorydd sir Llafur dros Lanberis yn llafar iawn yn ei gefnogaeth i'r datblygiad. Nid oedd Cyngor Gwynedd yn gwrthwynebu o ran egwyddor, ond roeddent yn credu bod angen llawer mwy o wybodaeth cyn ei gefnogi.

Roedd y ffaith bod y Cyngor Dosbarth ei hun yn gwneud y cais yn gosod cryn her inni, gan fod eu peirianwaith cyhoeddusrwydd ar y cyd gyda Chwmni Leading Leisure o Southampton yn un pwerus a dylanwadol iawn. Yn gyffredinol, roedd y wasg leol yn gefnogol i'n hymgyrch, yn arbennig *Yr Herald Cymraeg* ac *Eco'r Wyddfa*, tra bod y *Chronicle* a *Caernarfon & Denbigh Herald* yn fwy amwys eu safiad. Roedd colofn olygyddol *Yr Herald Cymraeg* yn cydnabod yr ofnau a fyddai'n dod yn sgil y datblygiad, ac yn nodi y byddai'r cynllun yn sicr o drawsnewid Gwynedd a gogledd Cymru. Roedd papurau newydd fel y *Chronicle* a'r *Caernarfon & Denbigh Herald* ar y llaw arall yn defnyddio ieithwedd fel 'Hard-line language activist Glyn Tomos' a 'Mr Tomos, former chairman of Adfer'.

Yn rhyfeddol, cysylltodd papur Sul yr *Observer* â ni. Roedd yn gyfle ardderchog i ddwyn sylw Prydeinig i'r ymgyrch. Daeth gohebydd a ffotograffydd yn unswydd ar drên o Lundain i Fangor i gyfarfod â mi. Wrth eu tywys o gwmpas yr ardal, cawsant eu cyfareddu gan harddwch yr amgylchedd, a gwelsant dros eu hunain y difrod y gallai caniatáu'r datblygiad hwn ei wneud. Roedd yn dipyn o brofiad prynu copi o'r *Observer* y bore Sul canlynol, a gweld tudalen gyfan, mewn lliw, yn adrodd am yr ymgyrch yng nghylchgrawn y papur.

Gwelem y datblygiad yng Nghlyn Rhonwy fel pentref hunangynhaliol y drws nesaf i bentref Llanberis, a oedd eisoes yn ceisio ymateb i anghenion twristiaeth. Ein dadl ni oedd mai'r datblygiad fyddai'r hoelen olaf yn arch y pentref.

Roeddem yn gwybod o'r cychwyn cyntaf mai prif fwriad Cwmni Leading Leisure oedd adeiladu 300 o unedau gwyliau, gwesty, a chanolfan gynadleddau, gan mai yn fanno roedd yr arian i'w wneud, ac mai abwyd yn unig oedd cynnig yr holl adnoddau hamdden. Er ein bod yn cydnabod awydd Cyngor Arfon i greu swyddi, roedd yn anhygoel meddwl eu bod mor barod i weithio gyda datblygwr a oedd mor estron i'r ardal, datblygwyr â chanddynt un nod, sef gwneud arian mawr, waeth beth fo'r canlyniad i'r gymuned leol.

Roedd Cwmni Leading Leisure yn arbenigwyr mewn casinos, siopau betio a neuaddau bingo. Roedd llefarydd Cwmni Leading Leisure wedi cydnabod yn gynnar iawn yn yr ymgyrch mai diddordeb ariannol a gweinyddol yn unig oedd ganddynt yn y cynllun. Yn ôl un o'r gohebwyr papur newydd lleol, roedd llefarydd ar ran y Cwmni wedi synnu pan ofynnwyd iddo a oedd y cwmni wedi ystyried yr effaith ar y gymuned leol ac ar yr iaith Gymraeg.

Roeddem yn awyddus o'r cychwyn cyntaf i gadw cydbwysedd rhwng gwrthwynebu'r datblygiad ar yr un llaw, a chyflwyno syniadau newydd a gwahanol ein hunain ar sut yr hoffem weld y safle yn cael ei ddatblygu. Mae'n dueddiad anffodus yn aml ein bod yn cael ein gweld yn gwrthwynebu popeth, heb gynnig ein hatebion ein hunain.

Bu inni awgrymu sawl syniad. Un ohonynt oedd creu parc gwledig gydag unedau diwydiannol bychain, yn ogystal â gweithdai lle byddai modd i bobl ddysgu sgiliau newydd. Hefyd, cofiaf inni alw am godi canolfan yn Llanberis i ymchwilio i ddefnydd posib gwastraff llechi, gwaith a fu ar y gweill ers blynyddoedd yn Athrofa Gogledd Ddwyrain Cymru, Glannau Dyfrdwy. Cysylltwyd â'r diweddar Athro Glyn O. Phillips yn yr Athrofa ar gyfer trafod hyn ymhellach. Er na lwyddodd y syniad hwn i ddwyn ffrwyth ar y pryd, roedd yn dangos ein bod o ddifrif yn ein bwriad i sicrhau cyflogaeth a fyddai'n gydnaws â'r amgylchedd lleol.

Bu'n flwyddyn o guro drysau, dosbarthu taflenni, posteri, a deisebau, lobïo Cynghorwyr y tu allan a thu mewn i gyfarfodydd y Cyngor Dosbarth, a chynnal protest ar y stryd yn Llanberis. Cynhaliwyd sawl cyfarfod tymhestlog yn siambr Cyngor Dosbarth Arfon, lle'r oedd teimladau cryfion o du'r ddwy ochr. Daeth y gefnogaeth fwyaf o blaid y datblygiad o gyfeiriad criw'r Blaid Lafur, a Chynghorydd Dosbarth pentref Llanberis yn bennaf. Roedd yn siom gweld traddodiad Llafur yr ardal yn moesymgrymu i ddatblygiad oedd yn cynnig swyddi tymhorol ac yn talu cyflogau isel.

Roedd tipyn o drin a thrafod am y datblygiad yn lleol. Roedd yn sgwrs yn y caffi a'r dafarn, a diddorol oedd clustfeinio ar ambell sgwrs a chlywed sut roedd y gwynt yn chwythu yn lleol. Ar y pryd, roeddwn yn gweithio'n rhan amser fel Arweinydd Clwb Ieuenctid Cwm-y-glo, ac o wybod am fy nghysylltiad agos â'r ymgyrch, roedd aelodau'r clwb yn cyfeirio ataf fel 'Glyn Rhonwy'!

Roedd diddordeb mawr yn yr ymgyrch o du'r wasg a'r cyfryngau Saesneg, yn ogystal â'r wasg Gymraeg. Yn hyn o beth, buom yn ffodus o gael cefnogaeth gŵr o'r enw Eric Maddern, brodor o Awstralia oedd yn byw ym Muriau

Plans for tourism development have split the locals of the Welsh village of Llanberis.

Ambitious plans to spend £50 million on a disused slate quarry in north Wales have caused a fierce dispute among locals. The tourist development will centre around a 'Quaritorium', with a partly glazed roof covering a stage set on a lake, illuminated waterfalls, lasers and holograms, and tropical vegetation.

The quarry is at Glyn Rhonwy, less than a mile from the village of Llanberis, on the northern edge of the Snowdonia National Park. It was bought by Arfon Borough Council in 1983 as a derelict site. In 1986 the council asked several developers to come up with plans for redeveloping the quarry. There was 'no meaningful response for two years' says Mr Hughes, the council's chief planning officer, but in 1988 Leading Leisure of Southampton came up with plans which, besides the Quaritorium, also included a hotel, conference facilities, restaurants, a sports centre, seven dry ski slopes and two toboggan runs. Most controversially, there were also plans for 20 'holiday farmsteads', each consisting of about 15 'farm-type cottages'.

When the proposals were published in the local paper in August 1988, people started objecting. A protest group called Padarn was formed, spearheaded by Eric Maddern and Glyn Tomos, whose houses overlook Glyn Rhonwy. Although careful to give credit to the council for buying and trying to develop the area, they feel that the scheme would overwhelm the village and be alien to the natural beauty of the region. According to Eric Maddern, cars would be coming over the Llanberis Pass at the rate of one every four seconds on a summer holiday weekend, and with 300 new houses there would be a 'big, flashy suburb' on their doorstep. Padarn is also concerned about the impact that holidaymakers from across the border would have on Welsh language and culture.

> **❝** How can anyone turn down 600 jobs? Without jobs, the language and culture will be lost anyway. **❞**

Francis Jones has been the Labour district councillor for 20 years and is also vice-chairman of the National Park committee. He believes that the Leading Leisure scheme represents a rare opportunity for the locals to control the development of Glyn Rhonwy themselves. Because Arfon Borough Council owns the land it can insist that the 300 new houses are not sold outright or as timeshare apartments, but rented strictly on a weekly or weekend basis. The council can also make sure that Welsh language and culture are promoted. He points out that the village of Llanberis is used to tourism. The Snowdon mountain railway, which runs from the village, took over 120,000 people up to the summit in 1989, and had to turn many away. 'Yet during the winter, Llanberis is dead. Work in shops and cafés is seasonal. We are trying to establish a year-round tourist attraction.'

Leading Leisure estimate that 600 full-time staff will be needed. Leading Leisure's vice-chairman Roger Gilley adds that the new A55 expressway, due to be finished in 1993, will put north Wales within one and a half hours' drive of

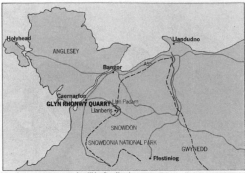

Manchester, so more people will be flooding into the area anyway. If there is nothing for them to do, they will wander round the National Park, often causing unnecessary damage, whereas most would prefer organised entertainment.

But environmentalists see it differently. Esmé Kirby, chairwoman of the Snowdonia National Park Society, says 'If people want that sort of holiday, they should go to Blackpool or Margate. People come here for beauty and peace.'

The feelings of the local villagers are mixed. Robert Gartside, who bought the village chemist 12 years ago, is very much in favour of it. 'How can anyone turn down 600 jobs? Without jobs, the language and culture will be lost anyway.' But in the fish and chip shop Mrs Myfanwy Jones, also a native of the village, was vehemently opposed. She would hate to see the area spoilt by cars and people, and didn't think the local people would gain. Colin Jones, the grocer, was in two minds: 'I can see we need work in the area and to bring tourists into the village, but I like a peaceful walk on Sundays'.

Is there any way out of this impasse? Because of the level of local opposition, the Secretary of State for Wales, Peter Walker, has stepped in and told Arfon Borough Council that he will decide whether planning permission should be given, and it's highly likely that a public inquiry will be held. The council, meanwhile, is taking another long hard look at the social and financial viability of the scheme.

> **❝** If people want that sort of holiday, they should go to Blackpool or Margate. People come here for beauty and peace. **❞**

'I feel for this area because it's part of me', says Glyn Tomos

Gwynion, Fachwen. Roedd Eric yn siaradwr naturiol a phwyllog, ac yn rhannu'r un pryderon â ni am y datblygiad. Roedd ei gyfraniad i'r ymgyrch yn un allweddol iawn, a daeth yn llefarydd answyddogol, ac yn ffigwr pwysig iawn wrth ddadlau ein hachos yn y cyfryngau Saesneg. Yn ogystal â bod yn athro ac yn awdur llyfrau plant, roedd yn gerddor gyda diddordeb arbennig mewn hanes a'r amgylchedd.

Fel yr aeth amser yn ei flaen, poethodd yr ymgyrch, ac ym mis Medi 1989 cafwyd ymyrraeth ar yr unfed awr ar ddeg gan Peter Walker, Ysgrifennydd Cymru ar y pryd. Galwodd y cynllun i mewn er mwyn penderfynu ar y cais cynllunio. Roedd D.L. Jones, Prif Weithredwr y Cyngor, a Mr Dafydd Hughes, y Swyddog Cynllunio yn anfodlon iawn gyda'r cam hwn. Roeddem ninnau hefyd yn bryderus gan fod Peter Walker wedi cymryd yr un camau yn saga Marina'r Felinheli, ac wedi caniatáu'r datblygiad, er gwaethaf y gwrthwynebiad lleol.

Yn yr un mis, cynhaliwyd rali 'NI BIA ARFON' yng Nghaernarfon, y tu allan i dafarn yr Anglesey, cyn gorymdeithio i Theatr Seilo lle'r oedd amryw o siaradwyr o'r Felinheli, Llanberis, Llandwrog a Llanrug. Y neges glir oedd 'Ia' i ddatblygiadau sy'n gweddu'n cymunedau, nid yn ein boddi. Roedd chwe chant o bobl yn bresennol yn y rali.

Yr hyn a oedd yn eironig am y rali hon oedd na chefais fod yn bresennol. Ychydig ddyddiau cyn y rali, cefais fy anfon i'r ysbyty gan fy meddyg, oherwydd straen a phwysau'r ymgyrch ar fy iechyd. Rhoddodd hyn gryn sioc imi ar y pryd. Fodd bynnag, ces fy rhyddhau o'r ysbyty o fewn ychydig ddyddiau, ac ail-afael yn yr ymgyrch oedd yn rhaid.

Erbyn Ionawr 1990, newidiodd sefyllfa'r ymgyrch yn ddramatig. Daethom ar draws adroddiad yn 'Penny Shares Focus', cylchgrawn yn rhoi cyngor i fuddsoddwyr, yn adrodd bod lefel benthyciadau Leading Leisure yn achos pryder ymhlith buddsoddwyr. Nodwyd nad oedd y cwmni'n fuddsoddiad da ar y pryd, o'r herwydd. Ychwanegwyd ei bod yn anodd gweld sut y gallai'r cwmni gynnal eu twf, a'r awgrym oedd eu bod bellach wedi chwythu eu plwc cyn belled ag yr oedd datblygu pellach yn y cwestiwn.

Yn y cyfamser cafodd cynlluniau uchelgeisiol i droi Caer Belan, Dinas Dinlle yn ganolfan gwyliau eu gwrthod yn llwyr gan bwyllgor cynllunio Cyngor Arfon. Yn ogystal â'r 300 o dai a'r marina, roedd cynllun gwreiddiol cwmni Caer Belan ar gyfer y safle 700 acer yn cynnwys dau faes golff, clwb gwledig, a gwesty golff.

Erbyn Mawrth 26, cawsom y newydd gwych bod Leading Leisure yn tynnu'n ôl o'u cynllun arfaethedig yng Nglyn Rhonwy. Y cyfraddau llog uchel a gafodd y bai, yn ogystal â diffyg grantiau gan y Llywodraeth.

I'r criw bach ohonom a fu'n ymgyrchu, roedd hon yn fuddugoliaeth fawr. Ond y fuddugoliaeth fwyaf oedd bod agwedd pobl leol tuag at greu gwaith yn yr ardal wedi newid. Y neges fawr oedd na ddylid disgwyl am achubiaeth fawr o'r tu allan os am greu gwaith yn y cylch. Yr argraff a roddwyd gan Gyngor Dosbarth Arfon oedd mai cynllun Leading Leisure oedd yr unig ddewis i greu gwaith yn yr ardal. Ond, er gwaethaf popeth, roedd y frwydr hon wedi dangos bod rhuddin o hyd i'w gael yn yr ardal.

Er bod y frwydr wedi ei hennill, nid oedd llaesu dwylo i fod. Bu inni fwrw iddi i wneud popeth o fewn ein gallu i ddod o hyd i syniadau newydd a gwahanol ar gyfer datblygu safle Glyn Rhonwy. Bu inni lansio holiadur i'w ddosbarthu o gwmpas yr ardal i geisio darganfod beth fyddai'r bobl leol yn hoffi ei weld yn digwydd ar y safle. Gyda chefnogaeth a chyd weithrediad Dr Delyth Morris o Brifysgol Bangor a Dr Liz Hughes o Goleg y Brifysgol,

Aberystwyth, llwyddwyd i gywain yr holl wybodaeth at ei gilydd a chyhoeddwyd adroddiad gyda'r canlyniadau.

Er mwyn ceisio gweithredu ar syniadau'r gymuned leol, llwyddwyd i ddenu grant ariannol, ac fe'i defnyddiwyd i gyflogi Swyddog Datblygu i'r Antur ym mis Tachwedd 1992. Penodwyd Robin Jones fel swyddog rhan amser, ond oherwydd diffyg cyllid angenrheidiol, daeth y swydd i ben wedi 9 mis.

Parhaodd ein hymdrechion, ond daeth newydd calonogol bod EURO DPC, Cwmni Diagnostic Products Corporation, yn awyddus i sefydlu eu pencadlys newydd yng Nglyn Rhonwy. Y ffatri ar y safle fyddai pencadlys Ewropeaidd y cwmni, cwmni oedd â'i wreiddiau yn Los Angeles. Dafydd Wigley yn y lle cyntaf a'u darbwyllodd i ystyried safle Glyn Rhonwy. Roedd EURO/DPC yn cynhyrchu offer profi ar gyfer darganfod alergeddau, cancr, defnydd o gyffuriau, anffrwythlondeb, clefyd siwgr, theiroid, a sawl afiechyd.

Pan ddechreuwyd ar y cynhyrchu yng Ngorffennaf 1992, roedd y ffatri'n cyflogi 200 o bobl, gydag addewid gan y Cwmni y byddai'r nifer yn cynyddu i oddeutu 280 o bobl ymhen tair blynedd. Ym mis Medi 1992 daeth y Prif Weinidog John Major i agor ffatri Euro-DPC yn Llanberis. Yn naturiol, roedd Antur Padarn wrth ein bodd o glywed y newydd gwych, ac yn awyddus i ddangos pob cefnogaeth i'r datblygiad pwysig hwn. Ni allwn ddiolch digon i Dafydd Wigley am y gwaith caled a wnaeth y tu ôl i'r llenni i ddenu'r cwmni yno. Gwnaeth bopeth o fewn ei allu i ddarbwyllo'r cwmni o bwysigrwydd cyd-weithio gyda'r gymuned leol yn hytrach na bodoli fel ynys ar wahân. I'r diben hwn, creodd ddolen gyswllt rhwng Antur Padarn a'r cwmni, gan y gwyddai y byddai'r Antur yn sicr o warchod buddiannau lleol. Hefyd, pwysodd Dafydd ar y cwmni i fabwysiadu polisi o hysbysebu pob swydd yn lleol.

Ers blynyddoedd bellach, Siemens yw enw'r cwmni sydd yn gyfrifol am y ffatri. Mae Siemens Healthcare Diagnostics yn cynhyrchu offer ar gyfer dadansoddi profion gwaed ymysg pethau eraill. Mae'r cwmni'n cyflogi dros 300 o weithwyr, ac felly yn un o brif gyflogwyr yr ardal. Tra bod y cwmni hwn ar un rhan o safle Glyn Rhonwy, mae gweddill y safle ym mherchnogaeth Cyngor Gwynedd, ac wedi ei adnabod fel safle sydd â photensial i greu cyfleoedd cyflogaeth.

Yn 2011, paratowyd Cynllun Datblygu ar gyfer y safle, gan adnabod cymysgedd o wahanol ddefnyddiau posibl, gyda chynllun Hydro yn eu plith. Mae cynigion Snowdonia Pumped Hydro wedi derbyn caniatâd cynllunio. Mae gan y cwmni gytundeb ar gyfer prydlesu rhan o'r safle, ac ar hyn o bryd maent yn gwneud gwaith paratoi yn unol â'r amodau cynllunio.

Mae'r hen storfa fomiau wedi ei marchnata ar gyfer cyflogaeth, ac mae maes carafanau symudol wedi ei ddatblygu ger y brif fynedfa. Yn ogystal â hynny, mae rhwydwaith o lwybrau yn mynd trwy'r safle sydd â'r potensial o gael eu datblygu'n llwybrau beicio, er nad oes cynllun pendant hyd yn hyn. O safbwynt datblygu'r safle ymhellach, nod y Cyngor yw denu buddsoddiad preifat.

Mae'n braf gweld yr amrywiaeth o gyfleoedd sydd yn cael eu datblygu ar y safle, a'r gobaith y mae hyn yn ei roi ar gyfer darparu cyflogaeth deilwng i bobl leol. O ran sefyllfa'r Gymraeg yn Llanberis mae'r ffigyrau yn dangos bod canran y disgyblion yn Ysgol Dolbadarn sydd yn siarad Cymraeg gartref wedi syrthio o tua 64% yn 2012 i 56% ddwy flynedd yn ôl. Mae'n debyg y byddai'r canrannau hyn wedi bod yn waeth pe bai'r pentref gwyliau wedi dod i Lyn Rhonwy. Er hynny, mae'n dangos na allwn laesu ein dwylo o ran cadw'r iaith yn fyw yn ein pentrefi.

Pennod 27

Craig yr Undeb

Un o'r llwyddiannau a roddodd y pleser mwyaf imi'n bersonol oedd gweld cofeb Undeb Chwarelwyr Gogledd Cymru yn cael ei symud i'w safle presennol ym Mhenllyn, Brynrefail, ym mis Hydref 2003. Cychwynnais yr ymgyrch hon yn enw Antur Padarn, a phan ddaeth yr Antur i ben, parheais â'r gwaith.

Yn wreiddiol, roedd y gofeb wedi ei lleoli ar graig fechan yng nghanol cae pori, dafliad carreg o'r hen ffordd o Benllyn i Lanberis. Pan agorwyd y ffordd newydd o Benllyn i Lanberis, roedd y gofeb y tu hwnt i olwg y cyhoedd. Teimlwn nad oedd safle gwreiddiol y gofeb yn gwneud cyfiawnder â'i harwyddocâd hanesyddol, a'r digwyddiadau a arweiniodd at ei gosod yn y lle cyntaf.

Digwydd bod, roedd fy nhad a minnau wedi bod yn bresennol yn seremoni dadorchuddio'r gofeb ar yr 20fed o Ebrill, 1974. Yr achlysur oedd dathlu canmlwyddiant Undeb Chwarelwyr Gogledd Cymru, ac fe ddadorchuddiwyd y gofeb ar Graig yr Undeb, Penllyn, gan Jack. L. Jones, Ysgrifennydd Cyffredinol, Undeb Gweithwyr Trafnidiaeth a Chyffredinol. Yn dilyn y seremoni roedd gorymdaith i sŵn bandiau lleol trwy Lanberis i gyfarfod cyhoeddus yng Nghapel Coch.

Agorwyd y cyfarfod yn y Gymraeg gan Idwal Edwards, Ysgrifennydd Dosbarthol yr Undeb ym Môn a

Chaernarfon. Yna, cafwyd anerchiadau gan George Wright, Ysgrifennydd Rhanbarthol Cymru; Jack Jones, a'r Gwir Anrhydeddus Cledwyn Hughes AS a'r Arglwydd Goronwy O. Roberts.

Er mai gofyn i gael ei symud i wyneb gogledd orllewinol y graig fawr wrth lannau Llyn Padarn yn unig a wnaed, aeth yr ymgyrch yn ei blaen am ddeng mlynedd. Golygodd flynyddoedd o lythyru cyson, cynnal sawl cyfarfod, a dwyn perswâd ar yr awdurdodau perthnasol i symud y mater yn ei flaen. Y tirfeddianwyr oedd Stad Glynllifon, a thrwy eu cydweithrediad hwy, Cyngor Sir Gwynedd, a Tom Jones, Ysgrifennydd Ardal Undeb Gweithwyr Trafnidiaeth a Chyffredinol, llwyddwyd yn y diwedd i fynd â'r maen i'r wal.

Ers blynyddoedd bellach, mae'r gofeb a'r panel gwybodaeth, sydd wedi eu gosod gan Gyngor Gwynedd ar y graig yn wynebu'r hen ffordd, yn dyst i ddewrder chwarelwyr Dyffryn Peris, ac ar gael i bawb ei gweld. Y siom parhaol wedi ei hail-leoli yw nad yw'r ffordd bob ochr i leoliad y gofeb wedi ei thwtio. Fe'i lleolir mewn man â chanddo'r golygfeydd gorau o Ddyffryn Peris. O'i thwtio, byddai'n lle gwych i osod byrddau picnic fel bod disgyblion ysgolion y fro yn gallu mynd yno gyda'u hathrawon i glywed mwy am hanes y chwarelwyr.

Y cefndir y tu ôl i'r gofeb a'i lleoliad yw mai'r llecyn tawel hwnnw ar lannau Llyn Padarn dros gan mlynedd yn ôl oedd canolbwynt ymgyrch chwarelwyr Chwarel Dinorwig am lais a thegwch yn y gwaith. Pan oedd y diwydiant llechi yn ei anterth, prin oedd cydymdeimlad y perchnogion tuag at bryderon y chwarelwyr. Yn yr 1870au cyhoeddodd 110 o chwarelwyr Chwarel Glyn Rhonwy eu bod yn Undebwyr. Penderfynodd y perchennog, Capten Wallace Cregg, eu hatal rhag mynd i'r chwarel. Sylweddolodd ei fod am golli busnes, ac ymhen tair

Cofeb Craig yr Undeb

wythnos derbyniodd y gweithwyr yn eu holau. Cawsant eu cydnabod fel aelodau o Undeb Lafur.

Er mwyn ceisio atal Undebaeth Lafur rhag ymledu'n bellach, ceisiodd y perchnogion rwystro cyfarfodydd, nid yn unig yn y chwareli, ond ar diroedd cyfagos y stadau mawr megis y Faenol, tir perchnogion chwarel Dinorwig, chwarel fwyaf Dyffryn Peris.

Roedd y graig a ddaeth yn adnabyddus fel Craig yr Undeb ar dir Arglwydd Niwbwrch o Stad Glynllifon. Pwy a ŵyr beth oedd ei wir gymhelliant, ond rhoddodd lonydd i'r chwarelwyr gyfarfod yng nghysgod naturiol y graig. Arweiniodd cyfarfodydd dirgel Craig yr Undeb at sefydlu Undeb Chwarelwyr Gogledd Cymru.

Digwyddiad arall a roddodd bleser arbennig i mi oedd cofnodi 25 mlynedd er cau Chwarel Dinorwig ar y 10fed o Orffennaf, mewn noson yn Ysgol Brynrefail, Llanrug, ar yr 8fed o Orffennaf 1994. Yn enw Antur Padarn y trefnwyd y cyfarfod, ac fe gafwyd cefnogaeth unfrydol gan Gynghorau

213

Cymuned, Cyngor Sir Gwynedd, Amgueddfa Lechi Gogledd Cymru, ac Undebau Llafur. Enw'r noson oedd 'O'r Rwbel i'r Dyfodol' a bydd yn noson a fydd yn aros yn y cof am flynyddoedd i ddod. Clywyd gan siaradwyr gwadd yn eu tro, sef yr Athro Merfyn Jones, Dafydd Wigley AS, Tom Jones (TGWU), a chadeirydd y noson, Dr Dafydd Roberts o Amgueddfa'r Gogledd, Llanberis. Roedd y siaradwyr oll yn unfrydol fod cau'r Chwarel am y tro olaf chwarter canrif yn ôl nid yn unig yn golygu colli cyflogwr, ond colli ffordd o fyw hefyd. Yn ogystal â'r areithiau grymus, cafwyd cyfraniad cerddorol gan Hogia'r Wyddfa, gydag Annette Bryn Parri wrth y piano. Dangoswyd rhannau o ffilmiau *Y Chwarelwr* a *Ffarwel Roc*, hefyd. Prif neges y noson, a'r wers fwyaf y dylem ei chofio, yw'r perygl o ddibynnu ar un diwydiant.

Pennod 28

Diwedd Cyfnod

Erbyn dechrau'r wythdegau, roedd gwead y gymuned yn Ninorwig wedi dechrau newid. Roedd y sylfaen ddiwydiannol a arferai fod i'r pentref yn perthyn i'r gorffennol, ac roedd tir y chwarel yn dechrau troi'n Fecca i dwristiaid dringo a cherdded. Roedd yn ei dro yn denu pobl wahanol iawn o ran eu diddordebau a'u hiaith i fyw i'r pentref. Aethai'r tai ar werth wrth i'r boblogaeth heneiddio, a byddai Cymry Cymraeg lleol yn symud i fyw ac i weithio y tu allan i'r ardal.

Yr her wedyn oedd cynnal yr iaith a'r diwylliant yn wyneb yr holl newidiadau cymdeithasol a diwylliannol. Y man cychwyn oedd sicrhau bod yr iaith, a'r defnydd ohoni, yn dwyn pawb o bob oedran o'r ardal at ei gilydd. Roeddem yn benderfynol o ddal ati i gynnal ein gweithgareddau yn y Gymraeg yn unig, gan annog rhai oedd yn dysgu Cymraeg i ymuno â ni, tra ar yr un pryd yn denu eraill i ddysgu'r iaith a'u cymhathu i fywyd y pentref.

Cawsom ddechrau ardderchog drwy gynnal Eisteddfod Bentref yn y Ganolfan leol ym mis Rhagfyr 1987. Roedd ysbryd arbennig yno, a daeth pawb o'r pentref i gefnogi. Roedd yn braf gweld bri yn perthyn i bob cystadleuaeth, gyda phlant a phobl ifanc dalgylch Ysgol Gwaun Gynfi, Deiniolen yn dangos eu doniau ar y llwyfan, tra bod yr oedolion, a dysgwyr yn eu plith, yn cael pleser di-ben-draw

Tri o'r enillwyr o Eisteddfod Dinorwig. O'r chwith i'r dde; Mrs Hannah Roberts, Mrs Hugh Thomas, a Mrs Alice Griffiths.

Atgyfodihen draddodiad

ATGYFODWYD hen draddodiad yn Ninorwig yr wythnos yma pan gynhaliodd pentrefwyr eu heisteddfod gyntaf ers hwarter canrif.

Parhaodd y cystadlu yn y Ganolfan oedd yn gymaint o lwyddiant fel eu bod wedi penderfynu gwneud yr eisteddfod yn chlysur blynyddol.

Dim ond pobl Dinorwig a Deiniolen oedd yn cael cystadlu a roedd yno adran elf a chrefft yn ogystal a chystadlaethau lwyfan.

Meddai'r trefnydd, Mr Glyn Tomos:

"Roedd y neuadd yn llawn am y tro cyntaf ers blynyddoedd a roedd hi'n hyfryd gweld y dysgwyr yn cymryd rhan ac yn ymuno yn yr hwyl.

"Roedd pobl y pentref yn llawn brwdfrydedd a mae 'na bwyllgor yn cael ei sefydlu rwan i drefnu'r eisteddfod bob blwyddyn."

Dywedodd eu bod am rannu'r pentref yn ddwy ran er mwyn ennyn mwy o ysbryd cystadleuol.

Mae'r canlyniadau yn llawn ar y dudalen newyddion lleol.

Sylw i Eisteddfod Bentref Dinorwig.

Gŵyl Hwyl Haf, a'r domen yn y cefndir.

yn gorffen limrigau, creu brawddegau, coginio, gwau a chymryd rhan mewn cystadlaethau celf a chrefft. Roedd yn bleser gweld dysgwyr yn ymuno yn yr hwyl ac yn cael cymaint o fudd o'r Eisteddfod.

Adeiladwyd ar lwyddiant yr Eisteddfod drwy gynnal gŵyl Hwyl Haf ym mis Gorffennaf 1988, yn brynhawn o weithgareddau difyr a doniol i'r teulu. Cyn hynny, ni chynhaliwyd carnifal Dinorwig ers dechrau'r pumdegau. Fe'i lleolwyd bryd hynny yn un o'r caeau i lawr y ffordd o Ysgol Dinorwig. Roedd yn eironig fod gŵyl Hwyl Haf yn cael ei chynnal ar ddarn o dir a arferai fod yn dwll chwarel mawr, cyn y gwaith o adennill y tir, ei glirio, ei lefelu, a'i lenwi. Roedd yn ddarlun rhyfedd, gyda thomen lechi fawr Allt Ddu yn gysgod dros y gweithgareddau i gyd.

Roedd yn braf gweld cyn chwarelwyr a'u gwragedd yn mwynhau'r holl brofiad drws nesa' i'r diwydiant a fu'n gymaint rhan o'u bywydau. Ymhlith y gweithgareddau roedd rasio, lluchio dŵr, tynnu rhaff, ras rwystr, ras newid

*Mam a Dad
yn yr Ŵyl Hwyl Haf.*

dillad, ras welingtons, taflu welingtons, ymladd gyda chlustogau, a ras babi mewn coets. Roedd fan hufen iâ, cŵn poeth, a chefnogaeth Adran Sant Ioan, Deiniolen, o dan arweiniad Mrs J.M. Jones o Faes Gwylfa, Deiniolen. Unwaith yn rhagor, roedd yn braf gweld dysgwyr yn ymuno yn yr hwyl. Yn haf 1994, sef y tro olaf inni gynnal gŵyl Hwyl Haf, daeth Robert John Jones, deintydd a chonsuriwr o Fangor, aelod o'r cylch cyfrin atom. Dyna lle'r oedd Robert ar gefn lori yn dangos ei driciau, yn hogyn a fagwyd yn Fachwen ei hun, yn mwynhau dod yn ôl am y prynhawn i Ddinorwig.

Arweiniodd llwyddiant yr Eisteddfod a gŵyl Hwyl Haf at y pentref yn cipio un o'r prif wobrau mewn cystadleuaeth wedi ei threfnu gan Gyngor Gwlad Gwynedd a'i noddi gan Gwmni Shell U.K. Cyfyngedig. Gwobrwywyd trigolion pentref Dinorwig am y modd yr aethpwyd ati i geisio adfer bywyd cymdeithasol a diwylliannol y pentref. Roedd yn wobr deilwng iawn i griw bach diwyd oedd ynghlwm wrth yr holl waith trefnu.

Un a fwynhâi bob eiliad o'r Eisteddfod a'r ŵyl Hwyl Haf oedd fy nhad, a chafodd fyw i weld y gweithgareddau hyn hyd nes ei farwolaeth ar fore Sul, Ionawr 28, 1990.

O fewn pedwar mis i'w farwolaeth, dadorchuddiwyd cofeb er cof amdano yn y Ganolfan leol ar y 7fed o Fai. Y Prifardd Ieuan Wyn a ddadorchuddiodd y gofeb, sef cloc hardd at wasanaeth y ganolfan, ynghyd ag englyn addas o waith y Prifardd wedi ei argraffu yn gywrain a'i fframio gan

Eurwyn Morris mewn ffrâm hardd o waith Alfred Dearn, Frondeg, Dinorwig.

Dyma'r englyn:

I gofio Hugh Thomas (1915–1990)

A'i fraich am y fro o hyd – yn annwyl,
   Bu'n cynnal drwy'i fywyd
Y pethau gorau i gyd
Yn ddi-ddiwedd o ddiwyd.

O fewn ychydig flynyddoedd i farwolaeth fy nhad, fe gaewyd Eglwys Santes Fair, ac fe gynhaliwyd gwasanaeth diolchgarwch y cynhaeaf, a chyfarfod olaf yr aelodau cyn cau'r adeilad ym mis Hydref 1994. Ar gyfer yr achlysur cyfansoddwyd cyfres o englynion gan y Prifardd Emrys Edwards yn dwyn y teitl 'Galar ... a gobaith'.

Roedd gweld drws yr Eglwys yn cau am y tro olaf yn ddiwrnod trist iawn i mi a'r ychydig o ffyddloniaid oedd yn weddill. Parhâi saith ohonom i addoli yno'n rheolaidd; fy mam, Gwyneth, fy chwaer a'i dwy ferch, Bethan a Ffion, Mrs E. Lynes, Mrs Pleming, a minnau. Es dan deimlad yn arw wrth eistedd ar fy mhen fy hun yn yr adeilad gwag, wrth feddwl cymaint yr oedd yr eglwys wedi cyfoethogi fy mywyd, y teulu, a nifer o deuluoedd eraill dros y blynyddoedd. Nid colli'r adeilad

Gyda'r gofeb i'm tad yn y Lodge (Y Ganolfan, gynt).

Y gwasanaeth olaf cyn cau Eglwys Santes Fair.

a'm gwnaeth yn drist, ond colli traddodiad Eglwysig, a hwnnw'n un anrhydeddus.

O fewn ychydig ddyddiau ar ôl cau drws yr Eglwys am y tro olaf, digwyddodd rhywbeth rhyfedd yn yr adeilad gwag. Digwyddais daro yn erbyn gris o flaen yr allor, a disgynnodd darn o bren ar y llawr. Dyma ei godi, a gweld ysgrifen gyda dyddiad ac enwau Robert Hugh Thomas, Creigle, a 'Nhad arno. Roedd Robert Hugh Thomas yn drydanwr, ac mae'n debyg ei fod wedi ail weirio'r trydan yn yr Eglwys, gyda'm tad yno i'w helpu. Ychydig wyddai'r ddau mai fi a fyddai'n dod ar draws eu cofnod hanesyddol.

Nid oedd cau'r adeilad yn sioc, gan fod y niferoedd wedi lleihau cryn dipyn dros y blynyddoedd. Yn ogystal â hynny roedd yr hen elyn, pydredd coed wedi ei ddarganfod mewn rhai mannau o'r adeilad, a byddai wedi golygu miloedd o bunnoedd i waredu ag o. Ceisiais baratoi at achlysur cau'r Eglwys drwy annog addoliad ar y cyd gyda'r ddau gapel arall, Capeli'r Bedyddwyr a'r Methodistiaid. Cafwyd dechrau addawol gyda sefydlu Cyngor Eglwysi Dinorwig, ond er eu bod yn fodlon cyd-addoli, fe gâi'r capeli hi'n anodd canfod Suliau a oedd yn rhydd. Roedd y Suliau wedi eu llenwi ddwy neu dair blynedd ymlaen llaw, ac nid oedd modd newid hynny. Gorfu inni gynnal gwasanaeth undebol yn ogystal â gwasanaethau arferol, a oedd yn mynd yn groes i'r bwriad gwreiddiol o geisio lleihau nifer y gwasanaeth a dod â phawb at ei gilydd. Cafwyd cefnogaeth dda i'r gwasanaethau undebol, ond roedd yn anodd i rai ollwng gafael ar yr hen drefn.

Yn wyneb y rhwystr hwn, meddyliais am gynllun i wneud defnydd o'r Ganolfan leol fel man addoli. Er bod yr eglwys ar fin cau, roedd dyfodol y ddau addoldy arall yr un mor ansicr. Cefais afael ar Mr George Knowles, pensaer ymgynghorol Esgobaeth Bangor, i baratoi cynllun ar gyfer addasu rhan o'r adeilad yn gyrchfan addoli cydenwadol a allai fod o ddefnydd cymunedol. Gwaetha'r modd, nid oedd yr awydd na'r gefnogaeth ar gael yn lleol i wneud hynny.

Cyn i'r eglwys fynd ar werth, cysylltais gyda Chymdeithas Dai leol, ond yn eu tyb hwy nid oedd angen am dai yn y pentref. O'r herwydd, fe'i gwerthwyd gan yr Awdurdodau Eglwysig ar y farchnad agored am £15,000, ac fe'i prynwyd gan rywun o'r tu allan. Addaswyd y tu mewn i'r adeilad yn dŷ moethus, ac mae'n dda dweud bod rhan allanol yr adeilad wedi ei gadw yn ei stad wreiddiol. Aeth yr adeilad ar werth eto'n ddiweddar, gyda'r pris gofyn yn bron i dri chan mil o bunnoedd.

Cyn gwerthu'r eglwys, penderfynodd Plwyf Llandinorwig neilltuo un ystafell fechan yn Eglwys Crist Llandinorwig, y tu cefn i'r organ, fel Capel Mair, gan gynnwys ynddo eitemau o Eglwys Santes Fair, fel yr allor, y ddesg litani, a thrysorau eraill. Yno'r aeth aelodau Eglwys Santes Fair i addoli wedyn.

O fewn 6 blynedd, ym mis Mawrth 2000, caeodd Capel Dinorwig MC. Cyn ei chau roedd gwasanaethau wedi bod

Galar . . . a gobaith

Gŵyl Ddiolch? Na! Gŵyl o ddüwch — y bedd
  Heb wefr Diolchgarwch;
Ond i Grist, mwy yw tristwch
Hwyl Satan uwch llan yn llwch.

A hyn, pan fo llawenydd — y ddaear
  Ddiwyd dros y dolydd;
Allor deg yw lliwiau'r dydd
Ar y bryniau a'r bronnydd.

Cain a hoyw fu'r cynhaeaf — yn hyfryd
  Yn ei lifrai harddaf;
Caed Anian ar ei glanaf,
Hael yw rhwysg ffarwél yr haf.

Bu eisoes cefn-gwlad dan bwysau — yr ŷd:
  Hyfrydwch yn ddiau
Oedd llawenydd y llannau
Yn un côr . . . A ninnau'n cau!

Y Demel ar fynd yn domen, — bydd maith
  Anobaith anniben
Grefu am Wledd Sagrafen,
Gwaeth ergyd na'r byd ar ben!

Galar yn wir oedd gweled — y 'dry rot'
  Yn dra rhwydd ar gerdded
Yn ei glog lidiog ar led,
Gellir dychmygu'r golled.

Torcalon i'r ffyddloniaid — yn y plwy,
  Trallod plant amddifaid;
'Rôl hyder hir ildio raid
Hen nefoedd ein hynafiaid . . .

. . . Harri Wiliam, rhaid ffarwelio — â'i lwch,
  Y clochydd diflino;
Di-baid ei ffyddlondeb o,
Rhinwedd gwerin ddiguro.

. . . Yma, bu sêl Huw Tomos — a mynych
  Gymwynas yn dangos
Yn glir mewn cymdeithas glòs
Dynerwch brawd yn aros.

Dinorwig, cei gladdedigaeth — y dom
  Wedi hir wasanaeth;
Mawr yw'n siom, a'r hyn sy waeth —
Ias hiraros yr hiraeth.

Er y siom, ymresymwn — heddiw'n ddoeth,
  Byddwn ddewr! Amheuwn
Ai diwedd hurt yw'r dydd hwn:
Na! Byth nid anobeithiwn.

Be sy waeth na hiraethu — yn ofer
  Am nefoedd a ddarfu?
Down ymlaen fel dinam lu
A dal yn ffyddiog deulu.

Heno, na ddigalonnwn, — hen dro ffôl
  Ildio'r Ffydd, a daliwn
Afael ar fri a gofiwn:
Onid her yw'r munud hwn?

Y Parchedig Emrys Edwards, Caernarfon

Achlysur cau Eglwys y Santes Fair, Dinorwig
16 Hydref 1994

yn cael eu cynnal yn y Festri, gan nad oedd cyflwr adeilad y capel yn ddigon diogel i addoli. Olwen, un o Genod Tŷ'r Ysgol oedd yr olaf i briodi yn y Capel ym mis Hydref 1994. Roedd gweld yr achos yn dod i ben yn ddiwrnod trist i'r aelodau ffyddlon. Cofiaf fod yn y Capel unwaith neu ddwy, gan ryfeddu at y lampau paraffîn. Pan gaewyd y capel, symudodd yr aelodau i addoli yng Nghapel Cefn y Waun, Deiniolen.

Erbyn dechrau 2013, roedd dyfodol y Ganolfan leol yn y fantol. Roedd Cyngor Gwynedd yn awyddus i ddiosg eu cyfrifoldeb dros gynnal yr adeilad. Ar ôl gwneud defnydd o'r adeilad am gyfnod, penderfynodd Menter Fachwen am resymau y tu hwn i'w rheolaeth nad oedd modd iddynt fwrw ymlaen gyda throsglwyddo Canolfan Dinorwig o ofal y cyngor. Ar y llaw arall, roedd y gymuned leol yn teimlo y byddai'r cyfrifoldeb ariannol dros yr adeilad yn faich rhy drwm iddynt. Arweiniodd hyn at roi'r Ganolfan ar werth ar y farchnad agored gan y cyngor, a bellach mae wedi ei throi'n gaffi a hostel.

Pan gaewyd y Ganolfan, gorfu i'r pentrefwyr symud yr holl gynnwys, gan gynnwys bwrdd snwcer, oddi yno. Ymhlith y pethau roedd cofeb fy nhad. Am gyfnod, nid oedd gennym gartref cyhoeddus ar gyfer y gofeb, ond mae'n dda cael dweud i berchnogion y caffi weld yn dda i ail osod y gofeb yn ôl yn yr adeilad, ac yn naturiol rydym yn ddiolchgar iddynt am hynny.

Nid oedd yn hir wedyn hyd nes y gwelwyd Capel Sardis yn cau. Digwyddodd hyn yn 2016. Flwyddyn yn gynharach, roedd storm fawr wedi gwneud cymaint o ddifrod i'r adeilad fel nad oedd modd parhau i gynnal gwasanaethau yno, a phenderfynwyd dod â'r achos i ben. Cyn y cau, roedd Capel Sardis a Chapel Libanus, Clwt y Bont, Deiniolen, wedi bod yn cynnal gwasanaethau bob yn ail Sul yn y ddau gapel. Pan gaewyd Capel Libanus, aeth yr aelodau i Gwt

Band Deiniolen i gynnal eu gwasanaethau, a phan gaeodd Capel Sardis yn hwyrach, unodd y ddwy gynulleidfa. Parhaodd y drefn hon am gyfnod byr, cyn daeth y trefniant i ben. Wedi hynny, symudodd rhai o aelodau Capel Libanus i addoli yn Eglwys Gyd-Enwadol Emaus, Bangor. Nid aeth neb o Gapel Sardis. Y gweinidog olaf ar Gapeli Sardis a Libanus oedd y Parch. Olaf Davies.

A thrwy hynny, daeth yr adeiladau a fu'n cynnal bywyd bywyd diwylliannol a chrefyddol yr ardal i ddiwedd eu hoes.

Pennod 29

Symud i Gaernarfon

Fel yr aeth amser yn ei flaen, dechreuais feddwl bod angen newid byd arnaf, ac y byddai'n dda cychwyn pennod newydd mewn ardal arall.

Wrth roi'r tŷ ar y farchnad, roeddwn yn benderfynol o'i werthu i deulu Cymraeg. Er mwyn gwneud hynny, roedd yn rhaid sicrhau fod holl fanylion gwerthu'r tŷ yn y Gymraeg yn unig, er nad oedd y gwerthwyr tai yn deall pam nad oeddwn am gynnwys rhywfaint o Saesneg. Roeddent hwythau'n gwybod yn iawn, wrth gwrs, y byddai Saeson yn neidio ar y cyfle i brynu tyddyn dafliad carreg o fynyddoedd Eryri. Byddai'n dŷ deniadol ar gyfer rhywun yn eu pumdegau, wedi ymddeol yn gynnar â digon o arian yn sbâr ganddynt. Roeddwn yn bendant na fyddai hynny'n digwydd.

Wedi i'r tŷ fod ar y farchnad am bron i ddwy flynedd, llwyddais i'w werthu i Gymry Cymraeg, er imi orfod gostwng y pris. Mae'n dda gen i ddweud fod yr un a brynodd y tŷ wedi ei werthu ymlaen ymhen blynyddoedd wedyn i Gymry eraill. Wedi pendroni, a chrwydro o gwmpas i weld tai, dyma brynu tŷ yng Nghaernarfon. Roedd tref a phobl Caernarfon yn gyfarwydd iawn imi, ac ni fyddai'n gam mawr symud yno.

O fewn mis imi symud i mewn i'm cartref newydd, dyma gyfarfod Rhian, ac o fewn wyth mis roeddem yn briod. Daw Rhian o Landecwyn, Meirionnydd yn

Efo Rhian ar wyliau diweddar yn yr Eidal

wreiddiol. Bu inni briodi yng Nghapel Soar, Talsarnau, ar y 24ain o Hydref 1998, ac fe gafwyd blas ar dywydd drwg Dinorwig ar ddiwrnod y briodas, yn law trwm, gwynt cryf a llifogydd mawr. Nid oedd modd i'r ffotograffydd Nigel Hughes dynnu lluniau y tu allan i'r capel gan mor arw oedd y tywydd. Wrth lwc, roedd y wledd briodas ym Mhortmeirion lle'r oedd modd tynnu lluniau o'r diwrnod hapus. Cawsom ddiwrnod i'w gofio yng nghwmni teulu a ffrindiau. Arhosodd Mam gyda mi noson cyn y briodas mewn gwesty lleol, ac roedd yn hyfryd cael ei chwmni ar fore'r briodas.

Ar ôl priodi, daeth Rhian i fyw ataf yng Nghaernarfon, ac wedi setlo yno, dechreuodd y ddau ohonom feddwl sut y byddem yn cyfrannu at fywyd Cymraeg y dref. Roedd un bwlch amlwg yn y dre. Er bod Caernarfon yn cael ei chydnabod fel prifddinas yr inc, gan i'r dref fod yn ganolfan bwysig i'r diwydiant argraffu a chyhoeddi yng Nghymru am yn agos i ddwy ganrif, hyd at yr Ail Ryfel Byd, nid oedd papur Cymraeg yn y dref. Dyma fynd ati felly i weld beth oedd yn bosib.

I bob pwrpas, y *Caernarfon & Denbigh Herald*, papur wythnosol Saesneg oedd papur pobol dre, ac er bod *Yr Herald Cymraeg* yn dod o'r un stabl, darllen am hynt a helynt eu tre' yn Saesneg a wnâi mwyafrif y boblogaeth. Dyma fynd ati felly i sefydlu *Papur Dre* ar gyfer pobol dre! Dyma bapur misol, 20 tudalen, yn llawn lliw. Cawsom gefnogaeth arbennig o dda i'r fenter, ac ers lansio'r papur ym mis Hydref 2002, mae criw brwdfrydig a gweithgar wedi bod wrthi yn sicrhau bod newyddion da a difyr yn cyrraedd ein darllenwyr bob mis.

Mewn rali Yes Cymru

Mae gennym Fwrdd Golygyddol difyr, Robin Evans, Carolyn a Trystan Iorwerth a minnau yn ogystal â Phwyllgor Busnes cydwybodol a byddin o ddosbarthwyr a chyfranwyr selog.

Pan gyhoeddwyd *Papur Dre* am y tro cyntaf, roedd yr *Herald Cymraeg* yn dal i gael ei chyhoeddi, a Chaernarfon yn ffynnu gyda nifer o gwmnïau teledu, a Barcud fel castell dros y cyfan. Bellach, mae nifer o'r cwmnïau teledu bychain, *Yr Herald Cymraeg*, a Barcud wedi diflannu. Ymddangosodd rhifyn olaf un *Yr Herald Cymraeg* ar ddydd Sadwrn, Chwefror 26, 2005. Bellach mae'n edrych bod dyfodol y *Caernarfon & Denbigh Herald*, fel sawl papur newydd rhanbarthol a chenedlaethol arall, yn ansicr iawn.

Mae'n ddeunaw mlynedd bellach ers cyhoeddi rhifyn cyntaf *Papur Dre*, ac ar hyn o bryd rydym yn gwerthu oddeutu mil o gopïau bob mis. Mae'n gyfnod heriol ac anodd iawn i gyhoeddi papurau newydd, gydag arferion darllen wedi chwyldroi dros y blynyddoedd diwethaf. Bydd yn ddiddorol dilyn hanes *Papur Dre* dros y blynyddoedd nesaf.

Yn 2007, cawsom yr anrheg berffaith, pan ddaeth Alis Glyn i'r byd, ac fel gŵyr pawb sydd mor ffodus o gael bod yn rhieni, mae wedi cyfoethogi ein bywydau'n fawr, ac mae'r ddau ohonom mor falch ohoni. Cyn yr enedigaeth, roeddem wedi gobeithio mai merch a gaem, gan fod gennym yr enw perffaith ar ei chyfer sef Alis, enw fy mam. Bellach mae Alis yn yr ysgol uwchradd, ac yn mwynhau'r cyfleoedd mae hi'n eu cael yn Ysgol Syr Hugh Owen. Ei diléit mwyaf yw cerddoriaeth, perfformio, cyfansoddi, ffotograffiaeth, a chreu fideos rif y gwlith.

Bellach, rwyf wedi ymddeol wedi gyrfa hir a diddorol ym maes gofal cymdeithasol yng Ngwynedd, ac yn falch o ddweud fy mod mewn cysylltiad gyda rhai oedd yn gweithio gyda mi. Mae tua hanner dwsin ohonom yn cyfarfod yn rheolaidd bob pythefnos am ginio.

O'r pump ohonom a fagwyd ym Mro Elidir, rwyf innau, Idris, Margaret a Meirion wedi ymddeol, tra bod Gwyneth yn parhau i weithio. Dros y blynyddoedd, rydym wedi dilyn llwybrau gyrfaol gwahanol, ac mae'r teulu wedi tyfu gryn dipyn dros y blynyddoedd diwethaf.

Bu Idris, fy mrawd hynaf, yn Rheithor Plwyfi Clynnog, Llanaelhaearn a Threfor am ddeugain mlynedd, cyn iddo ef a'i wraig Ann ymddeol a dod yn ôl i Ddeiniolen i fyw. Bu Ann yn dysgu yn Ysgolion Dyffryn Nantlle, Penygroes ac Ysgol Uwchradd Eifionnydd, Porthmadog.

Ar ôl priodi symudodd Margaret i'r Wyddgrug i fyw at Alun, ac mae'r ddau wedi gweithio yn y byd addysg

Meirion, Margaret, Idris, Gwyneth, a minnau

cyfrwng Cymraeg yn yr ardal honno, Margaret fel athrawes yn Ysgol Glanrafon, ac Alun yn bennaeth ar Ysgol Maes Garmon.

Mae Gwyneth wedi ymgartrefu yn Neiniolen ers blynyddoedd, ac yn gweithio fel glanhawraig yn Ysgol Brynrefail, Llanrug, tra bod ei gŵr Keith yn gweithio gyda gwasanaeth ailgylchu y Cyngor. Er mai Meirion yw'r ieuengaf, y fo oedd y cyntaf i ymddeol (ymddeoliad cynnar, wrth gwrs!)

Mae gan Idris ac Ann dri o feibion, Rhodri, Meilir ac Osian a thri o wyrion, Gruffudd Sion, Eila a Nêf Esmi. Mae gan Alun a Margaret hefyd dri o blant, sef Siwan, Owain ac Elin, yn ogystal â phump o wyrion, Gwenno, Nia, Eben, Nedw a Tomi. Mae gan Gwyneth hithau dri o blant, Arwel, Bethan a Ffion, a thri o wyrion, Deion, Guto ac Efa Jên.

Partner Arwel yw Emma, a enillodd dlws Dysgwr y Flwyddyn yn Eisteddfod Genedlaethol Ynys Môn yn 2017. Arwel yw'r unig un bellach sydd â chysylltiad â'r diwydiant llechi, gan ei fod yn gweithio yn Chwarel y Penrhyn, Bethesda.

Alice ac Alis – fy mam a'm merch

Yng Nghaernarfon

Wedi ymddeol, mae gennyf fwy o amser i roi sylw i fy nheulu, i weithio ar *Papur Dre*, i ddarllen, cymdeithasu gyda ffrindiau, mynd ar wyliau tramor a cherdded mynyddoedd a llwybrau bro fy mebyd. Diddordeb arall yw dilyn hynt a helynt ein tîm pêl-droed cenedlaethol. Uchafbwynt yn hynny o beth oedd cael anrheg Nadolig gan Rhian ac Alis, yn benwythnos yn ninas hyfryd Bordeaux yn Ffrainc, ar gyfer gêm gyntaf Cymru ym mhencampwriaeth yr Ewros yn 2016. Roedd yn brofiad bythgofiadwy wedi blynyddoedd o fynychu gemau ledled Ewrop a gorfod wynebu colled ar ôl colled.

Rhan arall bwysig o fy mywyd yw mynychu gwasanaethau ym mhlwyf Llanbeblig ar y Sul, yn ogystal â mynd yng nghwmni Rhian ac Alis i wasanaethau Capel Salem. Yn Salem, mae Alis, fel pobl ifanc eraill y capel yn cael bob math o gyfleoedd i chwarae eu rhan yn y gwasanaethau boreol, ac i fod yn rhannu o deulu'r ffydd. Cefais gyfnod fel aelod a Chadeirydd Bwrdd

Llywodraethwr Ysgol Gynradd y Gelli, yn ogystal â chael fy newis i sefyll fel ymgeisydd Plaid Cymru yn yr etholiadau lleol ar ddau achlysur, ond yn aflwyddiannus.

Bob tro y daw'r cyfle, byddwn fel teulu yn mynd yn ôl i Ddinorwig a Deiniolen, gan fod gennyf deulu yn parhau i fyw yno. Mae Idris, Gwyneth, a Meirion yn dal i fyw yn Neiniolen. Collais fy mam dros chwe blynedd yn ôl, a hynny i glefyd Alzheimers, ac yn ei blynyddoedd olaf bu'n derbyn gofal arbennig yng Nghartref Preswyl Plas Pengwaith, Llanberis. Yn ei blwyddyn olaf, a hithau'n gaeth i'w gwely heb allu siarad, cefais sawl orig werthfawr gyda hi dros ginio.

Pan aeth Mam i gartref preswyl, roeddem fel teulu yn meddwl ein bod yn ffarwelio am y tro olaf ag 1, Bro Elidir. Ein hen gartref oedd yr unig dŷ o'r deg ar y stad oedd yn parhau i fod yn dŷ cyngor. Roedd gweddill y tenantiaid wedi prynu eu tai, ac er i sawl un gynghori fy rhieni i wneud yr un peth, gwrthod oedd eu hanes. Roeddem ninnau hefyd yn awyddus i weld y tŷ yn parhau i fod yn dŷ cyngor, fel bod teulu lleol yn gallu ei rentu ar ôl i fy mam adael y cartref.

O fewn mis, digwyddodd rhywbeth cwbl annisgwyl. Cefais alwad ffôn gan fy chwaer Gwyneth, yn dweud bod ei dwy ferch, Bethan Wyn a Ffion Haf wedi cael cynnig tenantiaeth o'r tŷ. Roedd enwau'r ddwy wedi bod ar restr aros tai'r Cyngor ers blynyddoedd, a dyma nhw'n cael cynnig tenantiaeth tŷ eu nain. Roedd y peth yn rhyfeddol. Roeddem mor falch drostynt, ac yn methu disgwyl gweld y ddwy yn derbyn yr allwedd i ddychwelyd i'n hen gartref. Profodd ein penderfyniad i beidio â phrynu'r tŷ yn un doeth. Er mwyn cofnodi'r achlysur, lluniodd y Prifardd Ieuan Wyn yr englyn canlynol:

Parhad Hen Aelwyd
(1, Bro Elidir)

Wrth groesi'r trothwy mwyach – cawn adlais
Mewn cenhedlaeth 'fengach;
Ar fin yr Elidir Fach
Daeth olyniaeth i linach.

Ieuan Wyn, Medi 2007

Does dim byd yn aros yr un fath, ac mae hynny'n wir am bentref Dinorwig. Mae nifer fawr o'r Cymry a fu'n cynnal bywyd crefyddol a diwylliannol y pentref wedi hen fynd erbyn hyn, a'r adeiladau a fu'n gartref i'r holl fwrlwm wedi eu gwerthu a'u haddasu.

Mae'r pentref wedi gweld nifer o fewnfudwyr yn symud i mewn i'r ardal, naill ai i brynu tai a byw ynddynt, neu i'w prynu fel tai haf. Mae Capel Dinorwig bellach yn adeilad gwyliau moethus sydd yn lletya 16 o bobl am dâl o gannoedd o bunnoedd y noson. Cwmni gwyliau o Gaer sydd yn trefnu popeth ar ran perchnogion tai haf yr ardal, ac nid yw'r Gymraeg na'r gymuned leol ar gyfyl eu llenyddiaeth cyhoeddusrwydd.

Ar y llaw arall mae'n braf cael dweud bod nifer o Gymry ifanc wedi prynu tai yn ardaloedd Dinorwig, Fachwen a Deiniolen, sydd yn arwydd gobeithiol ar gyfer y dyfodol.

Datblygiad newydd arall yw AirBnb, sydd yn galluogi perchennog tai i rentu eu heiddo neu ystafelloedd sbâr i westeion. Nid oes angen i'r rhain gofrestru eu hunain fel Airbnb, sydd yn golygu nad oes cofnod swyddogol ynglŷn â faint o'r rhain sy'n bodoli. Deallir bod nifer o dai ardal Dinorwig a Deiniolen yn cael eu prynu ar gyfer y pwrpas hwn. Mae'n ddatblygiad pryderus, yn arbennig gan nad oes rheolaeth drosto.

Un cysur mawr yw gweld enghreifftiau o gymunedau lleol, gyda Chymry Cymraeg yn arwain, yn achub ar y cyfle i ddefnyddio adnoddau lleol naturiol er budd economaidd a chymdeithasol yr ardal. Enghraifft leol yw Ynni Padarn Peris, cynllun ynni adnewyddadwy cynaliadwy sy'n defnyddio pŵer dŵr i greu trydan. Defnyddir yr egni gan y gymuned leol, gydag unrhyw ddŵr dros ben yn cael ei werthu i'r Grid Cenedlaethol. Gallwch ei gweld ar Afon Goch Llanberis, yng nghanol Parc Cenedlaethol Eryri. Deilliodd y cynllun 55kW o awydd y gymuned leol i ddefnyddio ei hadnoddau lleol naturiol i gynhyrchu incwm a fyddai'n mynd yn ôl i'r bobl leol. Ariannwyd Ynni Padarn Peris gan gyfranddalwyr lleol, gwerin a theuluoedd cyffredin Llanberis a'r ardal a brynodd i mewn i'r cynllun ar isafswm buddsoddiad o £250. Dechreuodd y cynllun hydro gynhyrchu ynni ym mis Mawrth 2017.

Yn fuan ar ôl cyhoeddi'r gyfrol hon, byddwn yn gwybod os yw ardaloedd diwydiant llechi Gwynedd yn un o Safleoedd Treftadaeth y Byd UNESCO. Byddai'r ardal yn cael ei hystyried yn yr un dosbarth â'r Taj Mahal yn India, y Pyramidiau yn yr Aifft, a theml Angkor Wat yn Cambodia. Y gobaith yw y byddai hynny'n denu rhagor o ymwelwyr, ac yn hwb i economi'r gogledd-orllewin. Mae tri Safle Treftadaeth y Byd eisoes wedi eu dynodi yng Nghymru, sef Traphont Pontcysyllte, Tirwedd Ddiwydiannol Blaenafon, a Chestyll Edward y Cyntaf.

Yr amod pwysicaf yw sicrhau bod perchnogaeth lawn o'r ardal yn nwylo pobol leol, a bod pentrefi fel Dinorwig a Deiniolen yn cael yr un cyfle â phentrefi twristaidd eraill i ddenu buddsoddiad a sicrhau swyddi.

Mae gennym dreftadaeth unigryw yn yr ardaloedd hyn, ac mae'n bwysig bod defnydd o'r Gymraeg, a pherchnogaeth lwyr gan y boblogaeth leol ar ba bynnag ddatblygiadau a welwn dros y ddegawd nesaf.

I gloi

Fel y gŵyr Alis a Rhian yn dda, tydw i ddim yn un sy'n edrych yn ôl a byw yn y gorffennol, ond er mwyn llunio'r gyfrol hon, rhaid oedd ystyried fy hanes ers dyddiau fy magwraeth yn Ninorwig. O wneud hynny, gwelais imi wynebu heriau, cyfleoedd a phrofiadau newydd ym mhob degawd, a bod y rheiny wedi cyfoethogi fy mywyd. Diolch amdanynt.

Tybed ym mha ffordd y byddaf yn gallu mwynhau fy mywyd a pharhau i gyfrannu at y gwaith o hyrwyddo'r Gymraeg dros y blynyddoedd nesaf? Cawn weld beth a ddaw yn y cyfnod nesaf.

Llyfryddiaeth

Bassett T.M. a Williams H.G, 'Ysgol Brynrefail 1919-39 – Y Cynhaeaf' Gwasg Pantycelyn 1997

Canmlwyddiant St Mair, Dinorwig.

Davies, Edward, 'Hynt a helynt boneddiges Sbaen yng Ngogledd Cymru' Y Traethodydd – Ebrill 2009

Glyn, John, 'Hanes yr Undeb 1978

Jones, Emyr, 'Bargen Dinorwig' Tŷ ar y Graig

Jones, Emyr, 'Canrif y Chwarelwr' Gwasg Gee

Owain, Eryl (Golygydd), 'Copaon Cymru' Gwasg Carreg Gwalch 2016

Owen, Gracie. 'Cofio Deiniolen' 1978

Parri, Harri, 'Pen Llŷn' Gwasg y Bwthyn 2011

Roberts, David, 'Prifysgol Bangor 1884-2009. Gwasg Brifysgol Cymru, Caerdydd 2009

Thomas, Idris, 'Gwynfyd Gwaun Gynfi' Gwasg y Bwthyn 2007

Williams, Malcolm Slim, 'Gwalia' Gwasg Carreg Gwalch 2018

Woods, Charley's, 'Charles Duff' 2017